新编物流管理案例及解析

柳　健　编著

北京大学出版社
PEKING UNIVERSITY PRESS

内 容 简 介

现代物流作为市场经济的重要环节之一，能够有效地降低企业成本，为客户创造价值。本书所选案例涉及不同经济背景下、不同行业的典型企业，从专业角度对企业物流管理的发展与应用进行了全面、系统的分析，以帮助读者提高物流管理分析和实际应用的技能。

本书融理论性和实践性于一体，案例典型，叙述客观，简明扼要，既可作为高职高专院校、成人院校物流管理专业或相关专业的专业课教材，也可作为本科院校经济管理相关专业的选用教材，还可作为广大物流从业人员掌握物流管理综合知识的指导用书。

图书在版编目(CIP)数据

新编物流管理案例及解析/柳健编著. —北京：北京大学出版社，2013.8
ISBN 978-7-301-22791-6

Ⅰ. ①新…　Ⅱ. ①柳…　Ⅲ. ①物流—物资管理—高等职业教育—教材　Ⅳ. ①F252

中国版本图书馆 CIP 数据核字(2013)第 152835 号

书　　名：新编物流管理案例及解析
著作责任者：柳　健　编著
责 任 编 辑：周　伟
标 准 书 号：ISBN 978-7-301-22791-6/F・3669
出 版 发 行：北京大学出版社
地　　址：北京市海淀区成府路 205 号　100871
网　　址：http://www.pup.cn　新浪官方微博：@北京大学出版社
电 子 信 箱：zyjy@pup.cn
电　　话：邮购部 62752015　发行部 62750672　编辑部 62754934　出版部 62754962
印 刷 者：北京世知印务有限公司
经 销 者：新华书店
787 毫米×1092 毫米　16 开本　15.5 印张　377 千字
2013 年 8 月第 1 版　2013 年 8 月第 1 次印刷
定　　价：34.00 元

前　言

随着世界经济的快速发展和现代科学技术的进步，物流产业作为国民经济中一个新兴的服务部门，正在全球范围内迅速发展。在我国，虽然物流产业起步较晚，但是发展非常迅速，各地区对物流人才的需求也越来越大。为加快我国经济发展，使全社会物流水平得到广泛提高，就需要加大对应用型和技术型物流人才的培养力度。在现代物流学的教学过程中，通过对案例资料的收集、分析和总结，能够进一步加深学生对物流和物流管理知识及应用方法的理解，使理论能够及时有效地联系社会实践。

本书是为了适应物流教学中案例教学发展的需要而编写，案例素材均是来自国内外知名企业最新的物流实践，共选编了73个能从不同角度反映物流活动的典型案例，具体来源分为三部分：一部分来自企业的官方网站和宣传刊物；一部分来自学术杂志和其他案例书籍；另一部分则来自报刊与其他媒体报道，案例中所使用的公司名称及数据都已经过适当处理。本书旨在总结、学习和借鉴国内外现代物流企业管理的经验教训，使学生在分析实际案例的同时掌握物流管理的基本知识，增强学生对物流管理知识的实际运用能力，同时提高分析问题、解决问题的能力。本书共11章，主要内容包括物流战略与规划、物流成本管理、第三方物流管理、供应链管理、采购与供应管理、客户关系管理、仓储与库存管理、运输管理、配送管理、物流信息化以及电子商务物流管理，基本上反映了物流活动的全貌。

本书所选案例力求反映当前物流行业运行的主要特点，具备新颖性、实践性、代表性和深刻性。本书的主要特点是：作者对73个案例都进行了较为全面的分析，其中，运用了经济学、物流学、市场学、管理学、行为学、社会学和商品学等诸多学科的相关知识分析了企业多个方面的物流业务活动，相信读者能够从中体味到现代物流的真谛。本书的阅读对象主要是高职院校、成人院校、普通院校本专科物流及相关专业的在校学生，同时也为物流从业人员提供了解和把握物流活动全过程的有益资料。

本书在编写过程中，借鉴和参考了许多相关教材和著作，在此对这些教材和著作的作者表示感谢。限于编者水平，书中难免出现错漏之处，希望各位专家学者批评指正，并希望广大师生提出宝贵意见。

柳　健

2013年1月

目　录

第1章

物流战略与规划案例

案例 1.1 UPS：从小企业身上找商机[①]

“我们提供的并不是简单的包裹递送服务，而是全面和专业的供应链解决方案，以帮助客户实现运营效率和成本有效性的最大化。”UPS 中国区副总裁林子贤这样描述 UPS 与其他快递公司的最大不同之处。

在 UPS 看来，大客户固然重要，但中小企业的价值同样不可小视，这一点在中国尤其明显。林子贤表示：“中国市场的一个显著特点就是存在约 4 000 万中小企业，这些中小企业对于供应链的认识，还不是非常成熟。过去，只有大型企业才能负担得起使物流为己所用的必要资源费用，而中小企业碍于规模、资源的限制，则很难建立自己的仓库、集散中心，拥有训练有素的专家或者全球网络。”

对 UPS 来说，通过为中小企业提供专业的物流服务，为它们营造公平的竞争环境，是服务中小企业的最大机会点所在。事实上，UPS 为了实现这一点做出了许多的努力与开拓。

一、完善的网络

面对全球的市场，中小企业所面临的挑战是从一个地方采购商品，然后在另一个地方销售，这就意味着它们迫切地需要一个全球的网络。林子贤表示：“我们在 2005、2006 年的时候就开始着手考虑在上海建立国际转运中心了。那个时候我们意识到，客户需要更好的服务，我们必须进行改变。”

他所指的“更好的服务”，就是能帮助客户将货物运送至全球任何地方的最广泛的网络。UPS 分别于 2008 年、2010 年建立了上海国际转运中心（如图 1-1 所示）和深圳亚太转运中心（如图 1-2 所示）。这个举措也使 UPS 成为唯一一家在中国境内同时拥有两大转运中心的物流服务供应商。

① http://www.chinawuliu.com.cn/xsyj/201108/05/168241.shtml。

图 1-1　UPS 上海国际转运中心落成启用典礼

图 1-2　UPS 深圳亚太转运中心奠基仪式

除了对沿海一线城市的不断拓展，UPS 还在积极布局内地二三线城市。“我们要保证自己更加地靠近客户，这样才能为他们提供更加便利的服务。”林子贤表示，“中国现在很多企业都在向西南迁徙，向二三线城市转移，我们也会跟着走。”2010 年 1 月，UPS 宣布新增 101 个现场库存点(FSL)，以大幅提升在中国的服务备件物流网络。同年 10 月，UPS 在亚太地区最大的服务共享基地在安徽合肥落成(如图 1-3 所示)。

图 1-3　UPS 于合肥签署服务共享中心合作备忘录

二、多样化产品

中小企业对每一票货物的递送时间需求不同，为了满足不同类型的中小企业客户对于货物运输的不同需求，UPS在努力提供灵活多样的服务选择。根据客户不同的需求，UPS会给他们建议不同的服务产品。

例如，UPS全球快捷服务一般3～4天到达，而UPS全球特快加急服务第二天上午9点前即可到达。但在服务费率上，前者只有后者的一半。对于时间要求没有那么严格的货物，用户可选择UPS全球快捷服务、UPS海运或UPS空运服务，以降低成本。

总的来说，UPS所做的就是将快递、空运、普货运输等服务产品放在同一个运输科技平台上。客户根据自己的需求，在一个平台上选择运送方式。UPS再将这些方式以个性化的方式组合成最适合客户的供应链管理方案。

三、在线新平台

围绕着客户发展的特点，UPS还做出了许多有针对性的举措。例如，从2010年开始，UPS尝试整合普通货物和快递货物在同一运输科技平台进行操作，帮助客户在通过实时信息和清晰的货物状态可视性的同时掌控空运货物和小包裹货件，以提高运营效率。

针对中国快速成长的电子商务市场，林子贤表示："UPS在国外电子商务市场上已经积累了相当丰富的经验，比如亚马逊就是我们的一个非常重要的合作伙伴，现在UPS也将一些国外的成功经验运用到中国市场中。"

2010年5月，UPS与阿里巴巴旗下全新的在线批发电子商务平台"全球速卖通"结成战略联盟，并成为其"首选物流供应商"。据林子贤介绍，UPS将其在线工具与该电子商务平台的交易系统进行整合，使打印UPS货运标签、要求UPS上门取件等都可以在网络平台上面实现。

四、"一站式"方案

中小企业由于规模、成本、人力等原因，大多没有建立自己的供应链系统，UPS的服务可覆盖客户供应链的各个生产环节，全面提升供应链效率。

林子贤举例说，UPS在苏州有家生产电脑成品的客户，其零配件来自中国各地乃至亚太各地。UPS的方案是在工厂附近建立一个仓库，并鼓励这家企业的供应商也使用UPS的仓库和运输服务。UPS会根据这个工厂的实时需要，为其运送零配件等原材料。当这家工厂的电脑成品完成后，UPS又会根据客户的要求，将这些成品分门别类储存起来。最后，当工厂的海外客户需要成品时，UPS可以按照客户的时间性需求，采用海运、空运、小包裹等整合方式将成品递送到世界各地。

谈到UPS在中国的未来发展，林子贤表示，他们会持续关注中小企业，并将一直视其为重要战略客户，"UPS一直根据中国市场的情况不断地变，不是为了变而变，而是为了满足中国市场、满足不同客户的需求而变化"。

案例思考

1. UPS开拓中国市场，为何着眼于中小企业？UPS能够为客户提供哪些服务？
2. 从案例1.1中分析UPS在经营战略上体现了哪一种思想？为什么？
3. 如果学习UPS的经营经验，中国企业应从哪些方面做起？为什么？

案例 1.2 联邦快递的经营战略①

弗雷德·史密斯是美国联邦快递集团(以下简称联邦快递)的创始人和经营者(如图 1-4 所示)。他知道如果要通过服务吸引投资者和客户,他就应该将其服务成功地区别于一般的航空货运。弗雷德·史密斯告知商界:

联邦快递从事的是运输、通信和物流业务。

我们用每小时 550 英里(1 英里=1 609.344 米)的运输货车,提供货运服务。

我们用喷气式货运飞机组成联合运输系统。

图 1-4 联邦快递的创始人弗雷德·史密斯

但是商界对此都持怀疑态度,因为他们不相信有谁能成功地将航空运输和货运卡车运输融合在一起。而且,他们也不理解联邦快递仅仅运输小件包裹的原因。

弗雷德·史密斯的回答是:如今的社会所形成的新经济靠的并不是汽车和钢铁工具,而是服务,是以电子、光学和医疗科学为基础的服务行业。联邦快递致力于这些要素的流动。本公司具备了为这个社会服务的所有的物流手段。运输小件包裹可以给大众留下整洁、清晰的印象。我们已在市场上找到了自己的合适位置。我们不会在同一班飞机上运输老鼠和大象,这与许多的货运公司不同。我们运送的是人们可以随身携带的货物。

为了实现其新型的服务,弗雷德·史密斯必须用同样坚定的经营观念来支持他的营销观念。联邦快递的管理层经过详细的市场调查获悉,市场对计算机部件、医疗器械和成套建筑设计材料都有大量的需求。当然也存在着问题——需求的根源尚未可知。需求是大量的,但是分布极为分散。他们借鉴电话公司转换系统的观念提出了自己"X 幅结构"的观念。所有的包裹和文件将在周一到周五的夜间运送,货物在运往最终目的地之前,先送到中心处理站。对于客户而言,包裹是直接从 A 城市运往 B 城市还是间接运到的,两者没有区别。由于包裹没有生命,它们不会在提货和递送过程中抱怨,客户唯一关心的就是联邦快递能否在第二天准时将包裹送到收件人手中。

非直航系统能够用少量的飞机前往多个站点。而且,中心站点系统有助于减少误送和延误,因为联邦快递从收货到交货实行全程监控。这个系统还使联邦快递有机会每晚调整

① 吴晨:《联邦快递的营销战略分析》,载《才智》2009 年第 6 期,第 125 页。

航班，使其与包裹的运量一致。一旦运量变化，公司可以变更航班。这种灵活的机制节约了大量的经营成本。弗雷德·史密斯将处理站点设在孟菲斯国际机场，其辐射式分布系统结构独特、有效并富有远见。如今，他可以将联邦快递的经营称作“一项畅通无阻的服务，包裹在航班这个运送带上永不停歇”。

弗雷德·史密斯总是希望人们能对公司飞机、快递火车和广告资料上的紫铜色、橙色和白色的徽章标志有深刻的印象。同时他也十分强调员工的个人形象——整洁、不留胡子、不追求时髦的发式。甚至连对快递人员的制服的选择也当作公司的大事来对待。

一、营销计划

文斯·法根是联邦快递的首席营销官，他精明能干。在制订营销计划时，他强调公司需要两个阶梯式的市场：一个市场是传统的递送市场，像行业中其他的企业一样，有运输部门、邮件分发部门及装卸码头，公司称之为“后台市场”；另一个市场公司称为“前台市场”。这个前台市场包括广告代理、建筑设计行、银行、咨询所、法律机构以及诸如此类的商业机构和金融服务机构。

在第一个阶梯市场上，联邦快递不得不与 Emery 公司、Airborne 公司和 United Parcel Service 公司等企业以及整个航运业巨头和商业航空公司进行面对面的竞争。第二个阶梯市场是一个非传统的市场，很少有人能准确地认识或理解这个市场。在第一个阶梯市场上，潜在的客户是企业和提供专业技术服务的人员。在第二个阶梯市场上，人们很少利用航空递送服务。但是文斯·法根却认为，如果有足够的理由支持夜间航空快递服务，这些前台的办公室文员们能形成巨大的消费市场。他的战略是，不仅要吸引收发部门和运输部门的注意力，而且应该吸引秘书们的注意力，因为是他们这些人每天决定采用何种运输方式递送包裹和文件，决定给哪家航空快递公司打电话。

在文斯·法根到达孟菲斯后不久，他就认识到公司需要明确采用何种营销策略来快速地增加货物量。他选择在市场上做广告，而不用传统的“唐突的电话推销方式”与个人联系。他感到分散的营销力量没有作用，因而建议联邦快递再花 100 万美元做广告，辞退推销人员。

这是一个十分有争议和冒风险的建议，尤其在文斯·法根提出该计划的细节时，人们更是有这样感觉。他提议投入大量的电视广告，其次是印刷品广告，而以前的航空运输业没有人使用过电视广告。

1974—1983 年，联邦快递的营销部联合纽约广告代理商阿林和加格诺公司开展了五轮重要的营销活动。每一轮营销活动都经过精心策划，都给人留下了深刻印象，具体情况参见表 1-1。

表 1-1 联邦快递五轮重要的营销活动

活动目的	活动口号
建立公众意识	美国，你有了一家新的航空公司。但是，不要激动，除非你是一个包裹。那儿没有头等舱，没有食品，没有电影。甚至也没有乘客，有的只是包裹
在竞争中占上风	我们比最优的还要好几倍
强调服务效率	除了飞机，我们和其他人的一样好
强调服务的可靠性	绝对一夜递送到位
增强客户对联邦快递的认识	各种幽默的广告语，如“一投到位的空中运输”“我们与公务员零接触”“全球快节奏”等

联邦快递的媒体宣传活动在提高其商业份额上获得了巨大的成功。但是，正如一位营销管理人员所说的“如果你单单依靠这个战略，可能会做过了头。提高递送服务的能力才是真正决定你成绩的关键”。

二、新的竞争

1982年，联邦快递遇到了最为激烈的竞争挑战——UPS决定进入夜间空运服务市场。弗雷德·史密斯一直很佩服UPS在财务运作和有效管理上的成功。在1973年联邦快递组建时，公司主要依靠曾经是UPS员工的技术支持。联邦快递采用了许多UPS的经营方式和营销技术，一直到联邦快递有时间制定出自己的策略为止。实事求是地说，联邦快递不希望和UPS面对面地竞争。

联邦快递迎接挑战的方法依然是基于自己与竞争对手之间的差异，但这次的差异是服务质量。弗雷德·史密斯对外宣称：UPS能将它们的业务做得最好。但是，联邦快递也同样能把自己的业务做得最好。我们希望能去除消费者心目中的这样一种观念，以为竞争者可以与我们平起平坐。但事实上，他们并非如此。我们不会让竞争者与联邦快递平起平坐。我们将提供上午10点半送达的快递服务、更多的服务选择、周六提货的服务、包裹递送跟踪服务以及致电告知托运人货物已送到的服务。

为了支持这个战略，经营必须更加顺畅有效。为此，联邦快递采用了新的技术。新技术使公司在全国四个内部电话中心建立了专业的客户服务功能。联邦快递用屏幕上的电子订货单代替纸张记录。同时，成熟的信息和检索系统使客户服务代理能通过简单地键入客户账号来获得普通客户的数据。由于所有的包裹都有条形码，在运输的每个环节和处理过程中都要经过扫描，所以信息被送入中心计算机，方便了客户服务代理进行查找。如果出现了客户代理解决不了的问题，问题会很快上交到专家小组解决。

案例思考

1. 联邦快递成功地运用了营销组合中的哪类要素?
2. 联邦快递的营销计划有哪些独特方面?
3. 联邦快递在哪些经营方式上有别于UPS?

案例1.3 企业文化对北京宝利丰物流的影响①

中国加入了WTO，不断开放国内市场，拥有雄厚的资金、成熟的管理模式的国外知名物流企业纷纷进军中国。在如此激烈的竞争环境下，如何提高中国物流企业的核心竞争力成为问题的关键。企业文化是企业竞争的利器，优秀的企业文化是中国物流企业领先于竞争对手的关键力量，基层专线运输又是整个“物流”过程中最重要的一环。运输服务的好与坏

① 《宝利丰物流——奋进中的优秀企业》，2012年6月29日《中国商报》，第24版。

取决于物流专线领导管理水平和整个企业的企业文化及团队的整体素质。对于这一点，北京宝利丰货物运输有限责任公司（以下简称宝利丰公司）总经理孔繁荣深有体会。

宝利丰公司始建于1998年，是一家以面向生产制造型企业和商品流通企业提供物流服务为核心的股份合作制运输服务企业。公司在十多年的不懈努力下，已经拥有资产8 000多万元，拥有各种车型的车辆及合作合同车500余台，拥有停车场地3万平方米，库区1.5万平方米，公司业务以北京为中心，北京至山东全境往返为特色专线。宝利丰公司已先后在山东省成立了17个分公司，与北京市区及山东境内100多家大型制造企业和销售商形成紧密性合作关系，并提供供应链规划、设计、流程优化和运作管理等物流一体化服务，对物流标准化问题统一进行协调、规划、管理。

在孔繁荣的带领下，宝利丰公司在积极发展物流的同时大力推广先进的计算机技术、信息技术、装卸技术和仓储技术等；通过引进国外物流管理技术，提高服务质量，树立企业良好形象。另外，从管理到流程上都逐步向国际化接轨，这为宝利丰公司的发展奠定了坚实的基础。

孔繁荣表示："服务质量是物流企业的生命，是企业可持续发展的重要因素。经营信誉是企业宝贵的无形资产。物流企业要向管理要效益，在员工中牢固树立用户至上的经营观念，建立一套严格的业务规则和制度，在抓好内部机制管理，提高服务质量的同时，物流企业要特别注意树立经营信誉，扩大在社会中的影响。物流服务企业引进先进装备，改善物流设施，进而提高物流绩效和物流服务水平；政府要积极鼓励和扶持有一定基础的大型货运企业或储运企业完善服务功能，实现向物流服务企业的转变。"

对于如何构建企业文化，孔繁荣认为："现在企业的竞争就是科学技术和经济实力的竞争，更是物流企业文化力的较量，企业文化建设对于我们生存和发展有决定性的意义。现在有好多的物流公司物流专线迅速消亡的原因之一是因为企业内部没有形成与管理现代化相适应的物流企业文化理念和物流企业文化氛围。优秀的企业文化是物流企业战略战术制定获得成功的重要条件。优秀的文化能够突出物流企业的特色，形成企业成员共同的价值观念，而且物流企业文化要具有鲜明的个性，有利于物流企业与众不同的，克服制胜的战略战术。"

随着市场竞争的加剧，企业纷纷在降低物流成本、提高物流服务水平上下功夫。为了以较低的交付成本、更好的物流服务在国内、国际市场中赢得竞争优势，物流战略越来越成为企业总体战略中不可分割的组成部分。物流企业文化是战略战术实施的重要手段，企业文化构建以后需要全体员工有效地贯彻弘扬，正是物流企业的企业文化具有导向、约束、凝聚、激励及辐射作用，激发了员工的激情，统一了企业成员的意志和欲望，为实现企业的目标而努力奋斗。

案例思考

1. 北京宝利丰公司的企业文化具有哪些内容？
2. 对于物流企业而言，如何理解企业文化的重要性？
3. 如果你是一位物流企业的经理，在构建企业文化方面应该注意哪些问题？

案例 1.4 国美、苏宁扩大自建物流规模应对电商①

提起电子商务企业(以下简称电商企业),恐怕就不得不说京东商城。京东商城是专业的综合性网上购物商城,销售上百万种商品。京东商城从 2004 年开展电子商务业务,仅仅数年,年营业额成几何级的数量增长,至今已经成为国内最大的电子商城,数百亿的销量直逼连锁家电企业国美和苏宁。

当然,作为国内家电连锁市场的绝对主力,国美和苏宁显然不会坐视不理。国美拥有 42 家分公司,1 200 多家直营店面,先是收购了大中电器,而后跟库巴网牵手,最近又与当当网合作,可谓动作连连。而作为对手的苏宁,苏宁易购上线后的发展速度同样惊人,凭借着颇具吸引力的价格和不断提供的打折活动,赢得了不少人气和财气。

图 1-5 为苏宁易购的主页。

作为传统的连锁家电企业,国美和苏宁拥有两个非常重要的优势。一是凭借庞大的销量拥有的规模议价优势。这种优势主要体现在成本方面,然而,这项优势随着电商企业的日益庞大正在缩小。二是物流优势。国美和苏宁凭借多年的连锁经营,每年不断加大自建和扩展自有物流的规模,在物流配送方面比电商企业拥有更强的优势。

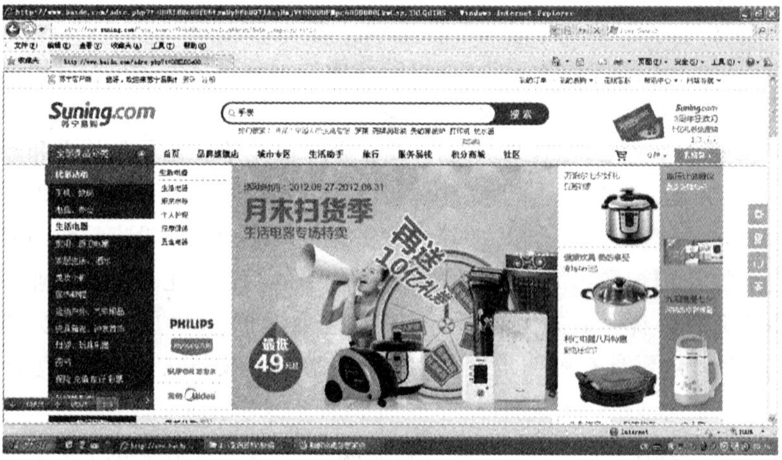

图 1-5 苏宁易购的主页

苏宁易购市场管理中心常务副总监闵涓清认为,苏宁易购相对京东商城而言,在采购上有 7%~8%的优势,在物流及人员工资上有 5%的优势。他尤其强调苏宁易购自有物流的优势,说这几年第三方物流涨价太厉害,物流价“比打折价还要贵”。而自建物流,成本能低 30%~40%,自建物流不仅可以提升运作效率和服务响应速度,而且可以降低运营成本。

电商企业之所以发展迅猛,消费者无非是看中了其具有的价格优势。电商企业如果在物流费用上占据了较大的成本,必然出现利润薄弱或者面临涨价的压力,这一点在跨区物流的时候尤其明显。目前,国内大部分电商企业都选择与第三方物流合作,但是选择第三方物流容易受制于人,难于掌控,尤其在电商企业规模做大后面临的风险将会更大。

---

① http://www.e6gps.com/Industry Information/Medium-Details.aspx? Id=7590。

苏宁易购的物流更多是依赖苏宁。在大家电配送上，苏宁易购共享苏宁电器的配送仓储网络，可直接就近配送；小家电配送主要补齐空白覆盖点。在苏宁易购物流网状结构的干线部分，货物将从中心仓库发送到配送点；最后一公里，则是将货物从苏宁配送点直接送到消费者手中，苏宁称之为“毛细物流”。正是因为拥有这样的物流网络，如今的苏宁易购已经发展为多产品的商城，按照其官方的话说就是除了生鲜不卖，其他都卖。

按照苏宁的规划，物流业务未来将部分独立，为上下游厂家服务。目前，苏宁易购在全国建了 8 个物流基地、5 000 个配送点。苏宁也将继续增加物流基地的数量，并在 12 个城市建立“中心仓库”及若干储备仓，建立 90～100 个配送分中心，覆盖半径 100～150 公里，配送时间缩短至半天左右。闵涓清说：“当前一个中心仓对应好几个省，缺货率、配送效率等都将得到明显改善。”

国美同样“凶猛”，国美与库巴网联手，全力推进电子商务业务的发展，这与国美覆盖 400 多个城市的物流体系有关。国美已在全国 100 多个大中型城市建成大家电仓储基地，有 30 多个自有仓库，1 700 多家实体店、网上商城都已纳入物流体系，覆盖 400 多个城市。未来三年，国美将以 10 多个区域中心为核心，建立 100 多个大家电物流仓库、600 多个分拨配送点、2 000 多人的自有配送队伍。

图 1-6 为库巴网的主页。

图 1-6　库巴网的主页

扩大物流规模、提高物流配送是连锁家电企业在电子商务业务发展道路上提速的关键，在将来很长一段时间，也将是这些企业的重头戏。

案例思考

1. 国美、苏宁为什么要扩大自建物流规模来应对电商企业？
2. 国美、苏宁与京东商城相比具有什么优势和劣势？
3. 通过案例 1.4，请你指出未来网上家电商城的发展之路。

案例 1.5 青岛啤酒优化物流体系①

青岛啤酒股份有限公司(以下简称青岛啤酒)作为世界著名品牌和中国的行业龙头,年生产能力达到 120 万吨,产品销往 80 多个国家和地区。近年来,青岛啤酒引入现代物流理念,加强产品物流管理,提高了营销水平,扩大了市场占有率。青岛啤酒还成立由销售、财务和仓储运输等部门负责人参加的物流工作班子,制订试点方案,从抓产品新鲜度管理入手,以时间控制为标准,建立了高效的成品物流控制系统,形成了能对市场快速反应的配送体系。

一、优化物流体系的目标

优化物流体系就是要尽可能地缩短产品进入市场的时间,青岛啤酒积极实行啤酒新鲜度管理,他们从企业的实际出发,运用现代物流理论,规划和建设产成品物流体系。

(一) 提高产品的市场竞争能力

啤酒产品具有较高的保鲜要求,即使产品在保质期内,产品新鲜度也会对啤酒口味等指标也有较大的影响。优化物流体系,就是要尽可能地缩短产成品进入市场的时间,从而提高产品的新鲜度,增强产品的竞争力。

(二) 加强营销管理的需要

为了提高市场占有率,青岛啤酒努力在全国范围内建立区域直销体系,形成完善的销售网络,这样有利于新市场的开拓,加快青岛啤酒进入市场的速度。而产品运输渠道的不畅却成为销售的一大难题。

(三) 缩小与国际竞争对手的差距

由于青岛啤酒在东南亚及欧美等主要国际市场中拥有很大的优势,因此被国际知名大公司视为主要对手。但与国外的跨国公司相比,青岛啤酒还存在较大的差距。因此,青岛啤酒在营销管理上以现代营销和物流理论为指导,借鉴国际同行的先进经验与成功做法,建立起科学的营销管理体系和产成品物流控制体系,以确保青岛啤酒的龙头地位,进一步提高青啤品牌的国内、国际形象,创造出更高的品牌效益。

二、优化物流体系的具体做法

(一) 提出系统的整体目标

青岛啤酒以消费者为中心,以市场为导向,实施产品新鲜度管理,实行从生产到零售点的时间管理;节约费用,降低产成品资金占用,提高供应链运行效率;建成本部与各销售点在物流、信息流和资金流全部由计算机网络管理的智能化配送体系。

(二) 提出物流体系方案

物流体系的规划设计,需要结合销售管理的网络体系进行考虑,对整个营销体系的管理结构进行改革。青岛啤酒根据营销的特点,结合总公司对分公司资金管理的要求,建立"网上银行",实现收支两条线电子化管理,并推动实现预算管理;根据营销系统的功能,将物流

① http://cio.itxinwen.com.cn/zixun/201205/10/182221.shtml。

配送体系、预算管理体系和营销策划与信息反馈系统有机地结合起来，进行整体功能优化设计，使各方面的管理实行一体化等。最后，青岛啤酒以计算机管理信息系统作为手段，实现各系统之间的信息传递、处理和分析自动化。

（三）分阶段组织实施

青岛啤酒调整组织架构，成立仓储调度中心和物流公司，建立覆盖全国各销售区域的物流网络系统；从运输、仓储环节入手，对其过程的各个环节进行重新整合、优化，减少运输周转次数；加强计划管理，提高计划和预测的科学性、先进性和可操作性；加强销售网络的规划和建设；构建信息网络系统，实现物流、信息流和资金流同步运行。

三、优化物流体系的效果

青岛啤酒通过优化产成品物流体系，明显提高了企业的整体营销水平。市场零售店啤酒新鲜度得以提高，销售实现大幅增长，产品库存下降导致资金占用下降，仓储面积随之也下降。青岛啤酒优化物流体系还降低了其市内周转运输费，产品货物流向基本得到控制，物流与资金流的有效结合加快了销售资金的周转速度，实现了对地区分公司资金与产品流动安全性的有效控制。

优化物流体系为青岛啤酒带来了显著的效益，青岛啤酒逐渐意识到物流能力已经成为企业核心竞争能力的一个重要方面，企业优化物流体系必须做到要做到以下四点。

（1）管理层重视，上下动员、统一认识。企业通过分析现状，发现问题，寻找差距，提出解决方案，达成共识，这是推进物流体系建设的基础。

（2）企业认真研究物流管理的基本思想和国外先进管理经验，在制订整体物流规划方案时，必须结合本行业和本企业的特点，创造性地提出解决方案，缩短与国外同行在物流管理上的差距。

（3）企业要重视培养骨干，选拔素质较高的员工，进行物流管理的专业化培训，使具体方案得以贯彻执行。

（4）企业要把产品物流体系设计方案与销售体系紧密结合统一考虑。

案例思考

1. 青岛啤酒为什么要进行优化物流体系？
2. 青岛啤酒是如何做到销售大幅增长，并且“新鲜度管理水平”显著提高的？
3. 你认为“青岛啤酒模式”可以在哪一类企业中进行推广？

案例 1.6　日本菱食公司物流发展战略[①]

日本菱食公司株式会社（以下简称日本菱食公司）是 1979 年由日本三菱商社的四个食

① 宋华：《现代物流与供应链管理案例》，北京：经济管理出版社，2003 年版，第 151—154 页，有删改。

品加工批发企业合并之后发展成为综合食品批发商的。现在日本菱食公司主要经营调料、罐头、面等干物产品、饮料、冷冻产品、酒类和宠物食品等，资本金为10.88亿日元，员工人数为1 845人。尽管近几年批发企业的生存空间大大压缩，但是日本菱食公司的绝对业绩和相对增长率都十分惊人。日本菱食公司的FDC(Front Distribution Center，前端物流中心)、RDC(Regional Distribution Center，专用物流中心)等新型物流系统已经成为其获取竞争优势的源泉，"新物流"与"新经营"和"新管理"一起已经成为构筑日本菱食公司核心能力的三大支柱。

一、日本菱食公司物流发展战略环境与目标

(一) 日本菱食公司的物流发展战略目标

日本菱食公司的总体发展战略追求"以消费者为基点的流通系统"，将自己定位于"作为连接消费与生产的创造价值的桥梁"。日本菱食公司物流发展战略目标就是通过垂直联盟与合作有效地将从生产商出货到零售店的上货有机地联系在一起，真正实现产、销、物三者的结合。

(二) 日本菱食公司物流发展战略环境分析

1. 日本菱食公司物流战略建立在市场环境变化的分析基础上

日本菱食公司是作为食品加工批发企业而成立的，因此具有较浓烈的专业批发的色彩。但是，日本菱食公司逐步向全方位商品批发和服务经营转变，商品经营的范围已从原来单一的食品输送转向所有需要在最短时间内配送到店并且有及时符合消费者需求的商品，或者服务对象和服务范围是所有追求多样化、及时性需求的量贩店、超市和便利店。这种零售业态要求在单品管理和物流管理上能充分适应柔性化、及时反应的经营特点，但是，中小企业要想依靠自身的实力建成一整套完整的物流体制和经营体制十分困难，就是大型企业也不可能自己从事所有的物流管理和商品管理业务。日本菱食公司正是针对这种市场情况，找出了自身发展的空间。为了促进零售店铺的效率化和省力化，日本菱食公司通过综合性的物流服务，以商品单品管理为主线，帮助零售业实行场所和店内促销管理，从而使物流服务的内涵大大扩展。

2. 日本菱食公司物流战略建立在企业的经营发展需要上

日本菱食公司商品经营的品种逐步走向多样化发展，即在原有的加工食品基础上，向酒类、冷冻食品以及奶制品的备货和配送方向发展。在此方面为了扩大商品采购的范围，日本菱食公司除了自己从事各项相关的物流服务，还开展针对零售业的物流服务。但是，应当看到的是，日本菱食公司的这种品种多样化经营不是针对所有的零售企业而普遍开展的，最近，他们着力于针对特定零售连锁店开展适应性的多品种经营，从而真正实现特性、定制化的物流服务。

3. 日本菱食公司物流战略建立在企业新兴服务体系上

在物流和信息服务上，为了充分实现对零售业的支持，日本菱食公司推行了"综合物流"体制，统一为满足同一零售商的不同批发和生产企业提供全面的物流服务，即充分扮演"窗口批发企业"的角色。为此，日本菱食公司同意各供货方利用自己的物流网络，统一由本物流中心处理不同来源的商品，然后实行对店铺的集中配送和其他物流服务。这样既方便了供货方，又为零售商提供了良好的服务。

4. 日本菱食公司物流战略建立在企业内部优势上

日本菱食公司积极帮助零售企业实行单品管理和店内促销管理，为零售企业提高经营业绩提供建议和帮助。为此，日本菱食公司利用集中物流所产生的信息集中优势，对各店铺的商品销售动向进行分析，进而指导零售企业。日本菱食公司主要通过商品空间的分析（包括销售数据的比较，商品类别的卖场分配，单品发展动向研究，导入信用卡分析，新产品信息收集、反馈，店铺间销售情况的比较和货架管理等）和店内促销管理（包括销售比率分析、销售建议、货单建议、价格分析、终端设计分析、现金分析和 TVCM 信息分析等），为零售企业导入信用卡和进货提供决策基准，同时对其卖场分区管理和货架管理以及销售促进计划的制订给予积极的支持。

二、日本菱食公司物流发展战略内容

（一）商品多样化物流战略

日本菱食公司从众多的量贩店中选取最具有竞争力的企业作为自己的服务对象，并根据顾客企业的经营特征和需要扩充自己在日本全国的物流网络，尽可能多地从事针对顾客企业的多商品经营。

从日本菱食公司商品经营的构成看，食品、饮料占 33.4%，调料占 22.7%，面、干货类占 21.4%，冷冻类产品占 13.1%，罐头类产品占 5.4%，酒类产品占 2.0%、宠物食品占 2.0%，广阔的商品经营幅度使菱食公司成为日本多品种经营最先进的批发型企业。

日本菱食公司还准备通过资本联合的形式，增加新的商品品种或拓宽现有产品的宽度。例如，与日本三得利公司、麦香公司等四家公司联合出资，通过扩大酒类产品的进货范围，使之成为从低价格产品到高价格产品全方位的酒类批发、物流管理者。

除扩大自身商品经营品种外，日本菱食公司还积极地利用其“窗口批发”功能，通过接纳其他企业的产品来开展综合物流管理，进一步推动点心、日杂和生鲜等产品的进货。日本菱食公司真正成为多品种经营的综合物流服务提供商。

（二）服务系统化物流战略

一是积极向具有全国经营规模的量贩店开展物流服务，服务的形式既包括自己直接经营，又包括作为“窗口批发”为其他的批发企业或生产企业提供服务。根据不同的地域和品种实行多窗口服务，这样既有利于窗口间的竞争，提高经营效率，又有利于降低进货和物流管理的成本。

二是积极为地域量贩店开展物流服务，这种地域量贩店虽然没有前一种具有较大的店铺规模，但是在某一特定地区却分布比较密集，日本菱食公司对于这类量贩店开展更为特色化、地方化的物流服务，而且容易取得在特定市场的经营优势，目前日本菱食公司对后一种形式投入量大，甚至还为地域量贩店建立专用物流中心，真正全面地开展全套综合物流服务。

（三）合作专业化物流战略

日本菱食公司开展了针对神奈川县著名连锁超市相铁洛圣的综合物流服务，相铁洛圣的所有加工食品和相关产品全部从该公司进货。不仅如此，日本菱食公司又与冈山县的天满屋店合作，为其开展综合物流，服务的范围除了食品外，一部分日用品和服装也从日本菱食公司的专用物流中心进货，所以，该公司对天满屋店的物流服务要比对相铁洛圣的物流服务范围要广、对零售企业经营的介入程度要深。

在积累了相铁洛圣和天满屋店的物流经营经验的基础上，日本菱食公司又不断扩大服务的规模，合作的对象达到了20多家地域量贩店，特别是为日本东北地区最大的超市连锁伊藤洋华堂开展综合物流服务，并在福岛县的二本松市、宫城县的岩沼市以及枥木县的鹿沼市三个地方建立了专用物流中心，由这三个物流中心向伊藤洋华堂的各店铺配送包括其他批发或生产企业的产品，经营的商品品种除食品、日杂品外，生鲜产品的进货和物流活动也都是委托日本菱食公司来进行，目前，日本菱食公司还计划与其他两家公司合作。

三、日本菱食公司物流发展战略措施

(一) 强化物流作业的效率

日本菱食公司在运行时会产生很多针对零售店铺的各种各样的作业，这就要求该公司必须规定好各种作业流程，以顺应零售店铺经营的需要。具体地讲，日本菱食公司向零售店铺的配送基本上都是以货箱的形式进行，因为对需求量或较大型的商品而言，以货箱形式配送，容易实现店铺的大量展示，减轻店铺作业的劳动强度，节省店铺库存的空间。但是，对于小批量商品而言，物流作业活动则要复杂得多。一般批发企业将货箱配送到店后，再由零售企业进行二次分拣，而这种形式加大了零售企业的负担，日本菱食公司针对这种情况，自己承担了店铺商品分拣工作，从而帮助零售店铺提高了商品作业效率。

(二) 简化物流运作的环节

通常零售企业在从批发企业进货时，需要进行验货，以检查批发商是否按零售商所要求的商品品种、规格、数量和质量交货。商品品种日益多样化，每天进行验货往往需要耗费大量的人力和时间，日本菱食公司严格控制服务质量，把配送损失降低到最小程度，这样取得了零售商的信任，并在长期合作的基础上，实行免检进货。

(三) 完善物流中心运作体系

在日本菱食公司中起着连接单品大量运输和面向零售企业分拣组合配送并具体开展物流活动的环节是物流中心，被称为FDC(前端物流中心)。FDC的主要功能是直接从生产商处接收进货并进行相应的物流作业。但是，在FDC内进行的物流作业基本上是以整箱为单位进行，如果是小批量进货就需要从事进一步的备货、分拣等物流作业，这样无疑会大大降低FDC的作业效率。日本菱食公司将小批量分拣作业从FDC中分离出来，专门建立针对小批量物流作业的物流中心，即RDC(区域物流中心)，目前在日本全国共有8处RDC。RDC的主要功能是对应多频度、少量物流，集中处理既花人力又花成本的小批量分拣作业，把各种商品集中放置在另一种特定商品的货箱，而且是特定店铺的货箱。RDC大规模的集中配送真正实现了物流管理的规模经济效益。所以，从某种意义上讲，RDC是FDC的后方支援基地，通过这种物流中心，相对于统一作业的集中化物流，小批量物流作业也能实现效率化。

在物流管理体系上，除了FDC和RDC之外，日本菱食公司还专门针对特定零售商建立了专用物流中心，即SDC(Specialized Pistribution Center，专用物流中心)。这种物流中心是专门为某一特定量贩连锁店提供自动化的小批量分拣作业，或者说它是零售商专有的将RDC和FDC功能结合在一起的物流配送中心，目前，日本菱食公司共有7处SDC。

日本菱食公司还需要在FDC、RDC和SDC内部实行全面的验货，以防止商品配送上的差错。一般在商品进入物流中心时，日本菱食公司就实施商品的检查，同时决定是否用必要的机械设备进行搬运。在发货时，如果是大批量整箱出货，就利用人工验货，因为大批量整箱出货人工验货比较方便。如果是小批量拣组合配送，验货管理主要依靠计算机来进行。此外，在库存管理上，日本菱食公司通过其计算机系统，在过去一两周零售店铺订货数据的基础上，对库存水准适时监控，如果低于安全库存则自动向生产商订货。

(四) 建立高效的信息管理系统

日本菱食公司建立了高效的现代化信息管理系统不仅有助于物流管理效率的提高，而且更能发挥该公司对零售经营的支持和帮助。

日本菱食公司开发的 TOMAS 信息管理系统将该公司的信息中心与相关企业、FDC、RDC 等连接一起，实行效率化的信息管理和共享。此外，以此为核心利用 EDI 与零售企业连接，积极地发挥对零售业的定时定量配送、防止配送差错、订货管理以及鲜度管理等作用。与生产商则通过 VAN 进行连接，实现效率化的商品订货管理。

日本菱食公司还在 TOMAS 的基础上进一步发展和改造，建立了 NEW-TOMAS 信息管理。利用该系统，不仅能随时知晓日本菱食公司出货商品按不同地域、不同店铺划分的销售动向和价格动向，而且还能预测数周后销售发展的趋势。此外，利用该系统日本菱食公司还能得到零售连锁店的 POS 数据，这样通过对这些数据的灵活使用和分析，日本菱食公司能确切地掌握各店铺和各卖场的特点，从而使其能针对各店铺的特点进行有效的备货或提出商品陈列的建议。

案例思考

1. 非专业的物流企业是否有必要建立企业物流发展战略?

2. 不同规模、不同地域、不同行业的企业应如何确立自己的物流发展战略?

3. 日本菱食公司物流发展战略取得了成功，但在未来发展变化的环境下，这种成功的物流发展战略会出现什么样的变化?

4. 一个企业应由什么部门确定物流战略?

5. 物流发展战略如何与企业经营、企业管理建立协调机制?

6. 你认为日本菱食公司物流发展战略应作什么样的改进?

7. 相比较而言，你所工作的企业应如何建立物流发展战略? 建立什么样的物流发展战略?

案例 1.7 站在物流的角度看晋商①

晋商雄居中华，饮誉欧亚，辉煌业绩中外瞩目。特别值得指出的是在晋商“纵横欧亚九千里、称雄商场五百年”的过程中，树立起了三座伟大的丰碑，那就是驼帮、船帮和票号。驼帮就是以骆驼、马运输为主，从事经贸流通活动的重要商帮，当时就有南来“烟糖布茶”，北往

① http://www.56885.net/news/2012522/322116.html。

"牛羊骆驼马",这就是古代物流业中陆地运输方式之一;那船帮就是海运;更多的人只知晋商创办的票号"汇通天下",却不知晋商先做货物流通而使茶盐等物品"货通天下",由此可见,晋商开辟了物流业的先河。

一、商贸物流是晋商壮大的基础产业

晋商从豆腐坊、杂货部做起,取得了最原始的资金积累以后,他们所选择的不是进一步扩大再生产,而是将眼光投向了利润更大、前景更为看好的货物贸易。晋商的存在与发展,让中国社会的商业行为更为规范和进步,同时也推进了世界贸易的向前发展。

晋商在利用"驼帮"、"船帮"经商的过程中,真可谓是"船帮乘风破浪,东渡扶桑,商帮驼铃声声,传播四方"。写下了一部艰辛的创业史,但是晋商并没有只盯着洋铜和茶叶,依托商贸流通中银子汇兑不方便、分量太重,因此就有了晋商最大的创举——票号。

票号又叫票庄或汇兑庄,是一种专门经营汇兑业务的金融机构。相传平遥县"西裕成颜料庄"在北京、天津和四川等地都设有分庄,总经理叫雷履泰。"西裕成颜料庄"北京分庄经常为在北京的山西同乡办理北京与平遥、四川或天津之间的现金拨兑,随着要求拨兑的人越来越多,生意越来越红火,"西裕成颜料庄"遂成为专营存款、放款、汇兑业务的票号,改名为"日升昌记"。这就是中国历史上第一家票号。票号的这一壮举大大促进了经济的发展和商贸往来,并且开辟了中国的金融业。作为汇兑制度和专营汇兑的信用机构,至此开始形成。"日升昌记"先后于汉口、天津、济南、西安、开封和南京等地设票号分号40多处,几乎覆盖整个中国,各地分号挂招牌"京都日升昌汇通天下"。"日升昌记"历经清道光、咸丰、同治、光绪和宣统五代皇帝和"中华民国",延续至1923年,长达一个世纪。

图1-7为中国第一票号——山西"日升昌记"票号。

图1-7 中国第一票号——山西"日升昌记"票号

山西会馆的建立是最初的信息、商贸流通的中转站和集散中心。清代的赊旗店(今河南南阳市社旗县)是一个四通八达的水陆要冲,很多商人纷纷到此建房设店,使赊旗舟楫车马,热闹非凡。粮食、棉花、食盐、布匹和煤炭等各种物资汇集此镇进行贸易、储存、转运,从而形成一个物资贸易中心。而在赊旗店中最活跃、最有势力的商人就是山西商人。他们最早来到赊旗店从事茶叶、绸缎、刺绣、木材、食盐和布匹等商品的南北转运,其中茶叶为晋商经营的最大宗商品。山西商人为了适应贸易的需要，首先在赊旗店创建了晋商会馆。由此可见，晋商会馆在各城镇商埠的建立是经商活动的需要。晋商会馆如今在世界各地都有遗址，成为重要文物被加以保护。

图 1-8 为位于赊旗店的晋商会馆。

图 1-8　位于赊旗店的晋商会馆

二、晋商开辟了物流的先河

在晋商从事商贸的历史中没有提到“物流”一说，只是当时没有这个名词术语，但是根据其发展史来看，晋商确实开辟了物流的先河。

晋商的商业行为与经营理念在某种程度上仍然值得现代人去借鉴、学习。我国社会在第一产业和第二产业都取得了巨大的进展之后，政府适时地提出了大力发展第三产业的号召，而第三产业最具有代表意义的其中之一则是加快商业贸易和货物流通，这与当年晋商的选择似乎不谋而合。另外，当我们翻开当代富豪排行榜的时候可以看到很大一部分名字都是从事商业贸易的商人，这是不是也从另一个侧面说明了当年晋商成功的原因。

案例思考

1. 晋商的成功对现代物流企业的发展有何启示？
2. 试分析当前的社会经济环境，是否存在近似当年晋商形成和发展所处的机遇？

案例 1.8　亚马逊怎么做物流①

“我们要基于长远去创造更好的客户体验。”这是亚马逊的创始人杰夫·贝索斯（如图 1-9 所示）的理念。

① 汤浔芳：《亚马逊怎么做物流》，2012 年 6 月 4 日《21 世纪经济报道》，第 26 版，有删改。

图 1-9 杰夫·贝索斯

自 1994 年创立起，亚马逊就将电子商务当作一场马拉松长跑，在长达 8 年的亏损运营中打造了独步全球的三驾马车，除了声名显赫的网络服务(AWS)和 Kindle 出版业务(KDP)，另一个更为隐秘的便是物流(FBA)。

当中国的电商企业笃信“以快制慢”法则、以烧钱做广告换取竞争优势，亚马逊早就看到了电商的本质是零售企业，精细化运营是核心竞争力。对于电商企业来说，用简洁、清新的网页吸引用户购物是第一步，仓储与配送才是最关键的检验。

一、出入库动态平衡

亚马逊天津运营中心每天的工作包括入库和出库两个环节。就像过关一样，每件商品来到天津运营中心的时候都需要进行一系列的“体检”——测身高、量“腰”围、称体重。拣货员根据每件商品的长、宽、高来确定其摆放位置、包装箱大小和包裹价格。当这些数据扫描进系统之后，电脑与手持设备都会自动做出相关判断。

从收货到上架，商品一般需要花费 1～6 小时，而小家电需要与供应商面对面验货，最多需要花费 12 小时入库完毕。

在入库环节，亚马逊最值得称道的是一货一位、一货多位、多货多位的存储方式。表面上看，同一种货物会散落在不同的地方，但却“形散而神不散”，借由运营中心强大的 IT 系统以及规范化的产品管理与流程，拣货员从来都不会找不到货。采用这样的存储方式可以最大化存储空间。

而国内的大多数综合电商企业往往根据货品的体积来划分存储区域，并且同一种货物往往堆放在一起。这就形成了一种现象，那些存储空间较大的地方无法让体积较小的货物存储。另外，畅销的品类无法方便地堆放在拣货入口，而只能放在原先划分的区域。

货物放入仓库后，只有用户下单，它才有了自己最好的出库机会。如果不幸成为滞销品，那么也会“被迫”出库，返回厂家。

亚马逊运营中心的出库流程很细致，一共包括 15 步，即打印订单、拣货、合并货筐、配货、扫描检验、扫描包裹、分拣、移动包裹、订单发货以及调拨分拣、调拨包裹、移动调拨箱、调拨发货、返厂包装、返厂发货等流程。

在拣货时，拣货员会直接将打印出来的任务单用皮筋系在货物上，如果订单需要有几个分仓来拣货，那么拣货员会将集合单系在货物上。拣完货之后，货物就来到了包裹处理的环节，每个客户的货物分别在一个货筐里，包装人员将这些货物扫描并依据任务单验货。此时，IT 系统会自动提示应该使用多大的包装盒，包装人员只需要按此进行包裹、贴上包裹单就可以了。最后，这些包裹就被放在传送带上依次出库。

图 1-10 为亚马逊天津运营中心内部拣货场景。

现在，亚马逊中国的网站上有 28 大类近 600 万商品。这些商品每秒钟都在产生购买，各个运营中心的订单量时时发生变化。拣货员何时批量拣货，订单何时发货，亚马逊都有自己的一套方法。拣货、发货的原则是达到动态平衡，运营中心就是一个水池子，要保证订单量的变化，与出库、发货的变化是协调的，让流入的水与流出的水一致，这样就能保持最高的效率。

图 1-10 亚马逊天津运营中心内部拣货场景

亚马逊天津运营中心的拣货员一次拣货 1 个小时，平均完成的订单量从几十到几百不等，IT 系统会根据当批用户的订单自动生成一条最省时、最有效的拣货路线图。拣货员只需要根据这条路线图，按照移动手持设备上的提示信息来拣货即可。即便是在同一个细分仓库拣货，如果没有一个有效的路径，拣货员就会重复跑，从而影响效率。亚马逊天津运营中心的库房面积达 4.5 万平方米，沿着各个分仓的共同大道走上一圈，需要花费近 1 个小时的时间。如果没有 IT 系统的支持，在入库、拣货、出库等环节会因为行走而浪费很多的时间。

除了利用机器、IT 系统的自动化与智能化，亚马逊还使用人来进行管理。目前，亚马逊天津运营中心共有员工 780 人，其中 30%是拣货员，8 名员工负责自动包装流程，大约有 20 名的运营经理。各个运营经理根据系统、订单数和员工的数量，即时安排员工的岗位和工作时间，以保证发挥整体的最大效率。

二、租赁仓储

每天傍晚，亚马逊天津运营中心都会给全国其他 10 个运营中心发出调拨车，这些车上装满了各式各样的调运货品。每天调拨的货物清单都是 IT 系统计算得来的。这个专门用于进销存的系统可以预测某个产品的某一型号在某个地区一天能够产生多少的订单量，然后根据预测结果提前完成备货与调货。

货物调拨能够较好地提升用户体验。亚马逊的商品显示是面向全国的，仓储也需要做到全国统一，而不是北京有货、其他地区无货。而中国的电商企业在全国各地的物流基地就无法进行互相调拨，用户在购买时需要按照所属的省份与大型城市查看有无货品。

尽管中国市场很广，但在华中、西北等地区购物的人群较少，亚马逊的运营中心一般不存放太多的货品。亚马逊还随时调整因区域、季节不同带来的货物存储。例如，北方的冬季较长，那么诸如羽绒服、棉服等南方需求结束较早的商品可以提前运往北方。

对一个零售企业来说，最重要的竞争力便是持有足够的现金流。只有将货卖出去，才会有源源不断的现金流。在企业的经营过程中，现金流是一个与销售额、利润同等重要的经营指标。

根据亚马逊的财报，2011 年亚马逊的净销售额为 480.8 亿美元，增长了 41%。净利润为 6.31 亿美元，同比降低了 45%。而亚马逊运营现金流却保持得很好，同比增长 12%至 39 亿美元。从 1997—2005 年，亚马逊连续 8 年亏损，缘何还能够持续运转，这缘于亚马逊对企业命脉——现金流上进行控制。

在节约现金流上，亚马逊采取了一系列的方法，其中仓储租赁的贡献最大。

亚马逊在全球都租赁仓储，这样做的好处是前期固定资本投入较少，不对当期的现金流产生影响。采用租赁仓库的做法能够让亚马逊将有限的资金投入到诸如 IT 系统、云服务基础设施的建设中。

相比之下，国内各大电商企业都选择需要消耗大量资金的自建仓储。京东商城曾宣布，将投资 5 亿元建设面积为 19.7 万平方米的华中电子商务港。2012—2016 年，将投入 200 亿～300 亿元在北京、上海、广州和成都等四个城市发展物流。据京东商城 IPO 全球分析师提供的数据，2011 年京东商城的物流费用占整体营收的 6.6%，以 212 亿的整体营收来计算，其物流支出达到 14 亿。

长期来看，自建仓储可以摊薄订单成本。但对于现在的电商企业来说，自建仓储可能会产生致命的影响。亚马逊认为，电商企业采取仓储租赁的形式较好，以牺牲当期现金流来投入物流并不合算。

三、中国式创新

在中国市场的一线城市，亚马逊的发货速度是当日达或次日达。这是一种创新，提升了客户体验，而在美国，一个订单 3 天送达是正常情况。加快配送速度提升了用户体验，自然也提升了运营成本。但是，亚马逊通过内部流程的优化将这些增加的成本消化掉了，并没有增加额外的运营成本。而驱动这一流程优化的是以仓储管理系统为代表的 IT 系统。这套系统赫赫有名，被评价为亚马逊在全球进行业务扩张时的杀手锏。当亚马逊各个分公司的市场特征发生改变，在其全球 IT 系统架构的基础上，各个分公司的 IT 架构也会做出改变，以适应变化。

快速的配货与发货要求 IT 系统发生改变。以仓储为例，当日到达的订单要求 2 小时内就要出库，次日到达的订单要求 3 小时内出库，这需要系统依据此要求做出改变。由于订单量暴增、品类迅速增多以及数据挖掘等商业智能的需求变化，IT 系统每天都在发生变化。亚马逊中国内部会搜集系统改动的要求并提出可行性的方案，然后提交给美国、印度的 IT 研发团队，逐步优化系统。

定时送货、当日达、次日达等变化是从中国研发出来，现在已经在全球做推广使用。比如，亚马逊中国自建配送队伍，加快发货速度的做法已经复制到全球人口集中的城市，如美国迈阿密。亚马逊中国发现消费者点击商品时更喜欢弹出新窗口，而不是在原有页面上直接跳转。这些经验此前亚马逊并不知晓，如今被复制到日本。

亚马逊有一个运营宗旨——“能用机器做的事情，那么绝不用人工做”，亚马逊也将自己定位为一家技术公司而非一个零售公司。但是，亚马逊也会优先成本。

2012 年 3 月，亚马逊用 7.75 亿美元收购了一家机器人制造公司。亚马逊在美国已经逐步使用机器人进行全自动化的仓储拣货。然而在中国，亚马逊表示，采用机器人拣货的成本较高，对人工成本较低的中国来说，暂时并不需要。

案例思考

1. 亚马逊天津运营中心是如何做到出入库动态平衡的?
2. 亚马逊天津运营中心是如何保证拣货效率的?
3. 亚马逊异地调拨货物遵循什么原则?
4. 亚马逊如何在亏损的状况下保持其现金流?
5. 亚马逊"中国式创新"的实质是什么?

案例 1.9 重庆重铁物流实施转型战略开拓市场①

重庆重铁物流有限公司(以下简称重铁物流公司)是一个主要从事铁路运输代理、装卸作业、仓储保管、汽车运输、专用线代管、商贸物流、流通加工与分拨配送等业务的综合性物流企业。2011 年以来,重铁物流公司按照原国家铁道部"转变发展方式,转变经营机制,实施多元化经营"的要求,以满足客户个性化需求、提供物流增值化服务为经营理念,大力实施转型战略,取得了许多新突破。2011 年重铁物流公司实现销售收入 24.21 亿元,比 2010 年增加 9.1 亿元;实现利润 4 100 万元,比 2010 年增加 1 742.02 万元,经营业绩创历史新高。

一、突破既有经营模式实施转型战略

重铁物流公司在经营转型中,突破既有常规业务经营模式,实施"强强"联合战略,积极与有实力的企业合作,打造物流服务新平台,借力拓展市场增收创效。重铁物流公司与重庆巨龙储运有限公司共同出资组建了重庆重铁巨龙储运有限公司,在重庆团结村基地合资修建钢材加工仓储配送中心并顺利引进钢材期货到场,成为我国西南片区最大的钢材期货交割点。该项目在 10.5 万平方米的钢材加工区建成投产后将形成年收入 30 亿元的规模。重铁物流公司还与重庆中钢投资集团共同投资组建了重庆重铁中钢物流有限公司,利用重庆市建立江北保税区的优惠条件,结合重庆唐家沱基地二期建设,联手打造重庆市规模最大的废钢与炉料专用发送基地,发展远景十分广阔,形成铁路增运、合作企业盈利、重铁物流公司增效的"三赢"局面。

重铁物流公司与地方政府联手,在经营区域内资源丰富的重点地区共同开发建设新的物流项目。重铁物流公司在建成秀山战略装卸车点的基础上,积极寻求地方政府的支持,实施了秀山物流园区配套建设。重铁物流公司在云南彝良县为打开年产 200 万吨以上的煤、矿石销路,与当地的知名企业合作,建设彝良散装大型物流货场,发展共赢,利益共享,加快向现代物流转型步伐。

重铁物流公司适应市场需要,打造完整的物流服务平台。他们在重庆团结村基地建成具有 4 条货物线、7 400 平方米仓库、1.1 万平方米高站台风雨棚的综合性货场,增设货物运输查询系统、价格咨询系统、仓库管理系统和客户管理系统,有效地提升了物流服务质量,将

① http://www.peoplerail.com/railcms/html/2012/tlxx_0326/94166.html。

团结村基地打造成了一个完整的多功能物流服务平台，可提供多样化物流服务，能满足客户不同层次个性化需求，为该公司促进传统业务转型升级奠定了基础。

二、延伸服务链条促进传统业务升级

以促进传统运输代理向现代物流转型为发展目标，重铁物流公司转变发展方式，转变经营机制，依托铁路运输平台，努力发挥资源优势，对传统的简单操作的既有到发代理、仓库场地租赁、战略装车点及基地经营、装卸、汽车运输等业务，结合实际整合优化，促进传统业务全面升级，向上下游延伸服务链条，抢占市场空间，拓展新增经营项目，取得了显著成效。

三、拓展全程物流服务，推出知名品牌门到门配送业务

重铁物流公司唐家沱基地为满足海尔电器运输质量标准高、运输时效精准等个性化需求，认真制订装车方案，落实装卸防货损措施，派遣职工分赴全国 10 个城市，在异地专门为海尔电器建立起配送渠道，同时对货损采取风险承包等措施，赢得客户的信任。2011 年，重铁物流公司已获得海尔电器洗衣机、热水器、燃气炉和空调四类产品的全程配送业务，改变了以往高附加值货物不愿通过铁路运输的被动局面，提高了市场影响力。2010 年，重铁物流公司已累计装运海尔电器产品 43 辆车、1.3 万余件。

重铁物流公司在巩固既有核心业务的基础上，积极延长物流链条，加大站到门延伸配送服务力度，适应市场需求适时启动了万盛站“宁煤入渝”项目，针对铁路异型车卸车困难的实际，租用 2 台抓料机卸车，并组织 10 多辆汽车完成从卸车地点到电厂的配送。重铁物流公司还建立专用货场，完善石英砂防污染的措施，并组织汽车运输，完成 5.2 万吨浮法玻璃石英砂的站到门运输工作。2011 年，重铁物流公司相继完成饮料、工业盐、饲料和焊条等站到门配送业务，团结村基地集装箱站到门运输，唐家沱基地饮料、食品以及化工产品配送，重庆南站液压支架等货物运输，均取得了良好的效益。

四、发挥铁路物流综合优势开拓新市场

(一) 为客户量身打造配送项目

重铁物流公司在团结村基地利用自有仓库、汽车队及场地优势，引入蒙牛产品配送项目，充分发挥第三方物流延长物流链的作用，推出集仓储、分拨、汽车运输为一体的配送业务，保证了蒙牛产品的市场供应，每月配送量也从最初的不足1 000吨发展到目前的 2 000 吨左右，在延长服务链、打造新项目方面闯出了一条新路。

(二) 开拓水铁联运市场

重铁物流公司利用长江三峡大坝建成、实现成吨级船舶通航的条件，并充分利用长江黄金水路运价低廉的优势，在古家沱港口和九龙坡港口大力组织通过海运到长江航道的进口金属矿石转而通过铁路运输。2011 年，重铁物流公司水铁联运共发运 144.71 万吨货物，实现经营收入 777.05 万元，同比增长 16.72%。

(三) 开掘国际联运、精品班列市场潜力

重铁物流公司以团结村基地开通海关监管仓库为契机，凭借唐家沱基地毗邻重庆寸滩保税港区的优势，结合企业多年来在集装箱运输方面的成功经验，利用自有场地、自有或租用运输工具，大力推广整车、集装箱的国际联运等业务，同时开展出口物资的报关、报检服务

项目，增值效应明显。重铁物流公司在和重庆西站开行成渝货运班列的基础上，在一些铁路有比较优势的线路和项目上扬长避短，为重点客户在重点线路尝试开行货运精品班列，不断增加铁路运输份额，市场增值前景看好。

目前，重铁物流公司以延长服务链为手段，大力拓展经营空间，已初步建立起运贸一体、战略装车、物流基地、水铁联运四大支柱性产业，重铁物流公司连续10年实现经营收入稳步增长，连续5年获得重庆市"十佳物流企业"称号。物流服务与铁路运输相结合的特色经营方式，呈现出铁路物流企业强大的生命力与市场影响力。

案例思考

1. 重铁物流公司是在什么背景下实施战略转型的?

2. 重铁物流公司与地方政府联手的目的是什么? 政府在其实施战略转型的过程中起到了什么样的作用?

3. 重铁物流公司延长服务链，大力拓展经营空间的战略给国内地方物流企业带来什么样的启示?

案例1.10　德国的物流发展[①]

德国位于欧洲中部，是世界物流业最发达的国家之一，德国物流业的发展是随着高速公路的快速发展和经济全球化的加快而发展的。德国物流业发展的经验值得许多国家借鉴。

一、德国物流业发展的成功经验

一是充分发挥德国居于"欧洲心脏"的区位优势，打造欧洲物流中心，把区位优势变成交通优势，把交通优势变成物流优势，把物流优势变成经济优势，物流生产力发挥到最大化。

二是联邦政府制定全国物流业发展规划并负责实施，为物流业发展创造了统一、高效、透明、有序的宏观环境。所有的公路、铁路、港口、机场等运输基础设施均由政府投资建设，联邦政府确定全国大的物流园区布局，各州政府和地方政府围绕规划项目做好选址、征地工作，并负责连通物流中心的道路、铁路的建设。

三是十分注重政府、企业、高校和协会等的合作，港口和机场等重要基础设施都由政府控股或参股，很多项目是政府、企业和大学共同合作完成，形成优势互补的协同效应和联合作战的强大力量。

四是强调多种运输方式组合，实现无缝衔接。在港口、机场和物流园区等普遍建设两种以上运输方式连接和转运设施，将传统分散、独立的公路、铁路和水路等运输资源有效整合成有机联系的系统，为提高企业供应链管理的灵活性创造了条件。

五是高度重视人才培养，注重自主研发。很多高等专科大学开设了物流专业，还为物流

① http://class.wtojob.com/class681_39456.shtml。

企业在职人员提供物流培训。很多的物流企业都有自主研发的技术软件，研发人员又是高级管理人员，技术先进而且适用。

二、德国的物流发展与我国的物流发展的根本区别与现实启迪

一是自然成长与主动跨越之间的区别。德国的物流是经过几百年的发展、完善和创新才达到今天的水平，各种物流基础设施、软硬件以及体制机制都很健全，并成为德国强大的经济力量。而物流在我国仅发展了几十年，要实现跨越发展，就要求我们一方面要有长远的科学的谋划，另一方面必须按经济规律办事，真正吸收发达国家的先进经验，同时又不能盲目照搬，要深入探索符合我国实际的现代物流发展的道路。

二是主动发展与被动发展的区别。德国的工业发展较早，无数个工业企业有很多的货物需要物流，德国的产业发展对德国的物流不断提出新的、更高的要求，这就促使德国的物流业不断加以改进，从而提升总体水平以适应产业发展的需要，可以说德国物流是经济发展的结果。在我国，物流业起步晚于工业发展，至今还不够成熟，大部分物流业务还停留在仓储和运输等基础性普通服务。长期以来，我国的物流企业"大而全"、"小而全"的经营观念影响了物流业的发展和专业化程度的提高，物流业的发展总是滞后于产业发展的需要。所以，我国发展物流业不仅要研究物流技术问题，更要研究物流政策问题和物流市场机制问题。

三是后工业时代与后发展地区的区别。德国是世界经济最发达的国家之一，工业化已经完成并早已进入后工业时代，本国只保留高端的制造业生产，对低附加值、劳动密集型的低端工业品需求主要通过物流业高效地汇集和整合世界资源来完成，因此德国的物流业某种程度上具有代替本国生产的功能。而且经济发展中人口、生产、消费、进口和出口基本上稳定，物流业发展的角色明确、发展平稳。而我国正处于经济高速发展时期，各地区经济规模不一，经济发展不平衡，物流既要为工业生产服务，同时又要带动经济增长。在我国，经济发展中的不定因素太多，市场需求波动大，物流承担的任务更繁杂、面临的挑战更多，因此我国需要更好地制定物流发展战略性规划和战术性规划，形成物流发展的规划体系，有效指导物流业发展，使物流业真正成为带动经济发展的战略引擎。

四是人力资源成本过高和劳动力资源的区别。德国的劳动力成本很高，凡是需要用人力的地方都设法用机器代替，减少人力是德国降低成本的主要措施，这反而促进了物流技术的进步和社会化水平的提高。而我国劳动力廉价，增加人力是降低成本的措施，机械化投入反而增加了企业的物流成本，这就为物流自动化水平的提高形成了障碍。我国物流社会化水平低、技术水平低、规模化程度低都源自于此，因此，我们需要不断突破全社会经济发展现状来推动物流现代化发展。

案例思考

1. 德国的物流发展对我国的物流业发展有什么启示？

2. 相对于德国的物流而言，我国物流业发展的机遇在哪里？

3. 你如何看待我国人力资源成本低而对物流自动化、机械化发展所产生的阻碍问题？

案例1.11 我国钢铁行业物流发展形势①

近年来,我国的钢铁物流在创新经营模式方面有了很好的探索,形成了多元化的钢铁物流发展模式,主要分为两个方面。一是贸易加物流的模式,就是一些具有资金实力的大型流通企业开始探索供应链集成供应模式。即从原材料采购与供应为源头,为钢铁产业提供原材料采购、仓储转运、流通加工、信息服务、集成配送的全程物流服务模式。二是贸易+物流+金融的模式。具体来说,就是一些具有仓储物流条件的物流企业开始发展仓单质押等物流金融业务,延伸了物流增值链。尽管我国的钢铁物流模式有所发展,但仍处于初级水平。

一、发展规模大,增长速度快

我国是世界上钢铁物流规模最大的国家。据测算,我国的钢产量与物流量之比为1∶5,即每生产1吨钢,需要5吨物流量。2011年,我国生产5.68亿吨钢,产生了近30亿吨钢铁物流量,其物流量居我国国民经济行业之最。不仅如此,我国的钢铁物流量增长速度也位居世界前茅。预计在未来的五年,我国的钢铁物流量仍将以10%以上的速度增长。

二、物流成本高

物流成本偏高,而这在很大程度上是因为产业链之间缺乏协同造成的。在各节点之间,供应链中的供应商、销售商、加工企业、仓储企业、运输企业和终端用户之间没有形成一套完整的协调机制,各节点之间各自为战。身处强势地位的节点为了自身的利益,往往去恶意挤压上下游的利润空间,在严重打击其相邻节点参与积极性的同时,对整条产业链的健康有序发展也产生了不利影响。在各节点的内部,即便是在钢厂内部,企业各部门也只考虑自身利益,只单纯降低一个环节的物流成本,没有计算整个供应链上的总成本,反而导致整个供应链条上的成本很高。例如,钢厂采购部门若想降低采购成本,就会加大采购规模,那么,仓储成本必然会提高,流动资金也会减少;各地销售部门都想增加自己区域内的库存,以备补货,同样会增大仓储成本。因此,钢铁供应链是一个系统管理工程,必须要统筹一体化管理。

目前,我国钢铁行业的物流缺乏整体规划,各环节没有理顺,没有形成有效的供应链,一个区域内的供应商、销售商、加工企业、仓储企业、运输企业和客户之间业务协同大量缺位,急需有效的协同机制。此外,目前钢铁供应链存有断点,供需之间无法形成无间隙沟通。钢材产品在流通过程中,生产与消费之间的信息绝大部分是不对称的。生产者按照自己的排产计划生产,产能过剩;而实际终端消费群体却不能够按照自己的采购需求得到计划中的资源供应,供需之间没有形成供需信息标准交互渠道,因供需脱节而导致市场混乱,使得物流成本大大增加。对于这些问题,重塑我国钢铁行业供应链已经迫在眉睫。要重塑供应链,从纵向来说,要减少流通环节,从整个供应链去考虑问题;从横向来说,要做到信息共享,动作协同,利益共享,只有这样才能从根本上解决问题。

---

① 《钢贸转型系列谈之一:钢贸行业未来出路在哪里》,2011年9月22日《现代物流报》,第6版。

案例思考

1. 根据案例 1.11 进行分析,造成我国钢铁行业物流发展滞后的原因是什么?
2. 对于钢铁行业而言,如何进行物流的整体规划?如何形成有效的供应链?

案例简析

案例 1.1

一直以来,UPS 的核心竞争力就是价值创新。实施价值创新战略是打造企业核心竞争力的有效途径。价值创新是企业竞争的一个新理念,它不是通过单纯提高产品的技术竞争力,而是通过为顾客创造更多的价值来争取顾客,从而赢得成功;通过为顾客提供新的产品和服务,满足新的要求,创造新的市场,为企业创造最大的价值。UPS 从中小企业身上找商机实质是将顾客需求化为商机的价值创新,其战略思想的核心是中小企业客户,而不是竞争对手。UPS“把握商机不放松,立根原在新意中”,就是采用新的工具、新的观点、新的系统和新的技术(即完善的网络、多样化产品、在线新平台、“一站式”方案)提高产品或服务,让消费者耳目一新,感到更方便、更快捷、更满意,从而赢得顾客,创建新的市场。

案例 1.2

从案例叙述看,联邦快递“推崇服务至上”的经营理念,即主要是依靠拥有自身强大的运输系统为高端客户提供稳定高效的快递服务,由于运营上的优势,联邦快递得以在新市场的开拓中采取进攻性战略,并采取相同的模式进行全球扩张,将其公式化。联邦快递非常重视广告营销,经过周密的计划,利用不同的资源,将联邦快递的服务理念传递出去,公众因此加深了对联邦快递的认识,并建立“联邦快递服务第一”的意识,这可以说是联邦快递的成绩之一。联邦快递善于学习竞争对手的长处,相对于竞争对手的优势,联邦快递更强调服务质量,它们为顾客提供全面的物流信息服务,方便顾客“跟踪”包裹的行踪。直至今天,提供全面的物流信息服务已经成为联邦速递一个至关重要的核心竞争要素。

案例 1.3

企业文化是一种精神文化,它是向心力,把整个企业凝聚在一起。这是因为企业文化是经过时间的考验,不断总结得出来,并被企业成员所认可的。对于以服务为主的物流企业而言,企业文化向外代表该企业,可以说是企业的另一招牌;向内则是企业凝聚力的体现,也是全体成员的信念所在,而且它可以促进企业的全体成员朝同一个目标前进,即如何为客户提供更好的物流服务。

企业文化是一种制度文化。“没有规矩,不成方圆”正是有了企业文化的约束,企业才能更好地凝聚在一起。宝利丰公司正是在企业文化的感召下,全体员工才具有了高度的责任感和统一性。换句话说,就是有了较强的执行力才保障了宝利丰公司的高速、高效运转,达到事半功倍的效果。同时，在全体员工共同营造的氛围下，物流企业所推出的物流服务就具备了极高的附加值，也更容易被消费者所接受、所信赖。

案例 1.4

走上与传统家电零售商国美和苏宁的 PK 台，这是京东商城扩张的必然，但大家电给它带来的内外冲突远超想象。在服务上，京东商城应该是最早一个看到物流对中国电子商务的重要性的企业，京东商城也是唯一的一家没有拿大量资金去做广告而是做物流的企业。由于传统大家电零售商国美和苏宁均拥有庞大的销量基础及与供应商多年建立的关系，京东商城很难建立价格优势。而且国美和苏宁的网点密布，可以轻松实现就地配送安装。在物流和售后服务上，京东商城同样不易赶超国美和苏宁。当京东商城开始与国美和苏宁等传统家电零售业企业成为对手时，仓储物流就变成其必须投入巨资的核心环节，电子商务正变得越来越“重”。在硬实力的对比上，国美在全国有一支1 000 多人的自建专业配送团队，大家电配送正是他们的强项。在仓库条件上，以北京地区为例，京东商城有一个大家电仓库，国美却拥有 3 个配送中心。更专业的团队、更短的运输距离都让国美和苏宁这样的线下连锁企业在大家电配送安装的服务竞争中更胜一筹。

案例 1.5

作为国际知名企业，青岛啤酒在通过“低成本扩张”迅速完成国内的战略布局之后，将以求规模为主“做大做强”的企业营销策略转变为以提升“新鲜度管理”为主的核心竞争力，而这也对加快响应客户需求、提高物流能力提出了更高要求。青岛啤酒将原来的物流推进部改为物流管理部，保留其对物流的管理和规划职能，彻底将所有的操作职能划归合资公司负责，面向全国范围的公路、铁路、水路各种运输方式开始进行全面的优化整合。至此，青岛啤酒基本完成了销售体系上商流、物流和信息流既合理分离又高度协调统一的新型供应链管理模式。青岛啤酒建立由专家组成的物流改革推进小组，共同制订包括合资公司表现测评、青岛啤酒市场分析、当前操作分析、当前物流成本分析、物流整合与青岛啤酒战略营利模型、物流信息系统、总结和实施计划等方面内容的物流改革执行方案。青岛啤酒的物流改革模式被业内誉为“青岛啤酒模式”，在国内尚属首创。“青岛啤酒模式”可以避免国有企业在物流外包中不可克服的障碍，在原物流资源和人员存续的情况下，实现扩大经营与成本控制双赢的局面，对国内企业特别是国有企业的物流改革有重大的示范作用。

案例 1.6

1. 运用现代企业物流发展战略的基本观点来思考，日本菱食公司物流发展战略具有以下三个特点

第一，“新物流”成为日本菱食公司发展的核心战略，与“新经营”和“新管理”一起构筑了该公司的核心发展能力。因此，日本菱食公司物流的快速发展，首先就在于能够从核心战略的高度来重视物流发展问题。只有从战略高度审视物流发展问题，才能真正打造企业的物流核心能力。

第二，物流发展战略的形成是建立在对企业经营环境和资源的科学评价基础上的。纵观日本菱食公司的战略环境分析就可以清晰地看到物流发展战略的内涵都源于公司经营发

展需要，源于公司经营环境与经营资源的正确评价与科学决策。只有科学系统地分析和评价企业经营环境与资源，才会有发展战略的正确决策。

第三，物流发展战略是借助具体的战略措施来实现的。没有合理有效的战略措施，就不能实现战略目标。任何企业在物流发展过程中都必须妥善处理好战略目标、战略内容与战略措施的关系，制定科学的战略措施，从而确保战略目标的顺利实现。

2. 日本菱食公司物流发展战略的基本启示

作为一个非专业物流公司能通过物流服务创造如此辉煌的经营绩效，创造强大的市场竞争优势，确实有很多值得学习的经验。认真总结起来，有以下三大重要启示。

第一，注重经营环境分析，深刻把握企业经营发展的趋势和规律，围绕企业经营需要确立科学合理的发展战略。

第二，能把物流服务的发展作为企业的核心发展战略来配置优势资源，确保物流成为企业发展的核心支柱。

第三，企业物流战略是为企业经营服务的。企业的物流发展战略不能脱离企业的经营发展需要。日本菱食公司物流发展战略的成功就在于其能把新物流与新经营、新管理三者有机结合成为一个运行机制。

案例 1.7

晋商为什么能成功？著名经济学家郎咸平认为，很关键的一点是他们善于掌控大物流环节。也就是说，晋商的辉煌不仅与山西独特的地理环境分不开，更得益于他们对于物流的掌握和运用。山西自古拥有全国独一无二的盐池，物产丰富，与河南、山东等产粮大省邻近，又处在东部与西部、南方与北方相接的位置，自古就与少数民族杂居在一起生活。这些优势使得山西在几百年前就有发达的商业贸易，那时的山西商人就已明白，控制了产业链，也就控制了最大的利润源泉，物流于是成为晋商形成的基础。

案例 1.8

同其他大多数互联网企业一样，亚马逊也遭遇过一个电子商务界的“普遍困境”，即亚马逊在不断地把大量金钱投入企业扩张的同时，也正在业务亏损的漩涡中挣扎。

亚马逊之所以能够在几年内获取爆炸式发展，与其采取了正确的策略是分不开的。

首先，亚马逊在中国的运营中心拥有世界一流的自动化分拣系统、先进的订单处理系统和库存管理系统，拥有目前中国最先进的仓储物流中心和最科学的货物分拣技术。其次，尽管亚马逊坚信投资仓储不会错，但残酷的现实还是让亚马逊坚持以租赁仓库的方式得以节约了大量的流动资金。亚马逊的这一举措使自己获得了喘息，在21世纪初互联网泡沫破灭的浪潮中得以躲过生死劫。最后，亚马逊拥有引以为豪的IT系统。亚马逊的订单处理，快速的配货与发货要求都是在其每天发生变化的IT系统中完成的，IT系统提升了亚马逊的发货速度，也提升了客户体验。以上这些都是亚马逊在中国取得成功的关键因素。

案例 1.9

在经济国际化高速融合发展变化的大背景下，全球物流产业的发展已经形成了非常完整高效的体系，正在改变着整个商业的运作方式和游戏规则。在市场规模急剧扩张、政策快速变化和竞争日趋激烈的情况下，中国的物流产业和物流企业也面临着前所未有的机遇和挑战。重铁物流公司正是在这样的背景下实施战略转型开拓市场的。重铁物流公司实施策略包括：多方凝聚发展力量，创新经营思路；扩大业务延伸产业链条，拓宽增设创效空间；与地方政府合作，加快重点建设，夯实转型发展基础。从重铁物流公司实施转型战略开拓市场的案例不难看出，做大做强是中国物流企业未来发展的必由之路。因此，企业要在复杂变幻的社会环境中明确战略目标，选择适当的策略，实现快速发展。

■ 案例 1.10

发达国家物流产业的发展具有典型意义，通过对这些国家物流产业活动的分析，我们可以学习他们的先进经验来发展自己的物流产业。国外的物流产业、物流企业和物流活动是怎么成长、成熟起来的？我们又应该如何进行学习来加快我国物流产业的发展？这是摆在我国物流产业发展面前亟待解决的问题。德国是最早提出物流管理的国家之一，也是目前世界上物流业较为发达的国家。德国发展物流产业的经验，是积极营造良好的物流业宏观环境，德国的物流业是在经济发展进程中自觉形成的一个产业，政府在初期并没有过多的干预，其发展主要是由工商企业自觉加入到这个领域中来。德国政府推行的是自由经济政策，企业在激烈的市场竞争中为了自身的生存和发展，必须寻求最有利的流通渠道，采用最有利的经营形式。在这种情况下，德国企业界提出了要进行物流管理的要求，以提高产品竞争力，这是一种自觉行为。我国各级政府部门应学习国外的经验，积极从创造物流发展的宏观环境角度，调整不适应物流发展的行业政策、地区政策和部门政策，为物流业的跨地区、跨部门、跨行业发展创造条件。此外，积极制定物流业发展规划并赋予规划应有的法律地位，使物流业的发展能沿着正确的轨道前进。同时，我们要更多地关注国际规则，从观念上理解并适应中国经济参与国际化竞争后对物流业的影响。物流从业人员也应加强学习，熟悉国际惯例和新兴物流技术，跟上国外先进水平，促进管理方式与国际接轨。

■ 案例 1.11

尽管我国的钢铁物流业已经开始蓬勃发展，但与国际化进程需求相比，也只能算是起步阶段。从整体上看，我国钢铁物流的现代化水平不高，效率相对低下，功能还不够完善，不能适应钢铁生产和钢材贸易发展的需要；物流企业在规模、效益、物流技术和管理水平等方面与国外的物流企业相比，仍存在着许多亟待解决的问题，主要体现在以下四个方面。

第一，钢铁行业的物流缺乏整体规划，各环节没有理顺，布局不合理，物流成本很高且方式单一，物流市场无序竞争，导致整体效益不佳。

第二，专业化程度不高，业态发展不平衡。目前，我国的钢铁企业“大而全”、“小而全”的现象使得钢铁企业的物流专业化程度低，运输、仓储水平落后，物流中心和配送中心的建设在规模上和发展速度上都无法适应现代物流的要求。

第三，物流专业人才短缺，培育也比较困难。物流人才是钢铁行业物流发展的关键，也是物流企业成长的保障。但我国无论是钢铁企业或钢材流通领域的物流管理或者是人才培养都还相当滞后。

第四，信息化程度低，现代营销和经营水平不高。目前，钢铁企业大多处于电话联系、手工操作、人工装卸较低层次的运作阶段。绝大多数钢铁企业是靠纸为媒介来传递信息，这显然无法实现钢材的现代物流;同时也与现代物流系统所要求的——物流信息在相关企业进行广泛的交换,在相关交易者之间进行网络连接还不衔接。

目前,国际上大的钢材生产商都把目光放在中国市场,其良好的产品质量和完善的营销管理模式必将对中国的钢铁企业产生很大的冲击。如果中国的钢铁企业还是完全依靠原有的钢材贸易网络,未来将无法在中国钢材市场上稳住脚跟。因此,完善钢铁行业的物流组织模式,增强为钢材使用者服务的手段,提升中国钢铁物流业的整体竞争能力成为当务之急。

结合案例所述情况,改善我国当前钢铁行业物流发展形势可以从下面四点进行改进。

第一,钢铁企业必须改变只重视生产系统的技术改造,不重视现代物流的意识,把现代物流作为企业"第三个利润源"。钢铁企业首先要让员工了解掌握现代物流的概念和有关知识,提高员工素质,努力改善经营、降低成本、提高效率,以优质服务提供给生产和消费各界,使物流真正成为企业新的利润源泉。

同时,现代物流的经营理念要进一步深化和普及。发达国家物流企业是以服务为中心,以客户为出发点,提供满意的物流服务,根据客户的需要提供特殊的物流服务,这是现代物流与传统物流在观念上的一个重要区别。对于国内的钢铁企业来说,不断地完善钢铁物流的功能,采用全程物流服务的概念,提供更多服务功能和更广泛的服务范围,使服务向系列化方向发展是必不可少的。

第二,钢铁工业的发展需要原料输送和销售到户两大平台的支持。围绕这两大目标,现代钢铁物流将要搭建信息平台。现代钢铁物流的效率在很大程度上取决于新兴信息技术的应用程度,其发展趋势是建立智能化运输系统、采购系统和产品销售系统、售后服务系统。这是需要我们花大力气整改的。

第三,钢铁物流业的高速发展,需要一支优秀的物流管理队伍。世界先进国家钢铁工业都建立了多层次物流专业教育的在职培训教育。如美国建立了物流业和职业资格认证制度,日本物流协会也有两种在职培训。我国的钢铁物流业需要大批懂得业务知识、拥有业务技能的受过专业训练的物流管理人才。因此,大力引进和普及国外先进物流理论和操作方法,并在国内钢铁企业的教育培训机构和相关的国民教育院校设立物流专业,培养具有专业素养的物流人才,以实践推动研究,以研究指导实践,达到产、学、研的有机结合非常必要。

第四,钢铁物流业的发展需要政府的大力支持。我国的钢铁物流设施、装备与国外发达国家相比还比较落后。良好的基础设施既是国家综合经济实力的体现,也是现代钢铁物流业得以发展的前提和重要物质保障。钢铁物流作为大系统的特性需要各业务环节的高效协作和沟通,这样就需要政府作为投资主体加快规划和建设。

WTO 规则为中国的钢铁物流业吸收外国先进经验提供了条件和契机。作为钢铁物流企业,应该认清形势,更新经营观念,改变经营机制,实现向新型钢铁物流企业的转换。

第2章

物流成本管理案例

案例 2.1 安利降低物流成本[①]

降低物流成本是每个物流企业都非常关心的问题。由于物流信息缺少、物流基建落后和第三方物流公司资质参差不齐等原因，导致国内很多企业的物流成本居高不下，而安利(中国)日用品有限公司(以下简称安利公司)的储运成本仅占全部经营成本的 4.6%。安利公司降低物流成本的秘诀就在于全方位物流战略的成功运用。具体来说，物流战略包括非核心环节外包、仓库半租半建和核心环节大手笔投入三个主要方面。

一、非核心环节通过外包完成

安利公司采用的是“店铺＋推销员”的销售方式，这种销售方式对物流储运有非常高的要求。安利公司的物流储运系统，其主要功能是将安利工厂生产的产品及向其他供应商采购的印刷品、辅销产品等先转运到位于广州的储运中心(如图 2-1 所示)，然后通过不同的运输方式运抵各地的区域仓库(主要包括沈阳、北京和上海外仓)暂时储存，再根据需求转运至设在各省市的店铺，并通过家居送货或店铺等销售渠道推向市场。与其他公司不同的是，安利公司的储运部同时还兼管着全国近百家店铺的营运、家居送货及电话订货等服务。所以，物流系统的完善与效率，在很大程度上影响着安利公司整个市场的有效运作。

图 2-1 位于广州的安利中国永和外仓

① 周以贵：《安利：如何降低物流成本》，载《市场周刊：新物流》2003 年第 5 期，第 8 页，有删减。

然而，由于目前国内的物流信息极为短缺，安利公司很难获得物流企业的详细信息，如从业公司的数量、资质和信用等，而国内的第三方物流供应商在专业化方面也有所欠缺，很难达到企业的要求。在这样的状况下，安利公司采用了适应中国国情的“安利团队＋第三方物流供应商”的全方位运作模式。核心业务（如库存控制等）由安利公司统筹管理，实施信息资源最大范围的共享，使企业价值链发挥最大的效益。而非核心环节则通过外包形式完成。如以广州为中心的珠三角地区主要由安利公司的车队运输，其他绝大部分货物运输都是由第三方物流公司来承担。另外，全国几乎所有的仓库均为外租第三方物流公司的仓库，而核心业务（如库存设计、调配指令以及储运中心的主体设施与运作）则主要由安利公司本身的团队统筹管理。目前，已有多家大型第三方物流公司承担安利公司大部分的配送业务。安利公司会派员定期监督和进行市场调查，以评估服务供货商是否提供具竞争力的价格，是否符合安利公司要求的服务标准。这样，既能整合第三方物流的资源优势，与其建立坚固的合作伙伴关系，同时又通过对企业供应链的核心环节——管理系统、设施和团队的掌控，保持安利公司的自身优势。

二、仓库半租半建，核心环节大手笔投入

从安利公司的物流运作模式来看，至少有两个方面是值得国内企业借鉴的。

首先，是投资决策的实用主义。在美国，安利仓库的自动化程度相当高。而在中国，很多现代化的物流设备并没有被采用，因为美国的土地和人工成本非常高，而中国这方面的成本比较低。两相权衡，安利公司弃高就低。安利公司认为，只有中国的销售上去了，有了需要，才会考虑引进自动化仓库。刚刚启用的安利公司新的物流中心也很好地反映出安利公司的“实用”哲学。

新物流中心占地面积达 4 万平方米，是原来仓库的 4 倍，而建筑面积达 1.6 万平方米。这样大的物流中心如果全部自建的话，仅土地和库房等基础设施方面的投资就需要数千万元。安利公司采取和另一物业发展商合作的模式，合作方提供土地和库房，安利公司租用仓库并负责内部的设施投入。只用了 1 年时间，投入 1 500 万元，安利公司就拥有了一个面积充足、设备先进的新物流中心。而国内的不少企业在建自己的物流中心时将主要精力都放在了基建上，不仅占用了企业大量的周转资金，而且费时费力，效果并不见得很好。

其次，是在核心环节的大手笔投入。安利公司单在信息管理系统上就投资了 9 000 多万元，其中主要的部分之一就是用于物流、库存管理的 AS400 系统，它使安利公司的物流配送运作效率得到了很大地提升，同时大大地降低了各种成本。安利公司先进的计算机系统将全球各个分公司的存货数据联系在一起，各分公司与美国总部直接联机，详细储存每项产品的生产日期、销售数量、库存状态、有效日期、存放位置、销售价值和成本等数据。有关数据通过数据专线与各批发中心直接联机，使总部及仓库能及时了解各地区、各地店铺的销售和存货状况，并按各店铺的实际情况及时安排补货。在仓库库存不足时，安利公司的库存及生产系统亦会实时安排生产，并预定补给计划，以避免个别产品出现断货的情况。

通过全方位物流战略的运用，安利公司的物流成本得以大幅度降低，这为企业进一步拓展市场奠定了良好的基础。

案例思考

1. 安利公司实施的是什么样的物流战略?
2. 案例 2.1 中安利公司的物流成本组成有哪些?
3. 安利公司是怎么降低物流成本的?

案例 2.2　可口可乐的物流包袱[①]

盛夏季节，正是啤酒、可乐、果汁和冰淇淋等饮品销售的井喷时期，大大小小的生产企业都似乎背着一个沉重而又不容易卸下的物流包袱。如今，我国饮料市场多元化、细分化的倾向非常明显，竞争很激烈。其中，可口可乐与百事可乐的竞争由来已久，但是长期以来可口可乐却一直占据着上风!

一、百事可乐的问题

饮料业是个看天气吃饭的脆弱行业，饮料的生产和销售受气候影响很大，淡季和旺季差异明显，夏季的销量非常大，但是冬天的销量就非常小。广州百事可乐有限公司的相关人士介绍说，这样的情况往往导致在需求旺季供不应求，损失订单。市场部、销售部与生产部彼此不沟通，因为生产能力是有限的，厂里的生产线全部打开也只能供应几天的货源，如果此时市场部和销售部要突击销售高峰，再来一个促销政策，涌来大量的订单就不一定是好事了，由于生产跟不上，只能丢单，而且所有的可乐客户在下单之前也有自己的商机计划，如果百事可乐断货将会极大影响客户的盈利计划。此外，除了生产周期，配送能力是否能够跟上同样会导致市场丢失。几乎对所有的企业都一样，市场、销售、生产和物流等功能，实际需要立体整合在一起的，而百事可乐在这方面表现得更明显一点。

由于物流的原因，百事可乐发生过夏季订货订不到而销售淡季又向客户压货，造成客户满意度降低的现象，这等于不用可口可乐进攻而自乱阵脚。这是由于公司内部各部门的运作不协调，各自只关注自己领域绩效的缘故。而这反映出的是什么问题呢? 最表面的问题，归根结底就是不能提供良好的物流服务，难以及时供货。

二、可口可乐的法宝

可口可乐的雪碧与百事可乐的七喜在口味上几乎没有差异，但两者在全球销量上却有着天壤之别，可口可乐战胜对手的法宝究竟在哪里?

地处广州天河棠下的“实惠多”小店是广州一个极其普通的小卖店，店内只有可口可乐和雪碧，而没有百事和七喜，对于这一点，老店主觉得很正常，“都是一样的东西，可口可乐和雪碧拿货容易。”虽然这只是可口可乐战胜老对手的微微一角，却折射出可口可乐国内市场操作成功的精髓——利用强大的销售及物流网络直接触及市场终端。

---

① http://www.chinacpx.com/zixun/62375.html。

可口可乐在中国拥有三大合作伙伴——嘉里集团、太古集团和中粮集团，总共36家灌装厂分布在全国的不同区域，而相应灌装的产品也在各自划分区域内销售，严格禁止跨区销售。同时三大合作伙伴除了经营各厂生产，还要负责每个分厂所处地区的销售工作。可口可乐会给三大合作伙伴规定产品的最低限价，但是其不参与分配每瓶饮料的利润，只收取“浓缩液”的费用，因而对于各个合作伙伴分厂来说，卖得越多赚的也越多。

可口可乐针对销售终端把控极紧，竞争对手在饮料零售市场稍有动作，立刻可以第一时间察觉，这主要归功于严格的渠道销售管理。可口可乐在全国推行GDP管理方式开发合作伙伴，把中间商一层一层地剥离掉，推行直销。虽然在销售网络中仍然存在批发，但批发商不是垄断性的大批发，而是采取肢解措施将批发商控制在很小的规模上，所有的超市全部直接送货。可口可乐对超市、大中型零售商的直销方式，大大提高了其市场感应能力。

营销和物流总是矛盾的，如果在销售环节设立大批发商，生产出的可口可乐全部送到批发商，再由批发商销售，这样做，可口可乐的物流成本很低，但是公司无法完全控制市场。为了全面控制市场，可口可乐的物流全部由自身灌装厂完成，而且秉承一个理念——决不放弃任何一个小的零售商，哪怕是最小型夫妻店。为此，可口可乐推行了GKP(金钥匙伙伴)计划，在一定区域内找一家略大的零售商，可口可乐将货直接运送给GKP，再由GKP完成最后对超小型零销商的配送工作，GKP送货费用由可口可乐及其合作伙伴支付。GKP负责的全部是规模低于两三人的夫妻式小店，而所有的超市和大一点的零售商全部掌握在可口可乐的手中。而且超市的数量以及名单在公司内部也是限级别掌握的，一些副总裁级的员工甚至不清楚合作商的大体数字。

一句直销说来容易，但真正能够完成，而且在有效控制成本的前提下完成就相当不易了。能看到直销优势的饮料业国际国内巨头不在少数，敢于染指的屈指可数，目前国内饮料巨头乐百氏、娃哈哈、康师傅、统一等基本无人敢于效仿可口可乐的做法。

三、把困难转化为核心竞争力是可口可乐的成功之处

饮料业的天然特性制约着自办物流，甚至物流成为一些饮料厂急于甩掉的包袱。这是为什么呢？可乐等饮料属于典型的快速消费品。对于快速消费品的特点是生产集中、销售分散。生产集中要考虑规模效应，制造成本减低，但消费人群覆盖面积最为广泛，导致物流成本剧烈加大。

此外，在产品特点上，饮料物流成本是非常大，体积庞大，单位货值较小，以一辆8吨的运输卡车为例，拉一车可乐可能只有8 000多元的货值，与彩电、冰箱或者手机相比差距天壤之别。

而且饮料运输损耗更为严重，快速消费品对消费及时程度要求极高。运输过程中对货龄(从生产日期到目前的时间)要求已经发展到近于苛刻的地步。一般在大型超市，如果货龄超过1周就不会要了，超过1个月货龄的雪碧会成为滞销品。可口可乐与大的超市销售商有一个约定，超过一定时间的货可以免费更换，这也造成了很大的损失。有一年，可口可乐一家中国灌装厂因为产品货龄超期，一次就销毁了价值80多万元的饮料。外部要求苛刻，内部同样严格，目前可口可乐使用PET瓶(如图2-2所示)，根据PET材料的特性，会跑气，里面二氧化碳的压力随保存时间增加会逐渐降低，货龄越长品质越低，口感越差。为了保证质量，中国可口可乐总公司会到市场进行抽检，抽检到不合格的会对灌装厂提出警告。

但是真正做到货龄不过1周，难度相当大。

如此等等一系列因素，造成做水的不愿意运水。但这些同时也为一些做水的提供了千载难逢的好机会，例如可口可乐。当它解决了全行业的包袱，并且将包袱转变为核心竞争力后，它的行业地位还有谁能撼动呢？

图 2-2 使用 PET 瓶的可口可乐

四、压缩物流成本的办法就是采用技术手段

将物流树立为公司的市场竞争力，并非天才空想之举，而是在商务运作中一步步总结而来的。每瓶可乐的成本构成主要有三块：生产成本、销售广告成本和物流成本。三块中，对于嘉里集团这样的合作伙伴，生产成本最高；销售广告成本与中国可口可乐总公司共同承担，是第二大成本；物流成本作为第三大成本存在，但依然不容忽视。根据可口可乐原高层员工估算，物流成本约能占到一瓶可乐成本的20％～30％，如果按照这个推算，目前每瓶2.25升可乐的利润在几毛钱，而销售价格接近6元，那么粗算下来物流成本超过1元成本之高，相当惊人。

学会控制成本，首先是找好压缩成本的空间，第一大成本是可口可乐的主要利润来源(可口可乐向合作伙伴销售的浓缩液利润)，对于嘉里集团这样的大合作伙伴，从机器生产设备、检测设备等全部从可口可乐指定的全球厂商订购，价格相当昂贵。而且可口可乐对灌装厂生产工艺流程的要求非常严格，品质控制超乎普通品牌饮料的要求。灌装厂很难在生产环节做“节流”文章，同时随着饮料市场的发展，饮料业在生产环节开始推行柔性化生产，一方面适合市场竞争的要求，而另一方面却会在一定程度上破坏规模化生产带来的成本效益。生产成本的趋势会改变以前追求管理控制稳定的方式，市场要求的敏捷物流，使得单次生产批量越来越小，规模效应优势越来越小，生产成本只能在管理环节去控制。

而随着可口可乐生产柔性的增加，生产成本反而会上升，但是最终灌装厂采取了一些新的管理方式抵消了这种成本上升。具体做法，就是因为批量小，所以人员相应减少了。生产规模效应下降了，只能通过提高生产管理系统的柔性来牵制成本上升。原来每条生产线配置一班工人，没有生产，人员只能闲置，现在三条线配置两班工人，大大提高了员工有效工作率。此外，在第一线生产流程中还采取了大量的生产管理技巧，哪两个产品线在一起做成本会比较低，哪两个产品先后做成本低等。这些精细化措施有效地控制了生产成本的抬高。

在生产中无法节省，在营销费用上就更加艰难，而且趋势增高更为严重，因为竞争越来越激烈，导致可口可乐的促销活动越来越频繁，而且售价又不可能提升，相当于隐性降价。大量的品牌都出来，在日益被瓜分的这一市场要保持市场地位，就要不断地增加这部分投资。

算来算去，物流成为唯一可以降低的成本，但相比前两者不能不花的费用，物流的紧缩更为艰难，因为要降物流费用，更要紧紧地控制好销售群体。于是，可口可乐开始考察第三方物流服务商，考虑将物流业务外包。在外包的问题上，同受季节影响的啤酒业大佬青岛啤酒可谓业界典范。“我们要像送鲜花一样送啤酒，把最新鲜的啤酒以最快的速度、最低的成本让消费者品尝。”青啤人如是说。而要做到送啤酒像送鲜花一样，青岛啤酒选择的做法就是把物流业务外包给招商物流。

五、可口可乐外包物流业务

经过一系列的谈判，可口可乐与招商物流达成合作协议，由招商物流全面负责可口可乐自昆山发往全国的瓶坯分发业务及“泛中国区”饮料成品的全国物流业务。同时，可口可乐还加强了信息系统的建设。在物流发展的今天，物品在流通过程中的各个环节信息比以往任何时候都更加重要，这包括每种物资到达每个地点的时间和数量、离开每个地点的时间和数量、在途时间和数量、生产量和需求量等各种信息。这些信息对整个生产过程的控制和管理将起到至关重要的作用。可口可乐的物流主管在这方面提出了更加具体的设想：可口可乐的经理们在美国亚特兰大总部的微机前就可以了解法国一个 20 盎司可乐铝罐的运转情况。到那时，可口可乐跟百事可乐的竞争，也许就会有一个分晓。

案例思考

1. 通过案例 2.2，讨论物流对于制造企业的重要性究竟应该如何描述？
2. 可口可乐是如何有效地进行成本控制的？
3. 制造企业内部的各个部门之间应该保持什么样的关系才能求得企业的顺畅运作？物流部门在其中是什么样的位置？

案例 2.3 沃尔玛天天低价的背后①

1962 年成立的沃尔玛公司(以下简称沃尔玛)到 2011 年年底为止在全球 16 个国家开设了 8 000 多家商场，成为全球最大的连锁零售商。1996 年，沃尔玛在中国开设第一家沃尔玛购物广场和山姆会员商店(如图 2-3 所示)。16 年之后的 2012 年，沃尔玛在中国 140 个城市开设了 381 家商场，这一数字超过了家乐福的 203 家，同时拥有好又多35％的股权和 102 家

图 2-3 中国首家沃尔玛——深圳洪湖沃尔玛商场

① http://viewpoint.inewsweek.cn/columns/columns-1302.html。

门店。2012年，沃尔玛计划全年开店30家，而这些店大部分开在二三线城市。家乐福也表示2012年要开30家分店，超过上一年的29家，其中一大部分也开在二三线城市。

一、整合整个产业链

让人惶恐的是，沃尔玛不是在开店，而是在做整个产业链的整合。在2006年，他们的自有品牌有22.5%，2008年降到10%，2010年又提高到20%。而自有品牌的特色就是价格非常便宜，通常能便宜到20%，有的甚至可以便宜到40%。沃尔玛除了在下游控制自己的品牌之外，在上游也把产业链做得非常好。兴源公司在辽宁瓦房店建立了沃尔玛绿色水果转换有机水果直接采购基地，对当地5 000亩的绿色水果进行有机转换。在2011年，沃尔玛让总数达100万的中国农民参加到这个所谓的农超对接的项目中。他们明确表示，沃尔玛将建立一条涵盖供应商、配送中心、卖场等所有环节在内的绿色供应链。

沃尔玛的又一个措施就是透过中国的农业改革进一步收购农田的经营权。沃尔玛在背后进行资本运作，推动了非常多的农业公司以中国农业公司的名义大量收购了城市附近的优质农田的经营权，收购之后变成集约式耕种，让这些农民为沃尔玛打工。有人认为为沃尔玛打工也没有不好的，然而，根据统计，沃尔玛在美国有130万员工，却只有61万的员工享有医疗保险的援助，仅占全美员工的49%，海外的员工则更难取得这种福利。

沃尔玛的物流成本在100元的销售额中仅占1.3%，而西尔斯是5%，凯马特是8.75%。换句话说，沃尔玛只花不到2元钱，西尔斯得花5元钱，而凯玛特就得花8元钱。假设年销售额都是250亿美元，沃尔玛的物流成本要比西尔斯低4.25亿美元，比凯玛特低18.625亿美元，其差额大得惊人。这个差额就是沃尔玛打价格战的第一个资本。

通过自有品牌、直采基地、极低的物流成本形成了一套完整的产业链。沃尔玛目前的战略根本不是在门店里进行杀价竞争，而是整个产业链的上中下游一起竞争，因此它淘汰的行业不是中国的零售行业，而是所有的中间环节。在产业链竞争的格局之下，中国的零售业将面临一个前所未有的大洗牌。类似的还有高盛，高盛在2008年出资3亿美元在湖南、福建两省一口气全资收购了十多家专业的养猪场。如果再往前追溯，早在2004年，高盛就已入股了雨润集团，而2006年又以20亿元把中国最大的肉食品产业双汇集团纳入囊中，在产业链终端步下了棋局，进行养猪的产业链竞争。

二、“天天低价”的背后

这是一个自由贸易的时代吗？沃尔玛与家乐福可以来中国开超市，中国的零售业却不可以到美国和法国去开超市，在法国只要是占地超过300平方米的企业都是需要法国政府来批准。这是因为零售业是一个不一般的行业，它是上挂消费者，下挂生产者的行业。如果有一天沃尔玛掌控了整条产业链之后，它们这些外资零售业有没有可能进行联合垄断，上抬消费价格剥削消费者，下压进货价格剥削生产者，把中间利润拉大，将利润合法地汇出中国，图利美国人，图利法国人呢？这就提醒我们要有一个好的法制来规范这一切，要借鉴沃尔玛在美国对于供货商的态度。根据美国的破产法规定，假设沃尔玛连续亏欠了3名供货商5 000美元以上的货款，任何一个供货商都有去美国联邦破产法院宣布沃尔玛破产的权利，因此我们更要建立法制化的游戏规则。

案例思考

1. 根据案例 2.3,为什么说沃尔玛不是在开店,而是在做整个产业链的整合?
2. 沃尔玛整合整个产业链的目的是什么?
3. 根据案例 2.3,你认为沃尔玛"天天低价"的"阴谋"是如何实现的?

案例 2.4 上海通用汽车物流成本管理①

上海通用汽车有限公司(如图 2-4 所示,以下简称上海通用)成立于 1997 年 6 月 12 日,由上海汽车工业(集团)总公司和通用汽车公司各出资 50%组建而成。

图 2-4 上海通用汽车有限公司

上海通用汽车目前已经形成凯迪拉克、别克、雪佛兰和萨博四大品牌,别克荣御轿车、别克君威轿车、别克凯越轿车、别克凯越 HRV 轿车、别克赛欧、昂科雷、君越、雪佛兰景程轿车、科鲁兹以及雪佛兰赛欧紧凑型轿车等十五大系列 57 个品种的产品矩阵。

近年来,汽车产销量保持较快增长,汽车行业在国民经济中发挥着越来越重要的作用。分析汽车行业物流成本的构成及其变化趋势,对于汽车制造企业节约成本,提高物流效率,具有十分重要的意义。作为国内最大的中美合资汽车企业,上海通用是如何降低物流成本的呢?

一、秘籍一:精益生产及时供货

随着汽车市场的竞争越来越激烈,很多的汽车制造厂商采取了价格竞争的方式来应战。在这个背景下,汽车制造厂商都不得不降低成本。而要降低成本,很多的汽车制造厂商都从物流这个被视作"第三大利润"的源泉入手。

① 《上海通用汽车是如何降低物流成本的》,载《北京物资流通》2008 年第 1 期,第 33 页。

有资料显示，我国的汽车工业企业，物流成本一般占整个生产成本的20％以上，有的企业甚至达到30％～40％；而发达国家的汽车企业，物流成本一般都控制在15％以内。

上海通用在合资当初就决定，要用一种新的模式，建立一个在“精益生产”方式指导下的全新理念的工厂，而不想再重复建造一个中国式的汽车厂，也不想重复建造一个美国式的汽车厂。

精益生产的思想内涵很丰富，最重要的一条就是像丰田一样——即时供货（Just In Time，JIT），即时供货的外延就是缩短交货期。所以，上海通用在成立初期就在现代信息技术的平台支撑下，运用现代的物流观念做到交货期短、柔性化和敏捷化。

从这几年的生产实践来说，上海通用每年都有一个或以上新产品下线上市，这是敏捷化的一个反映。而物流最根本的思想就是怎样缩短供货周期来达到低成本、高效率。这个交货周期包括从原材料到零部件，再从零部件到整车，每一段都有一个交货期，这是敏捷化至关重要的一个方面。

二、秘籍二：循环取货驱除库存“魔鬼”

上海通用目前有四种车型，不包括其中一种刚刚上市的车型在内，另外三种车型的零部件总量有5 400多种。上海通用在国内外还拥有180家供应商，拥有北美和巴西两大进口零部件基地。那么，上海通用是怎么提高供应链效率、减少新产品的导入和上市时间并降低库存成本的呢？

为了把库存这个“魔鬼”赶出自己的供应链，上海通用的部分零件如果是本地供应商生产的，它们会根据生产的要求在指定的时间直接送到生产线上去生产。这样，因为不进入原材料库，所以保持了很低或接近于“零”的库存，这样就省去了大量的资金占用。有些用量很少的零部件，为了不浪费运输车辆的运能，充分节约运输成本，上海通用使用了叫做“牛奶圈”的小技巧：每天清晨，上海通用的汽车从厂家出发，到第一个供应商那里装上准备好的原材料，然后到第二家、第三家，依次类推，直到装上所有的材料，然后再返回。这样做的好处是省去了所有供应商空车返回的浪费。

除此之外，由于不同供应商的送货缺乏统一的标准化管理，在信息交流、运输安全等方面都会带来各种各样的问题。如果要想管好它，必须花费很多的时间和很大的人力资源。所以上海通用改变了这种做法。上海通用聘请一家第三方物流供应商，由他们来设计配送路线，然后到不同的供应商处取货，再直接送到上海通用，利用“牛奶取货”或者叫“循环取货”的方式解决了这些难题。通过循环取货，上海通用的零部件运输成本下降了30％以上。这种做法体现了上海通用的一贯思想：把低附加价值的东西外包出去，集中精力做好制造、销售汽车的主营业务，即精干主业。

三、秘籍三：建立供应链预警机制追求共赢

上海通用所有的车型国产化都达到了40％以上，有些车型已达到60％甚至更高。这样上海通用可以充分利用国际国内的资源优势，在短时间内形成自己的核心竞争力。上海通用也因此非常注意协调与供应商之间的关系。

上海通用采取的是“柔性化生产”，即一条生产流水线可以生产不同平台多个型号的产品，如同时生产别克标准型、较大的别克商务旅行型和较小的赛欧。这种生产方式对供应商

的要求极高，即供应商必须处于“时刻供货”的状态，由此会产生很高的存货成本。而供应商一般不愿意独自承担这些成本，就会把部分成本打在给上海通用供货的价格中。如此一来，最多也就是把这部分成本转嫁到了上游供应商那里，并没有真正降低整条供应链的成本。

为了克服这个问题，上海通用与供应商时刻保持着信息沟通。公司既有一年的生产预测，也有半年的生产预测，生产计划是滚动式的，基本上每星期都有一次滚动，在此前提下不断调整产能。这个运行机制的核心是要让供应商也看到公司的计划，让他们能根据上海通用的生产计划安排自己的存货计划和生产计划，减少对存货资金的占用。

如果供应商在原材料、零部件方面出现问题，也要给上海通用提供预警，这是一种双向的信息沟通。万一某个零件预测出现了问题，在什么时候跟不上需求了，上海通用就会利用自己的资源甚至全球的资源来做出响应。新产品的推出涉及整个供应链，需要国内所涉及的零部件供应商能同时提供新的零部件，而不仅仅是整车厂家推出一个产品这么简单。作为整车生产的龙头企业，上海通用建立了供应商联合发展中心，在物流方面也制作了很多的标准流程，使供应商随着上海通用产量的调整来调整他们的产品。

目前，市场上的产品变化很大，某一产品现在很热销，但几个月后就可能需求量不大了。上海通用敏捷化的要求就是在柔性化共线生产前提下能够及时进行调整。但这种调整不是整车厂自己调整，而是让零部件供应商一起来做调整。

市场千变万化，供应链也是千变万化的，对突发事件的应变也是如此。某段时间上海通用在北美的进口零部件出现了问题，就启动了“应急计划”，不用海运而改用空运。又如，考虑世界某个地区存在战争爆发的可能性，将对供应链产生影响，上海通用就尽可能增加零部件的库存，而且也预警所有的供应商，让他们对有可能受影响的原材料进行库存。供应链归根结底就是要贯彻一个共赢的概念。

案例思考

1. 结合所学知识，请你谈一谈精益生产和成本之间的关系？
2. 上海通用是用什么方法来降低库存的？
3. 上海通用为什么要建立供应链预警机制？上海通用是怎样建立供应链预警机制的？

案例 2.5 中国外运降低客户经营成本①

中国对外贸易运输（集团）总公司（以下简称中国外运，其 Logo 如图 2-5 所示）成立于 1950 年，是以海、陆、空国际货运代理业务为主，集海上运输、航空运输、航空快递、铁路运输、国际多式联运、汽车运输、仓储、船舶经营和管理、船舶租赁、船务代理、综合物流为一体的国际化大型现代综合物流企业集团。中国外运在国内设有 40 家子公司，1 家香港上市公

① 杨平安：《现代物流国际通用管理与成功案例典范》，北京：新华出版社，2002 年版，第 934—939 页。

司(中国外运股份有限公司)和1家国内A股上市公司(中外运空运发展股份有限公司),国内经营实体1 000余家。中国外运在境外设有8个代表处,22家海外企业,并与境外400多家运输企业建立了业务代理关系,形成了覆盖全国、辐射全球的优质高效的运输服务网络。

图2-5　中国外运的Logo

中国外运自1998年开始制定并实施了面向21世纪的企业发展战略,即《中国外运集团战略发展纲要》,致力于把中国外运从一个传统的外贸运输企业建成由多个物流主体组成的、按照统一的服务标准流程和规范体系运作的、国际化、综合性的大型物流企业集团。这个战略第一次提出了中国外运的经营理念,即“我们今天和未来所做的一切,都是以降低客户的经营成本为目标,为客户提供安全、迅速、准确、节省、方便、满意的物流服务。”在这一理念中,包含以下几方面的内容:

(1) 以“客户为中心”的物流服务精神;

(2) 以“降低客户的经营成本”为根本的物流服务目标;

(3) 以“伙伴式、双赢策略”为标准的物流服务模式;

(4) 以“服务社会、服务国家”为价值取向的物流服务宗旨。

《中国外运集团战略发展纲要》是中国外运经营的价值取向和中心目标,早已成为指导集团物流发展工作的基本原则与思想基础。

一、根本的物流服务目标——降低客户的经营成本的探索

在中国外运的物流经营理念中,中国外运提出了降低客户经营成本的目标,在传统的外贸运输服务中,客户成本的降低往往意味着运费收入的减少,当然这是与运输提供者市场交易的目标相矛盾的。那么,在发展现代物流的过程中,中国外运为什么要提出降低客户成本的目标,怎样才能在降低客户成本的同时达到自己的利润目标,如何去降低客户的经营成本,能否解决这些问题实际上是中国外运能否实现产业升级的关键。

(一) 提出降低客户经营成本的目标

顺应现代物流的要求,中国外运提出了降低客户经营成本的目标。因为降低客户的成本是现代物流的本质特征和最终目标,与传统的运输服务、仓储服务不同的是,现代物流是对企业原材料、流程清单、成品及有关信息从起点到终点的全过程的策划、实施和控制的过程,而不是单独的某一项运输或仓储等服务的交易行为,在这一过程中降低客户成本的潜力是十分巨大的,因而现代物流又被称为“第三利润的源泉”。能否降低客户的经营成本是现代物流与传统运输的一个重要区别,也是中国外运能否赢得市场的关键所在。中国外运提

出降低客户的经营成本，并不是通过一味地降低运输服务的价格，以减少收入去实现的，而是通过中国外运高品质的运输配送、信息服务和供应链管理，努力实现客户的“零库存”，从而减少客户资金成本、仓储成本、管理成本和风险成本等各项费用，优化客户的资金流配置和生产决策来实现的。在这一过程中，中国外运高品质的服务将在帮助客户降低经营成本的同时获得合理的利润。

（二）如何降低客户的成本

但是如何来降低客户的成本呢？物流服务降低客户成本主要是通过对企业供应链过程中的各个环节、各个因素的综合分析与控制来实现的，在这一过程中物流管理的目标并不仅仅限于运输、仓储等企业对外交易的有形费用，更重要的是通过高效率的物流配送服务降低客户的各种无形费用。日本早稻田大学教授西泽修曾提出“物流冰山说”，将全部的物流费用比喻为一座冰山，露出水面的冰山一角，只是企业直接支付给外部单位易于计算和掌握的一部分物流费用，如运费、装卸等。还有一大部分在企业内部发生而难以明确划分和单独计算的费用，这一块费用犹如“黑暗大陆”一般潜伏在水下，也是降低企业成本的重点。

据分析，在涉及企业物流的所有费用之中，对外委托物流费用占42.7%，而企业内部间接的物流成本占57.3%。中国外运降低客户的成本主要从上述两个方面入手，通过动态的物流成本分析来实现企业物流效益最大化的目标，主要表现为以下三个方面。

1. 降低直接的运输及配送费用

降低运输、仓储等客户对外直接交易费用是降低企业物流总成本的一个方面，过去企业在这方面采取的往往是随机、分散的运力采购方式，这种粗放型的管理一方面增加服务质量的不确定性，另一方面也增加了交易成本和管理费用，一直是企业经营成本居高不下的原因之一。而通过物流部门的运输、配送体系和专业性的管理，不仅可以很好地解决上述问题，降低各项运输、装卸费用，而且企业在流通过程中的商品损失风险也可以得到有效转移。

2. “零库存”的成本效应

实现企业的“零库存”是降低客户成本的核心因素，也是中国外运物流服务的努力方向。企业库存的降低直接表现为仓储费用的降低以及相关保管、管理维护费用的降低。另外，随着库存的降低又带来了企业其他一系列各项潜在成本的降低。

首先是资金成本的降低。由于企业长期库存的存在，导致了大量资金的占用与积压。从金融角度看，这本身就是一笔相当可观的费用，因为资金本身是具有时间价值和机会成本的。当大量的资金处于被库存所占用的状态时既不能升值也不能转移，处于停滞与无效状态，无形中会产生巨大的利息损失或投资于其他领域而获得收益的机会成本损失。特别是在高技术产品生产领域，不管是上游的原配件库存还是下游的制成品库存都属于体积小、价值高的高价值物品，占用的资金量十分巨大，这时物流降低企业资金成本的效果就更加明显。

其次是风险成本的降低。大量库存的存在，不仅提高了企业的各项成本，而且还增加了企业的经营风险。特别是在市场竞争日趋激烈的今天，市场的需求瞬息万变，企业产品升级换代的速度也在不断加快，由此造成了商品价格与需求量的时效性不断增强。库存量越大的商品面临贬值、淘汰的危险就越大。如我国的手机市场，各种型号手机的市场价格下滑十分迅速，大量的库存积压必然导致时间上的风险损失，所以许多厂家都采取小批量、多批次的生产方式以适应风云变幻的市场竞争，因此对零库存的需求也更加迫切。同时，风险成本的另一种表现形式是商品折旧的存在，大幅度地降低库存可以将企业的相关折旧损失有效地转移出去，这也是一条降低企业成本的有效途径。

当然，“零库存”的目标是相对的不是绝对的，实际上存在着库存成本与运输成本的均衡问题。实现“零库存”的条件是对运输品质要求的提高，这必然导致运输成本的提高，当运输成本与库存成本达到均衡状态时，这时的库存处于最优化、最经济状态。所以，如何确定企业的最佳库存量也是中国外运为客户提供的物流服务之一。

3. 优化资金流，提高企业的资金效率

从局部看物流服务可以有效地促进企业降低各项成本，从整体看可以进一步改善企业的资金流状况，提高企业的资金效率，由此实现从资本运营的角度提高企业的经济效益。全过程的供应链管理是全局性的而不是局部的，是长期性的而不是暂时的，这就决定了在通过物流服务降低客户成本的过程中必须注意对企业资金流的影响与完善。实际上一个成功的物流服务项目是货物流、信息流和资金流的有机结合和高度统一。我们可以这样形容，货物流是外在行动，信息流是技术手段，而资金流是最终目标。企业的经济效益最终是由资金流的运行状况所决定的，所以物流服务中的成本管理根本上是需要以企业资金流的运转效率为基础的，企业的资金效率越高，降低成本的幅度越大，经济效益就更加明显。企业的资金流运动本质上是企业的资金在货币资本、生产资本和商品资本三种状态上的资本周转过程，资金效率取决于预付资本总量和资本周转速度两种因素。库存的降低可以直接减少企业用于生产的资本预付总量，而资本周转速度的提高是通过提高企业的物流配送速度以及在流通过程的增值服务完成的。所以，高效率的配送体系和具有增值服务能力的物流中心是提高企业资本周转速度的重要条件。

(三) 降低客户成本的条件

对于一个企业来说，实施全方位的物流管理与经营是一项复杂来的系统工程，需要一定的基础条件和开拓创新的精神，如何真正达到降低客户成本的目标，需要具备以下条件：

(1) 高效率的综合运输、配送体系；

(2) 全过程的信息跟踪与服务能力；

(3) 具有综合服务功能的物流中心建设；

(4) 贴近客户的供应链分析与管理。

中国外运的物流系统的构造基本上是按照上述目标进行的。

二、降低客户经营成本的实践

(一) 建设中国外运的物流体系

中国外运物流体系建设的总体目标是：按照现代物流的标准和要求，以信息技术为依托，建立统一的作业流程和操作规范、物流体系，根据市场和客户的要求，确定主导物流产品，培育和发展集团的物流产业竞争能力。

为此，中国外运正在积极推进以下四个方面的工作。

1. 物流信息服务与信息管理创新

以客户为中心，建立面向市场的信息服务系统(包括客户查询系统、货物跟踪系统、客户信息反馈系统等)，通过高水平的信息服务，提高现代物流服务品质。与此同时，建立能够支撑集团综合物流服务的电脑控制、信息与操作系统，通过信息手段实行集约管理，规范业务流程，全面提升集团一体化运作能力。

2. 物流配送体系的建设

在物流配送体系的建设方面,中国外运积极开展物流标准化流程再造,改变集团“有点无网”、分散经营的局面,在信息技术的支撑下,各经营主体根据专业特点与区域分布,建立起分工协作的一体化经营模式,根据标准化流程实行规范运作,并且逐步进行物流组织再造,各经营主体实行销售、操作与管理等环节相分离,按照集团物流规划进行组织划分和统一布局,明确职能、严格分工,在信息技术的支撑下,按照标准流程紧密衔接,规范运作,具体表现在以下四个方面:

(1) 以所在省市为主要经营地域,建立区域性的货物集散与仓储配送中心(包括增值服务部分);

(2) 建立区域集散中心之间的低成本运输通道;

(3) 建立货物集散地的信息中心;

(4) 建立货物集散地和中心城市的客户服务中心。

通过上述工作中国外运在全国范围内建立高效的物流配送体系,使集团能够根据客户的需要提供适时配送服务。

3. 建设物流中心

物流中心是对客户提供增值服务和物流中转的基地,中国外运在全国各地拥有 160 座仓库,仓储总面积达 550 万平方米,并且很多仓库是和铁路专用线、集装箱堆场结合在一起,是天然的物流流转中心。为了尽快满足客户的需要,中国外运已经开始在全国重点省市设立 12 个大物流中心,进一步加强电子化库存管理系统,并把海关、商检等部门直接请到物流中心设立办事处,使物流货物可以得到现场报关和检查,以提高通关速度,加快物资流通速度。

4. 提高物流成本分析与供应链管理能力

在为客户具体的服务过程中,中国外运供应链管理能力不断得到提高。如在为某一化工企业提供物流服务的过程中,结合集团内外的力量,对该企业从原材料采购、储存、销售、装卸、配送等各项成本进行了综合分析,为其提出最佳库存保有量与原材料采购计划,并为其设计了专门的物流流程,配合企业的财务部门为其建立起与物流相结合的资金流管理模型,并根据企业产品的特点,使客户的物流目标得到很好的体现。

(二) 客户物流服务的实践

中国外运在客户物流服务方面的实施措施主要是:实施大客户战略,建立大客户服务体系。在集团内迅速培训一批大客户经理,根据客户的需要组合服务产品,满足客户个性化的服务需求。下面以中国外运下属公司在为摩托罗拉公司提供物流服务为例,简要地介绍中国外运在为客户服务方面的实践。

1. 制定科学规范的操作流程

摩托罗拉公司的货物具有科技含量高、货值高、产品更新换代快、运输风险大、货物周转快以及仓储要求零库存的特点。为了满足摩托罗拉公司的服务要求,华北空运天津公司开始设计并不断完善业务操作规范,并纳入公司的程序化管理。对所有的业务操作都按照服务标准设定工作和管理程序进行,先后制定了出口、进口、国内空运、陆运、仓储、运输、信息查询、反馈等工作程序,每位员工、每个工作环节都按照设定的工作程序进行,使整个操作过程井然有序,提高了服务质量,减少了差错,杜绝了事故的发生。

2. 提供24小时的全天候服务

针对客户24小时服务的需求，中国外运实行全年365天的全天候工作制度，周六、周日(包括节假日)均视为正常工作日。对操作人员(包括天津机场、北京机场人员)进行必要的调整，合理地安排车辆，确保全天候的运转。厂家随时出货，中国外运随时有专人、专车提货和操作。在通信方面，相关人员从总经理到业务员实行24小时的通信畅通，保证了对各种突发情况的迅速处理。

通过提供24小时的全天候服务，一方面有效地确保了摩托罗拉公司实现零库存，降低了生产成本；另一方面，通过提高流通效率，为摩托罗拉公司的产品赢得市场，提供了时间上的保障。

3. 提供了门到门的延伸服务

普通货物运输的标准一般是从机场到机场，由货主自己提货。而快件服务的标准是门到门、桌到桌，而且货物运输的全程在代理的监控之中，因此，收费也较高。华北空运天津公司在对摩托罗拉公司的普通货物虽然是按普货标准收费的，但提供的却是门到门、库到库的快件规格的服务，使摩托罗拉公司的货物既提高了运输时效，又保证了安全。

4. 提供创新服务

从货主的角度出发，推出更周到的服务项目，最大限度地减少货损，维护货主的信誉。

例如，根据华北空运天津公司多年的运输经验，为了保证摩托罗拉公司的货物在运输中减少被盗现象，在运输中间增加了打包、加固的环节。为了防止货物被雨淋，华北空运天津公司又增加了一项塑料袋包装。虽然这些新的服务增加了中国外运的劳动强度和运输成本，但保证了摩托罗拉公司货物的安全，减少了货损。

又如，为了保证急货按时送到货主的手中，增加了手提货的运输方式，解决了客户急、难的问题，让客户感到在最需要的时候，中国外运都能及时快速地帮助解决。

5. 充分发挥中外运的网络优势

经过60多年的建设，中国外运在全国拥有了比较齐全的海、陆、空运输与仓储、码头设施，近年来，集团公司高度重视信息网建设，已经实现了集团范围内的计算机联网，在重要口岸实现了和海关报关系统的联网，通过国际互联网向客户提供多种信息服务，形成了以高新技术为基础的遍布国内外的货运营销网络，这是中国外运发展物流服务的最大优势。全国的外运是一家，一个地方的客户就是全国外运的客户。例如，为了搞好摩托罗拉公司在全国的运输配送业务，总公司召开包括东北、华北、华东、华南、西南和西北等区域公司领导与客户一起共商服务大计，研究具体操作环节的统一服务方案。通过中国外运的网络，在国内为摩托罗拉公司提供服务的网点已在98个城市，实现了从提货、发运、对方派送，全过程的定点定人、信息跟踪反馈，满足了客户的要求。

6. 对客户实行全程负责制

作为摩托罗拉公司的主要货运代理之一，华北空运天津公司对运输的每一个环节负全责，即从货物由工厂提货到海、陆、空运输，国内外的异地配送等各个环节负全责。对于出现的问题，积极主动协助客户解决，并承担责任和赔偿损失，确保了货主的利益。中国外运作为一个已经将自身定位于综合物流企业的大型企业，虽然具备多方面的优势，但对物流的实践还处于起步与探索之中，中国外运将积极配合国家的物流产业政策与发展战略，并与国内同行们一道，为共同推进物流产业在我国的发展而不懈努力。

案例思考

1. 中国外运是如何降低客户经营成本的?
2. 中国外运物流体系建设包括哪些内容?

案例简析

案例 2.1

我们在了解安利公司是怎样降低物流成本时,首先应先明确企业物流总成本的构成。物流总成本包括运输成本、存货持有成本、仓储成本、批量成本、缺货损失、订单处理及信息成本、采购成本、其他管理费用。

1. 安利公司降低物流成本的措施

(1) 通过效率化的配送来降低物流成本

安利公司通过实现效率化的配送,减少运输次数,提高装载率及合理安排配车计划,选择最佳的运送手段,从而降低配送成本。

(2) 利用物流外包降低企业物流成本

安利公司把自己物流的非核心环节外包给专业化的第三方物流公司,而自己则掌握物流的核心环节(如库存控制等)。这样做不仅可以降低投资成本,而且可以缩短商品在途时间,减少商品周转过程的费用和损失。

(3) 借助现代化的信息管理系统控制和降低物流成本

在传统的手工管理模式下,企业很难对所有方面进行有效的管理,这样就难免产生很多不必要的浪费和费用支出。安利公司对仓库的信息管理系统的投入很大,通过信息管理系统建设不仅可以提高办事效率及准确率,还可以通过对以前信息的分析检查自己在哪些方面做得还不够,并对其进行改进。

(4) 对仓库采取“半租半建”模式

企业自己建一个大型仓库需要很大的资金投入,对自己的流动资金将产生很大的影响,甚至造成资金链的断链。安利公司采取和另一物业发展商合作的模式,合作方提供土地和库房,安利公司租用仓库并负责内部的设施投入。只用了一年时间,投入 1 500 万元,安利公司就拥有了一个面积充足、设备先进的新物流中心。这样做不仅节约时间;而且也使安利公司节省了大量的流动资金,与那些自建仓库的企业相比,安利公司有明显的优势。

2. 安利物流给我国企业什么样的启示

(1) 善于借力

安利公司根据自身的实际情况找出自己的弱势并且结合中国的国情,实行了“安利团队+第三方物流供应商”的全方位运作模式,巧妙地节省了自己的力量,并且和第三方物流公司的合作可以实现第三方的优胜劣汰,能够找到优秀的第三方合作者。这样安利公司掌握了局面主动性,大大提高了自身的竞争力。

(2) 一切从实际出发的实用主义

安利公司能够一切从实际出发认识到每一个分公司都面临着不同的外部环境。在中国,很多现代化的物流设备并没有被采用而物流人力成本较低。因此,安利公司采取和另一物业发展商合作的模式,大大节省了成本。

(3) 善于抓重点,在核心环节的大手笔投入

安利公司在核心的信息管理系统上投入了大量资金,这样不仅可以对自己的商品库存了如指掌,减少一些不必要的库存占用,提高仓库的有效利用率;而且加大信息管理投入,可以减少人力成本支出,同时,加强与其他仓库的联系,以便及时掌握各地区的销售情况,以便及时配送该地区的短缺商品。

案例 2.2

可口可乐针对销售伙伴直销系统的建立,使其不像其他的中小饮料企业那样过度地受到大渠道分销商的制约,它的成功在于以下几点。

第一是经营模式,企业对经营环境和行业的变化要有充分的认识并进行论证,要以动态的而不是静止的观点看待企业今后的变化趋势。第二,要以消费者为中心,将企业的价值增长建立在满足消费者的需求之上。第三是顺应时代的信息化管理,国内企业要在信息化的应用上更加深入,企业要发展,必须要靠科技。第四是供应链管理调整要始终围绕“以用户为中心”展开。当市场领先地位开始受到威胁时,可口可乐敏锐地感受到饮料市场的悄然变化。以用户为中心的管理理念要求可口可乐随时保证客户能享受到其产品。可口可乐的成功也再一次证明了营销与物流的关系是极为密切的:(1) 物流规划是营销战略的重要组成部分;(2) 物流服务于营销实施全程;(3) 现代物流的崛起促进了市场营销的发展。

在企业活动中,市场营销与物流是密不可分的。激烈的市场竞争与价格、技术等日趋透明化,差异化服务成为企业的核心竞争力。市场营销为企业正确地分析市场,找到突破口;完善的物流体系又为企业营销战略地成功实施保驾护航,可以说,市场营销和物流同为企业竞争力的两个方面,缺一不可,相辅相成。

案例 2.3

2004 年 12 月 11 日,中国全面开放零售业市场,外来的零售业巨头因此大举扩张,沃尔玛与家乐福就是其中最具代表性的两家。市场的开放让中国的零售业呈现出高速发展的局面,普通消费者更是体验到了大型超市带来的实惠与便利。然而,普通消费者可能很少去想,在“天天低价”后面所发生的是一场空前激烈并且影响深远的商业竞争。那么,我们究竟应该如何审视这样一场零售业的开放,又应该怎样看待沃尔玛的商业战略呢?

沃尔玛之所以能够迅速增长并且成为现在非常著名的企业,与沃尔玛在节省成本以及在物流运送、配送系统方面的成就是分不开的。其中,沃尔玛的配送成本仅占销售额的 2%,比竞争对手的一半还少。而在中国,一般来说物流成本占整个销售额的 10%左右,有些食品行业甚至达到 20%或者 30%。例如,在中国如果一箱货物的零售价是 500 元的话,其中大约有 100～200 元是物流成本,如果把搬运工的工资和库存管理的成本都算进去可能就要 200～250 元。这部分成本是供货商原厂价格所不包括的。而沃尔玛的 2%是什么概念呢?就是价格乘以 2%,因此对比下来,沃尔玛的商品竞争力可想而知。

不仅如此，沃尔玛还有另外两个“杀手锏”。第一个“杀手锏”是横向并购，以扩大规模，重新拾回大数法则的利器。这就是为什么沃尔玛要收购整合好又多。第二个“杀手锏”是纵向并购，或扶持自己可以控制的合作伙伴，把其他环节的物流成本都省下来，这样实行全产业链竞争，充分分摊物流管理成本，从而实现向上游的扩张。案例中的沃尔玛收购农田的经营权，高盛入股雨润、收购双汇等措施都是基于这个战略。

案例 2.4

物流成本，是指伴随着企业的物流活动而发生的各种费用，是物流活动中所消耗的物化劳动和活劳动的货币表现。物流成本由三部分构成：(1) 伴随着物资的物理性活动发生的费用以及从事这些活动所必需的设备、设施的费用；(2) 物流信息的传送和处理活动发生的费用以及从事这些活动所必需的设备和设施的费用；(3) 对上述活动进行综合管理的费用。

物流成本的标准定义，是指产品在空间位移(含静止)过程中所耗费的各种劳动和物化劳动的货币表现。具体地说，它是产品在实物运动过程中，如包装、装卸、运输、储存和流通加工等各个活动中所支出的人力、财力和物力的总和。

关于物流成本的管理就是对它的要素进行管理，物流成本的管理也是物流管理中永恒的话题，物流成本水平的衡量指标主要包括企业物流费用占销售收入的比重和社会物流成本占国内生产总值(GDP)的比重两个方面。

企业降低物流成本的途径可以从以下四个方面来运行：(1) 树立现代物流理念，健全企业物流管理体制；(2) 树立物流总成本观念，增强全员的物流成本意识；(3) 加强物流成本的核算，建立成本考核制度；(4) 优化企业物流系统，寻找降低成本的切入点。

上海通用最擅长的是制造汽车，而不是物流。在上海通用兴建之时就瞄准了“具有国际竞争力企业”的目标。上海通用认为，要成为一个领先的汽车企业，领先要体现在整个业务流程当中，体现在相关的整体产业中的每一个环节，这样才能体现自己的综合竞争力。上海通用瞄准了物流这一领域，通过增强企业的整体物流成本意识，降低物流成本、提高物理效率，最终提高企业的竞争力。正如上海通用汽车生产控制与物流总监徐秋华 2003 年 4 月底在上海全球运筹管理研讨会上作的报告《缩短供货时间》中所指出的：上海通用物流最根本的思想就是怎样缩短供货周期来达到低成本、高效率。这个交货周期包括从原材料到零部件，再从零部件到整车，每一段都有一个前置期，这对敏捷化是至关重要的。

案例 2.5

自从 20 世纪 70 年代我国引入物流概念以来，由于物流在国民经济发展过程中对促进资源合理配置，改善国家基础设施建设，降低社会总成本，提升国民经济平均水平以及加速物资在时空上的流动等方面起着至关重要的作用，因而备受关注。近年来，物流在我国已形成了一股热潮，并且持续高温。随着物流“热”的不断升温，物流客户服务的重要性愈加突出。而要实现为客户提供和创造增值价值，物流客户服务是企业的根本。

中国外运正是围绕客户服务这一核心，成功地找准了自身的角色定位，体现以“降低客户的经营成本”为根本的服务目标，充分发挥了第三方物流的专业作用和优势。通过案例我们可以了解到，中国外运着力降低客户经营成本主要包括以下三个特点。

（1）指导思想的确立。中国外运在进行目标实施前就确立其经营理念，把降低客户经营成本、为客户提供高质量的服务作为其核心理念。

（2）降低客户经营成本的多方面展开，例如从直接的运输、配送费用方面着手，从库存管理方面着手以及以资金流等方面着手。

（3）在客户物流服务上提供各种的服务方式，并规范其操作流程。

正是秉承以"客户为中心"的服务理念、以"降低客户的经营成本为目标"的服务宗旨，中国外运得以拥有众多的、遍布各行各业且服务多年的本地客户和跨国客户，其中包括摩托罗拉、米其林、壳牌、巴斯夫、三星、可口可乐等跨国公司以及中石化、中石油、中国联通、中国建材、宝钢、海尔、美的等大型本地公司。中国外运与客户建立起双赢式的伙伴关系，凭借科学的综合物流解决方案、严谨的供应链运营管理和先进的信息技术，为其提供多元化的增值服务，最终帮助客户提高了物流效率、降低了物流成本，为客户赢得了竞争优势。

第3章

第三方物流管理案例

案例 3.1 伊藤洋华堂在中国的物流外包①

1994 年 9 月,伊藤忠和中国丝绸进出口有限公司成立了北京太平洋物流有限公司(以下简称太平洋物流),该公司位于北京机场附近,当时主要从事保税和一般仓库及卡车运输业务。三年之后,伊藤洋华堂由早先进入中国的日本大商社伊藤忠引进中国。合资公司由原内贸部下属企业中国糖业酒类集团公司、日本伊藤洋华堂株式会社、伊藤忠商事及其中国公司共同出资。尽管伊藤忠方面在合资公司所占股份的比例最小,只有 10%,但凭借资本上的合作,伊藤忠还是如愿进入了自己所擅长的物流领域,特别是食品物流。

伊藤洋华堂合资之后,成立了伊藤洋华堂中国食品有限公司,专门为前者做食品供应,太平洋物流顺理成章地接下了这家食品公司的配送业务。

伊藤洋华堂在日本拥有多种零售业态,进入中国的主要有三种:华堂(GMS,百货+超市)、York Benimaru(食品超市)、7-11(便利店)。太平洋物流为伊藤洋华堂提供的物流服务主要是第一种,比如为北京北四环路的华堂商场提供商品配送服务。

伊藤洋华堂的外包比较彻底:制造商和批发商把卖给伊藤洋华堂的产品统一运往太平洋物流在北京郊区设立的仓储中心,再由太平洋物流统一配送到伊藤洋华堂的各个店铺中。中间发生的物流费用,都是由太平洋物流去跟制造企业或批发企业直接结算。其实质就是伊藤洋华堂下订单,太平洋物流送货。

合作不仅对于太平洋物流是个机会,对于伊藤洋华堂来说,也是既定战略之一。直到今天,伊藤洋华堂都没有自营的物流中心,除了供应商直送之外,还有就是外包给了像太平洋物流这样的第三方。

物流外包的前提是商品有条件进行集中配送。事实上,伊藤洋华堂在日本的"共同配送"规模很大,正是由于通过将其供应商的库存加以集中,组织其进行物流的仓储配送,伊藤洋华堂的单店效益才能多年排列在全球的第一位。然而,销售模式决定了在中国并不具备实现共同配送的前提。在日本,伊藤洋华堂有 80%的商品都是经销,只有 20%是代销,但在中国却正好反过来,80%是代销,20%才是经销,要求伊藤洋华堂或者太平洋物流拿出一套整合供应商库存的方案显然有困难。

由于规模不同而产生的物流需求特性也让太平洋物流感到难于扩大与伊藤洋华堂的合作。便利店的货品批量小、批次多,对于物流配送的需求明显。而伊藤洋华堂是大卖场,单

① 牛龙鱼:《亚洲物流经典案例》,重庆:重庆大学出版社,2007 年版,第 287—289 页。

店规模比较大，货物品项能达到 1.8 万多种，货量也非常大，因此还是主要依靠厂家直接送货。

尽管从理论上讲，零售规模越大应越有利于外包，但规模效应曲线在实际操作中会产生扭曲。实际上，当单个门店的每天订货量达到一个经济规模时，供应商直送模式是最节约物流成本的。同时，因为减少了物流作业环节，也能降低物流的差错率。可口可乐是典型的例子，一家大卖场单店在旺季每日的订购量通常都在半个车次以上，如果通过物流中心，反而达不到节约物流成本的目的。对于类似的商品，国内大卖场和综合超市基本上都是采用供应商直送的模式。

与太平洋物流一样，站在伊藤洋华堂的角度，在外包方面也有不少难解的问题。比如，食品配送对第三方物流有很高的要求，但目前在中国能为零售企业提供这种贴身服务的企业也少之又少。例如冷链物流，不管是乳制品还是肉制品，几乎都有温度的要求。这些商品中按照配送的不同要求分为四个温度区：冰块、冰激凌和冷冻食品等放在－20℃的冷冻区；牛奶、乳制品和生菜放在－5℃的微冷区；休闲食品和杂货等放在恒温区；而盒饭类、烧烤类商品刚放在 20℃的温暖区。一般物流企业都有能力做恒温型商品配送，此类商品运作难度较小，有利于迅速建立共同配送体系，实际上，太平洋物流为伊藤洋华堂提供的食品物流也就仅此而已。而冷冻型和微冷型商品运作要求高，又涉及商业秘密，共同配送难度较大，很多的物流企业可能不具备这样的能力。

零售业物流的复杂性也让许多的物流企业望而却步。由于食品的安全问题通常牵扯着大卖场的生命线，所以对于食品的要求非常严格，通常会拆包检查，超过 1/3 保质期时间的商品一律拒收，这样，物流中心需要确认退货，然后进行分拣，有些退货包装已经残损，需要二次包装，退回入库需要有专门的残损区，这些操作使退货成本直线上升，回收成本是配送成本的两倍以上。所以，很多的物流企业都不愿给超市送货。

此外，在食品从原料种植到采购、生产、流通加工再到配送的整条供应链上，稍有差错就会影响食品安全。很多情况下，物流企业并不知道到底是哪个环节出了差错，说不准还要被牵扯到打不清的官司中去。

伊藤洋华堂在中国有了 5 家华堂商场，再加上 7-11 的加入，伊藤洋华堂正在考虑如何在中国开展“共同配送”。虽然目前供应商直送还是国内许多的超市和卖场采用的主要方式，但这种方式受供应商物流水平的限制，存在信息交流效率低、配送不及时等很多问题，从长远看，零售商与供应商站在同一条战线上实行共同配送将是一个必然的趋势。

伊藤洋华堂形成的日本配送机制，经历了供应商店铺直送、特定供应商汇总配送和建立共同配送模式三个阶段，在中国也必将经历这样一个过程。

案例思考

1. 伊藤洋华堂的物流运作与管理的主要特点是什么？对我们有什么启示？

2. 一个企业所需要的物流服务，有多少是自己提供和解决的？有多少是需要委托物流企业完成的？

案例 3.2 电商物流领域的“最后一公里”难题①

京东商城董事局主席兼 CEO 刘强东近日首次透露，京东快递计划在 2012 年 8 月正式向第三方开放。

在如今硝烟弥漫的电商企业大战中，物流系统可以说是目前最主要的核心竞争力，因此，各大电商企业发力物流领域，打破传统的依靠第三方配送，解决其存在的许多问题，提升自身的品牌形象，并致力破解“最后一公里”的难题，以提升用户的体验。

一、价格战下凸显物流重要因素

近段时间，电商企业里可谓“战火纷飞”。5 月刚开始，天猫商城突然宣布拿出 2 亿补贴消费者，此举刺激了其他的电商企业，引发了激烈反应。第二天，苏宁易购即发布了 5 月中旬的促销行动，称计划投入 20 亿特价货源和 4 亿让利额度；而在 5 月大促销后再次全面击穿全网底价，京东商城也宣布让利 5 亿元，赔本促销；国美网上商城不甘落后也抛出 20 亿元的促销资源。

6 月，随着暑假的到来，电商领域争霸赛展开了新一轮厮杀。苏宁易购、易迅、天猫电器城和京东等电商企业先后宣布启动夏季促销活动，各家电商企业让利规模均在亿元级别。在电商市场格局未形成之前，大家都在烧钱抢市场份额。

这边各大电商企业的价格战是打得不亦乐乎，而另外一边各大电商企业的大佬们也没闲着，都在自个的微博上卖力吆喝着。

此次各大电商企业纷纷使出拼产品、拼价格的老套路，虽然在一定程度上能够缓解家电业低迷的景气度带来的销售压力，但是这样的促销手段从市场反应来看，并没有达到预期的效果，各大电商企业想借此扩大市场份额也都落空，原因就是物流服务跟不上。因此，电商企业竞争激烈，相对来说拼产品、拼价格的老套路很难保证在未来的竞争取胜。而物流作为用户体验的体现将成为电商企业的核心竞争力。

二、自建物流与第三方物流各有利弊

电子商务的发展改变了企业传统的销售方式以及消费者的购物方式，从而推动了物流业的发展。目前而言，我国的物流水平仍难以满足电子商务的需求。电商企业无论是自建物流还是依托第三方物流，都有其各自的优点和缺点。

依托第三方物流，电商企业能够集中精力在核心业务上，实现以信息换库存，减少固定资产投资，降低成本等，但是这同时也会给企业带来诸多不利：企业不能直接控制物流职能；不能保证供货的准确和及时；不能保证顾客服务的质量和维护与顾客的长期关系等。

而如果电商企业自建物流，虽然增加了固定成本，但是大大地降低了配送成本，就以目前的实际情况为例，在北京、上海和广州等一线城市，电商企业自主配送的物流成本在 4.5～5 元，而交由第三方配送的成本则在 8～10 元。

① 陈锦锋：《电商物流领域频发力 破解“最后一公里”难题》，2012 年 6 月 27 日《通信信息报》，第 B08 版。

三、自建物流能破解"最后一公里"难题

电商企业的"最后一公里"往往成为拖累整个流程效率的部分，又特别容易影响客户体验。因此要破解"最后一公里"难题，自建物流的效果比第三方物流要好。这是因为，电商企业需要的是个性化服务，第三方物流公司则提供的是标准化服务，两者存在很大的差异性，电商企业通过自建物流体系可以加快货款回收，提升用户体验。目前，第三方配送企业存在上门服务差、商品丢失损毁和货款回收周期长等诸多问题，京东商城、凡客诚品和 1 号店等有条件的电商企业自建物流可进一步提升自身品牌口碑。同时，电商企业自建物流体系本身就是一个相对独立的运营系统，实行市场化运作，甚至依据自身发展情况还可以对外承接其他企业的业务，其本身完全能够成为一个独立的盈利企业。

如今经济不景气，行业竞争非常激烈，自建物流对于电商企业来说是个不小的负担。自建物流并不是每家电商企业都能玩儿的"游戏"。除了应具备雄厚的资金实力外，也需要电商企业有庞大的订单量。电商企业配送与快递配送相同，讲究规模效应，单量越大，其单件的成本也会相应降低。就目前而言，只有自建物流，依托自身雄厚的物流系统，才能选择最少的环节、最优的路径，最流畅的流程，从而保证物流配送的高效率、低成本以及优质的客户体验，破解"最后一公里"难题。

案例思考

1. 自建物流和第三方物流的利弊各有哪些?
2. 根据案例 3.2，你认为电商物流领域的"最后一公里"难题应该如何解决?

案例 3.3 麦当劳的第三方物流[①]

在麦当劳的物流中，质量永远是权重最大、被考虑最多的因素。麦当劳重视品质的精神，在每一家餐厅开业之前便可见一斑。餐厅选址完成之后，首要工作是在当地建立生产、供应和运输等一系列的网路系统，以确保餐厅得到高品质的原料供应。无论何种产品，只要进入麦当劳的采购和物流链，必须经过一系列严格的质量检查。麦当劳对土豆、面包和鸡块都有特殊的严格的要求。比如，在面包的生产过程中，麦当劳要求供应商在每个环节加强管理；装面粉的桶必须有盖子，而且要有颜色，不能是白色的，以免意外破损时碎屑混入面粉而不易分辨；各工序间运输一律使用不锈钢筐，以防杂物碎片进入食品中。

谈到麦当劳的物流，不能不说到夏晖物流有限公司(以下简称夏晖公司)，这家几乎是麦当劳"御用 3PL"(该公司的客户还有必胜客、星巴克等)的物流公司，他们与麦当劳的合作至今在很多人眼中还是一个谜。麦当劳没有把物流业务分包给不同的供应商，夏晖公司也从

① http://www.chinawuliu.com.cn/xsyj/201005/07/142445.shtml。

未移情别恋，这种独特的合作关系不仅建立在忠诚的基础上，麦当劳之所以选择夏晖公司，在于后者为其提供了优质的服务。

图 3-1 为夏晖公司麦当劳配送车辆。

图 3-1　夏晖公司麦当劳配送车辆

而麦当劳对物流服务的要求是比较严格的。在食品供应中，除了基本的食品运输之外，麦当劳要求物流服务商还要提供其他的服务，比如信息处理、存货控制、贴标签、生产和质量控制等诸多方面，这些"额外"的服务虽然成本比较高，但它使麦当劳在竞争中获得了优势。"如果你提供的物流服务仅仅是运输，运价是一吨 4 角，而我的价格是一吨 5 角，但我提供的物流服务当中包括了信息处理、贴标签等工作，麦当劳也会选择我做物流供应商的。"为麦当劳服务的一位物流经理说。

另外，麦当劳要求夏晖公司提供一条龙式物流服务，包括生产和质量控制在内。这样，在夏晖公司设在台湾的面包厂中就全部采用了统一的自动化生产线，制造区与熟食区加以区隔，厂区装设空调与天花板，以隔离落尘，易于清洁，应用严格的食品与作业安全标准。所有的设备由美国 SASIB 专业设计，生产能力每小时 2.4 万个面包。在专门设立的加工中心，物流服务商为麦当劳提供所需的切丝、切片生菜及混合蔬菜，拥有生产区域全程温度自动控制、连续式杀菌及水温自动控制功能的生产线，生产能力为每小时 1 500 公斤。此外，夏晖公司还负责为麦当劳上游的蔬果供应商提供咨询服务。

麦当劳利用夏晖公司设立的物流中心，为其各个餐厅完成订货、储存、运输及分发等一系列工作，使得整个麦当劳系统得以正常运作，通过它的协调与连接，使每一个供应商与每一家餐厅达到畅通与和谐，从而为麦当劳餐厅的食品供应提供最佳的保证。目前，夏晖公司在北京、上海和广州都设立了食品分发中心，同时在沈阳、武汉、成都和厦门建立了卫星分发中心和配送站，与设在香港和台湾的分发中心一起，斥巨资建立起全国性的服务网络。

例如，为了满足麦当劳冷链物流的要求，夏晖公司在北京地区投资 5 500 多万元人民币，建立了一个占地面积达 1.2 万平方米、拥有世界领先的多温度食品分发物流中心，在该物流中心并配有先进的装卸、储存、冷藏设施，5～20 吨多种温度控制运输车 40 余辆，中心还配有电脑调控设施用以控制所规定的温度，检查每一批进货的温度。

"物流中的浪费很多，不论是人的浪费、时间的浪费还是产品的浪费都很多。而我们是靠信息系统的管理来创造价值。"夏晖食品公司大中华区总裁白雪李很自豪地表示，夏晖的平均库存远远低于竞争对手，麦当劳物流产品的损耗率也仅有万分之一。

"全国真正能够在快餐食品达到冷链物流要求的只有麦当劳。"白雪李称，"国内不少公司很重视盖库买车，其实谁都可以买设备盖库。但谁能像我们这样有效率地计划一星期每家餐厅送几次货，怎么控制餐厅和分发中心的存货量，同时培养出很多具有管理思想的人呢?”与其合作多年的麦当劳中国发展公司北方区董事总经理赖林胜拥有同样的自信：“我们麦当劳的物流过去是领先者，今天还是领导者，而且我们还在不断地学习和改进。”

赖林胜说，麦当劳全国终端复制的成功，与其说是各个麦当劳快餐店的成功，不如说是麦当劳对自己运营的商业环境复制的成功，而尤其重要的是其供应链的成功复制。离开供应链的支持，规模扩张只能是盲目的。

麦当劳与夏晖公司长达30余年的合作，为何能形成如此紧密无间的“共生”关系？甚至两者间的合作竟然没有一纸合同？

“夏晖与麦当劳的合作没有签订合同，而且麦当劳与很多大供应商之间也没有合同。”的确有些难以置信！在投资建设北京配送中心时，调研投资项目的投资公司负责人向夏晖公司提出想看一下他们与麦当劳的合作合同。白雪李如实相告，对方几乎不敢相信，不过仔细了解原因后，对方还是决定投资。

这种合作关系看起来不符合现代的商业理念，但却从麦当劳的创始人与夏晖公司及供应商的创始人开始一路传承下来。

“这种合作关系很古老，不像现代管理，但比现代管理还现代，形成超供应链的力量。”白雪李说，在夏晖的十年工作经历让他充分感受到了麦当劳体系的力量。夏晖北方区营运总监林乐杰则认为，这种长期互信的关系使两者的合作支付了最低的信任成本。

多年来，麦当劳没有亏待自己的合作伙伴，夏晖公司对麦当劳也始终忠心耿耿，白雪李说，有时长期不赚钱，夏晖公司也会毫不犹豫地投入。因为市场需要双方来共同培育，而且在其他市场上这点损失也会被补回来。有一年，麦当劳打算开发东南亚某国市场，夏晖公司很快跟进在该国投巨资建配送中心。结果天有不测风云，该国发生骚乱，夏晖公司巨大的投入打了水漂。最后夏晖公司这笔损失是由麦当劳给付的。

案例思考

1. 麦当劳为何选择夏晖公司作为物流服务商?
2. 夏晖公司为麦当劳提供了哪些方面的物流服务?
3. 麦当劳与夏晖公司的合作遵循的是什么样的商业理念?

案例3.4 和黄天百为连锁业提供最好的第三方物流[①]

2004年，总部设在北京的民营企业华普超市和世界知名物流企业天美百达物流公司与和记黄埔公司合资经营的和黄天百公司签订了物流服务合作协议，华普超市委托和黄天百公司负责其全国的物流配送业务。消息一出，不仅引起了业界同行、上游供应商的注意，就连经常去华普超市购物的消费者也表示了极大的关注。

---

① 牛龙鱼：《亚洲物流经典案例》，重庆：重庆大学出版社，2007年版，第297—299页。

华普超市于1997年开办了第一家超市连锁店，经过多年的奋斗，已在北京、山东和河北开设大型综合超市店铺20家，员工3 000余人，连续10年跻身中国连锁商业百强，在业界享有良好的声誉。

随着企业的高速发展以及面对中国加入WTO的挑战，华普超市的决策层越来越认识到超市要生存和发展，就必须快速提高自身的竞争能力，而达此目的的捷径就是借助国际先进技术和经验，走专业化发展之路。与国际专业物流企业的合作是华普超市向专业化、国际化方向迈出的第一步。

和黄天百的出资方之一的天美百达物流公司是全球十大第三方物流公司之一，年营业额高达数十亿美元。世界著名的零售商如沃尔玛、家乐福、阿斯达和泰斯科等都是该公司的客户。

和黄天百充分分享母公司丰富的物流经验，早在1994年就进入了中国市场，将积累的全球经验与中国的实际需求相结合，成功运作了与国内知名零售企业深圳百佳和北京物美的物流合作项目。

1998年，和黄天百与百佳超市签订了物流服务合同，目标是使百佳超市的物流运作更趋现代化。在未签合同前，百佳超市的供应商直接将货品送至广东地区的各家店铺里，滞后的物流体系给百佳超市带来了一系列供应链上的不便且管理效率很低。

和黄天百在深圳北部的石岩镇为百佳超市的物流运作系统建立了一个占地一万多平方米的西式中央配送中心，利用丰富的实践经验和现代管理技术，为百佳超市购置货架结构系统和机械操作设备，并为其培训操作员工和管理人员以建立起行之有效的运作系统。

2000年，和黄天百在哈尔滨市兴建了占地面积2万平方米的大型配货中心，与该市大部分连锁店建立供货关系，全部实行计算机管理，形成连锁企业总部、供应商和零售门店的计算机信息网络，年配送额达到10亿元以上。

为了实现成为中国最大、效率最高的物流服务供应商的目标，和黄天百开始在中国建立一个广阔的物流网络系统，以北京、上海、广州、成都和沈阳为中心，覆盖300多个城市。网络系统的完成只用了很短的时间，并已开始良性运行。

物流需要信息技术，现代化物流管理离不开科技的应用，信息技术在整个流程的管理方面起着决定性的作用。作为第三方物流服务提供商，和黄天百将在三个领域中发展：第一是建立全国的实际物流运作网络，为客户遍布全国的网点提供门到门服务；第二是为客户提供物流解决方案，以高质量的物流管理和物流建议来满足客户需求，其重点放在技术方面，将积累的经验与客户的现状和发展需求相结合，量身定制整体解决方案；第三是电子解决方案，将高质量的物流管理与信息技术整合起来。

和黄天百认为，不适用的信息系统不仅会浪费宝贵的资源，还会给企业运作带来麻烦。它们凭借丰富的物流实际操作经验，为客户提供真正需要的系统或改造现有系统。

和黄天百有一个专门为制造商、批发商或零售商策划物流运作和供应链管理方案的电子方案部门，它的宗旨是绝不提供单一的系统给客户，因为没有一个特定的体系是适合于众多工业领域中的众多客户的。它们采用的Mammothsoft公司开发的i-Ware，其并非一个仓储管理系统，而是一个以网络为基础的供应链管理体系。和黄天百已将该体系灵活地应用于各种供应链结构，以满足中国各类客户对信息系统的需求。它能与任何现有的仓储管理系统及企业应用软件(如SAP)兼容对接。

开发商认为，零售商、分销商和生产商一起协调工作，交易伙伴自愿共享信息，消费者随时随地都可以得到所需产品，任何预测都能被供应链中所有的交易伙伴共享，这是大势所趋。一个好的供应链管理体系能使存货明显低于现有水平，断货状况明显减少，生产和产品供应周期运行平稳，人员与运输费用明显减少。他们还认为，电子商务由四个核心部分构成：电信——基础设施；银行——财务处理；软件——实现；物流——履行。

i-Ware是一个以提供高透明度的从原材料的供应商到可销售的产品的客户供应链方案。i-Ware采用适用于新兴市场基础设施的网络技术，基于低成本的第三代无线移动电话及其卫星系统，可实现同步通信发送。它使传统客户随着新经济的发展，充分利用电子决策方案成为可能。

实现共赢采用第三方物流之前，所有零售商的每一个分店都可以直接向供应商订货，因此可能造成200家分店每个星期各自向近300家供应商订购2～3次货，每家供应商每个星期最多会有600次送货，而且经常途经的某店没有订货，可是第二天那个店又要求送货了。原因就在于预计需求量的困难，加上每半月的促销活动，服务的水平(送货量与订货量比较)只有40%，自然销售量会受到很大的影响。

为了改变这种局面，一种新的物品中央配送中心应运而生，每一间分店均可根据需求每星期订3次货，大批量的订单在第一天被传送到供应商那里并由供应商分批处理。第二天，供应商把大批订单送到配送中心，物流中心的人员定期把货物配送到每一间分店。现在，每一间分店可以根据需求量作出订购，以空出部分货架来摆放新产品。货品会在店铺发出订单后第三天送到店铺。促销活动需要的货物将分开处理，剩余货品由配送中心退回供应商。已有的案例证明了客户从第三方物流当中获得了利益。

案例思考

1. 华普超市是基于什么原因选择与和黄天百结盟？
2. 和黄天百为华普超市提供了哪些方面的物流服务？
3. 华普超市与和黄天百的结盟对其他连锁企业有何启示？

案例3.5　安达物流成功的法宝[①]

进入21世纪，伴随着中国经济持续高速的增长，中国汽车工业也进入了高速发展的阶段。大众、通用、丰田和宝马等13家国际汽车巨头已相继完成在中国的战略布局。在汽车产量高速增长的同时，汽车物流产业也获得了前所未有的发展机遇。面对快速发展的巨大的汽车物流市场，安达物流紧紧抓住了这一机遇，准确把握市场动向，走创新发展之路，使安达物流成为中国一流的汽车物流企业。作为国内“零公里”商品车运输的创始者，安达物流在中国汽车物流的发展史上功不可没，安达物流也因此被中国交通运输协会评为中国物流

① 牛龙鱼：《中国物流百强案例》，重庆：重庆大学出版社，2007年版，第65—66页。

百强企业和中国民营物流企业 30 强。

定位汽车物流细分市场，走专业化道路迅速发展的整车物流产业，孕育着巨大的市场潜力，这对于最早涉足该行业的安达物流是一份丰厚的“礼物”，凭借自己的经验及核心优势，经过对行业科学的分析，安达物流把定位汽车物流细分市场、走专业化道路作为企业的中长期发展规划，挖掘整车物流的深度和广度，实现与国际化的物流业接轨。

所谓定位汽车物流细分市场，就是紧紧抓住整车物流市场，延长服务链，拓展服务范围，走第三方物流道路。在共赢互利的原则下，为汽车制造企业提供高标准的物流解决方案，并为其提供“门到门”服务。

早在 2002 年，安达物流便为天津一汽夏利股份公司(以下简称天津一汽)通过量身定做，重新设计了整车物流供应链。将整车物流中心从 36 公里以外的天津东丽区，迁移到距工厂 1.2 公里的对面，投资建设了 17 万平方米的智能化整车物流中心。同时，安达物流作为一家独立的第三方物流企业，开始为天津一汽提供整车物流的全过程服务。

图 3-2 为天津一汽安达物流公司。

图 3-2 天津一汽安达物流公司

安达物流服务起点，是从天津一汽的生产线末端(质保线)开始，通过实时的对应生产节拍，对每一辆生产下线的商品车进行检验，并且在这个节点完成与工厂的管理权和责任的转移。之后，安达物流便开始了全程服务，从负责商品车短驳、仓储、维护、PDI、配送计划制作到运输、过程控制、交付终端客户，服务链条中的每一个环节都尽职尽责。这样，彻底改变了传统物流局限于运输服务的局面，体现了真正意义上的“物流”的概念。这也为中国整车物流业运营模式从传统向现代的转变提供了成功的借鉴范例。这种运营模式的改善很快收到了实际的成果，主要体现在以下两个方面。

一方面，安达物流通过服务链的延伸和服务范围的拓展，整体服务水平和服务能力有了质的提升，从而更拉近了与核心客户的关系，使安达物流的客户群更加稳定，忠诚度也越来越高。不仅如此，安达物流通过总承包天津一汽的整车物流资源，规模经营的效益也充分显现出来，成本结构发生很大变化。通过优化配置运输资源，总运营成本下降约 10%。基于规模效益带来的运营成本的降低，安达物流主动为天津一汽整体下调运费 10%，从而进一步巩固了自身的核心竞争力，也为企业的可持续发展奠定了坚实基础。

另一方面，作为安达物流核心客户的天津一汽，由于整车物流业务全部外包给第三方，不但使整车物流管理质量跃居国内领先，同时，基于安达物流的成本优势，每年直接物流成本支出节约 1 400 多万元，物流管理人员从过去的 80 多人减少到 20 多人。工作重点由过去的直接参与管理改变成现在的宏观管理、指标控制。安达物流和天津一汽的合作可称得上是一个双赢的经典示范。

“服务至上”是安达物流走专业化的核心内容，主要体现在运输设备及服务范围等领域。如今，安达物流自有运输车 298 辆，火车专列 2 列(60 节车皮)，这些运输设备全部是按照轿车装载专用的需求和标准订购的，是敞开式框架结构。为了保证客户的利益不受侵害，安达物流所有的运输车在回程时不配载散货。之所以这样考虑，是基于以下两个原因。一是将顾客的商品车安全、及时地运输并交付最终客户，这是顾客最基本、最重要的服务需求。因此，在订购运输车辆时，安达物流只考虑装载商品车的适合性、安全性等因素。而国内的一些整车物流企业订购运输车时，重点考虑了运输车配载散货的兼容性(如将商品车做成封闭车厢等)，这种封闭式运输车会带来很多的安全隐患。二是避免有些散货的残留物对装载的商品车带来安全隐患，同时，也避免延误回程运输时间，因为，安达物流的回程配载资源全部是商品车，如上海大众、东风日产、神龙商品汽车等。

安达物流正是基于定位汽车物流细分市场，选择专业化路线的运营模式才进入了快速稳步发展的快车道。同时，在大力发展和运用电子信息技术方面，安达物流也处于同行领先水平。这也是现代物流企业跟国际接轨的标志之一。

案例思考

1. 根据案例 3.4，你认为安达物流成功的法宝是什么？

2. 安达物流和天津一汽的合作为双方带来了什么利益？中国汽车物流业应当从中得到什么启示？

案例简析

案例 3.1

在当今社会，市场竞争环境不断变化，零售企业自身的物流能力遭到严重的挑战。资源环境不确定性的增加，要求零售企业拥有灵活的自身物流能力；追求利润的压力，使得零售企业要不断降低商品流通的成本；最终消费者需求的个性化趋势，使得零售企业要设计个性化的物流方案，满足顾客多批次、少批量的需要。供应链思想和物流国际化的出现要求零售企业对自身的物流活动要进行集成，以实现物流运作的一体化。另外，产品生命周期不断缩短，新产品层出不穷，使得零售企业必须建立快速、畅通的物流管道。基于上述原因，零售企业靠自身的物流能力已经无法满足发展的需要，必须寻找外部资源的支持，将物流业务部分外包或全部外包给第三方已经成为一种必然的趋势。

物流外包也被称为协议物流、第三方物流、合同物流，是指零售企业把不属自己核心业务的部分和全部物流业务以合同或协议的形式委托给第三方物流公司，同时通过信息系统与它们保持密切的联系，以达到对自身企业物流全过程的管理与控制的一种运作模式。

零售企业通过物流外包，可以集中有限的资源开发优势业务，增强核心竞争力；同时可以利用第三方物流公司专业化的服务提升企业本身的物流服务水平，降低物流成本，规避经营过程中的风险，增强零售企业对抗竞争对手的能力。

零售企业将自身物流外包出去除了可以获取以上好处外，还取决于零售企业本身的物流业务特点。零售企业的物流具有商品的多品种、小批量、高配送率、多配送点、快速配送要求以及需要完善的信息系统支持等特点，使得整个物流活动更加复杂，自营物流难度很大，产生了利用专业化、个性化物流服务的需求；利用第三方物流公司的规模优势、专业优势和系统最优化原理，根据零售企业各种物流活动的要求在全社会范围对物流系统进行整合，能达到整体最优和物流成本最低，在这种情况下，选择将物流业务外包出去成为提高零售企业竞争优势的一种有效的选择。

作为日本零售业的第三大企业集团，伊藤洋华堂能够在中国竞争日趋激烈的零售市场上不断创新，持续发展，无疑在经营上有其独到之处，特别是在物流运营与管理方面。随着全球经济一体化框架的日趋成熟，国际商业资本的跨国流动呈现出日益加速的趋势。而我国零售市场巨大的开发潜力也越来越被国外的商业资本所看好，目前，无论是欧美还是日本，都把进入中国零售市场作为其投资战略的一个重要部分。可以肯定我国在加入世界贸易组织之后，外商对我国零售业直接投资的速度必定进一步加快。如何更好地借鉴国外零售业的成功经验，迎接挑战，正成为我国广大的零售企业所面临的现实而严峻的课题。希望伊藤洋华堂的成功经验能对我国的零售企业有借鉴之处。

案例 3.2

随着京东商城、苏宁易购、易迅、天猫商城等电商企业的大战愈演愈烈，提高物流效率并最终吸引客户体验的“最后一公里”的自建物流成为诸多电商企业的“良药”。高额的物流仓储费用，加之配送服务质量的无法保障，这些成为电商企业的最大短板，也正是电商企业不得不自建物流体系的关键原因。

从世界电商企业的发展来看，自建物流体系始于亚马逊。随着中国电子商务市场的不断发展，电商企业不断发展壮大，面对业务规模的不断扩张，每日成单量的迅猛增加，自建仓储物流已经成为大型电商企业争相竞技的场所。从中国自建物流的电商企业来看，自建物流的动因主要有以下四点。

1. 亚马逊自建物流模式的成功成为众多电商企业的标杆

电商企业自建物流模式的典范是美国网上零售商亚马逊，亚马逊凭借其较高的IT技术水平，投入巨资兴建物流，除满足自身物流需求外，还为其他的企业提供供应链管理服务，这种模式已经成为中国电商企业的发展方向之一。

2. 服务层面的竞争及成本控制加速电商企业物流自建速度

从中国电子商务市场发展阶段来看，各类电商企业竞争加剧，已经从单一产品、价格的竞争发展到服务层面的竞争，为了抢占用户，增加用户黏性，电商企业通过加强电商“最后一公里”建设，以此提升用户体验。此外，尽管资金物流短期内对资金的占有率较大，但是长远来看，通过物流的管控，电商企业可以节省成本。

3. 自建物流增加电商企业的主控性

自建物流的电商企业可以通过自有的物流进行新业务的推广和品牌的宣传，对已购用户进行再次营销，提升其再次购买的可能性及用户黏性。第三方物流公司无法完全满足的，电商企业可以通过自有配送队伍的上门机会为消费者进行其他服务和产品推介。例如，红孩子在成立之初，这种自配物流加之企业产品营销的形式就已经出现，并取得了良好的市场反馈。

4. 自建物流可以提升资金的回流速度

目前，尽管第三方支付市场的用户群不断扩大，但是货到付款一直是部分用户比较青睐的支付方式。对于电商企业来说，自建物流，缩短了资金的周转速度，提升了企业资金的利用率。

案例 3.3

在案例 3.3 中，不仅涉及麦当劳作为一个连锁企业的自身物流管理过程，还包含了其供应商夏晖公司的第三方物流运作模式。

本案例包含了供应物流、生产物流和销售物流三方面，而对供应物流和销售物流来说，夏晖公司的特别之处在于，它不仅扮演了第三方物流公司的角色，而且还承担着供应商的责任。一方面可以说是麦当劳采用了委托第三方物流代理的方式为其制造、库存、配送及管理，另一方面麦当劳完全采用了供应商代理的形式，由供应商掌握麦当劳的库存，采购也是由夏晖公司来完成，而麦当劳和其供应商夏晖公司的关系也就完全成为了伙伴型的，不管夏晖公司是作为第三方物流公司也好，还是作为供应商也好，它无疑都在整个物流运作过程中起到了不可忽视的作用。

麦当劳物流的 SWOT 分析如下。

1. 强势

(1) 麦当劳遵从了企业物流合理化——就近储存的原则

从“夏晖公司为麦当劳建立面包厂和在北京地区投资 5 500 多万元人民币建立了一个占地面积达 1.2 万平方米、拥有世界领先的多温度食品分发物流中心”为例可以看出。麦当劳与夏晖公司的合作大大减少了麦当劳的库存，并使得在制品库存实现了最小化。

(2) 夏晖公司采用了准时供应方式

供应物流活动的主导是麦当劳，它可以按照最理想的方式选择供应物流，而供应物流的承担者夏晖公司，它必须以最优的服务才能被用户所接受。这也是麦当劳和夏晖公司之间能保持几十年合作关系的原因。麦当劳因为夏晖公司的供应而节约了巨大的物流成本，夏晖公司也因此有生意可做，两家企业互相扶持，形成了坚不可摧的伙伴型关系。

(3) 夏晖公司还采用了供应链采购

麦当劳只需把自己的需求信息向供应商连续及时传递，由供应商根据用户的需求信息，预测用户未来的需求量，并根据这个预测需求量制订自己的生产计划和送货计划，主动小批量多频次向用户补充货物库存，既保证满足用户需求又使货品库存量最少、浪费最小。这种 VMI 采购的最大受益者是麦当劳，它可以摆脱烦琐的采购事务，从采购事务中解脱出来，甚至连库存负担、运输进货等负担都已经有夏晖公司承担，而服务率还特别高。

(4) 麦当劳与夏晖公司的这种合作关系既属于长期目标型，又属于渗透型

他们认为保持双方长期的关系是十分重要的，并且愿意为了双方的共同利益改进各自

的工作。例如，麦当劳要求物流服务商提供一条龙式的物流服务，如信息处理、存货控制、贴标签、生产和质量控制等。夏晖公司则通过采用统一的自动化生产线及更先进的设施，不仅满足了麦当劳对产品质量和物流服务的严格要求，又促使夏晖公司进行了技术创新和产品改进，这样做不仅对双方都有利，而且增加了双方企业的外部竞争力。

2. 弱势

麦当劳只有一家主要原料的供应商，会使产品原料单一，难以满足顾客越来越挑剔的要求。顾客需要多元化的产品出现，麦当劳只有不断变化的产品出现才能拥有竞争力。

3. 机遇

对于快餐行业而言，中国拥有广阔的市场和消费人群。麦当劳只要经营得当，必然会取得更好的成绩。当然，物流是麦当劳在中国市场取得成功的关键因素。

4. 威胁

物流的理念和实践都发展得很快，其他的快餐连锁企业如果响应的快，就会把麦当劳吞掉(如肯德基等)，无疑是麦当劳的一大威胁。

不断货是麦当劳的另外一个要求。这听起来很简单，但具体运作起来却非常麻烦。想象一下麦当劳在全国有多少家连锁店，尽管通过POS机能够实时知道每一种商品的销售情况，但是如何运输，怎样在全国范围内建物流中心，如何协调社会性物流资源，如何在运输的过程中进行严格的质量控制(麦当劳的很多产品都需要严格的冷藏运输)，这些非常复杂的工程需要麦当劳有极好的供应链管理能力。

■ 案例 3.4

华普超市与和黄天百的结盟将是一个多赢的合作，有关各方都将获得收益。第一，借助国际化、专业化的物流服务体系，华普超市将进一步提高顾客服务水平，更好地满足消费者需求。第二，先进而强大的物流支撑体系将减少连锁开店选址方面的限制，谋求在更广泛地区的商铺开发，加快开店进程，形成更大的规模，同时也相应地拓宽了合作供应商的市场领域。第三，通过与第三方物流的紧密配合，整个供应链的物流成本得以下降；集中配送减轻了供应商的送货负担和成本，物流配送的专业化管理也将大幅降低了华普超市的物流成本乃至综合经营成本，最终体现在商品售价的降低，使消费者受益。第四，有利于零售客户集中精力于自己的核心业务(采购、营运和管理)，提高运作水平，增强核心竞争力。

总之，双方的合作将使供应链得到优化，使供应链上的各方、消费者和社会各得其所；专业物流公司也能通过技术服务获得管理收入，提高了整个社会资源的配置效率。

■ 案例 3.5

随着中国汽车需求市场的快速发展，汽车市场的竞争日趋激烈，价格竞争也日趋白热化，“降价”一度成为中国汽车市场的代名词。纵观中国整车物流的现状，运费的下调导致成本提高已成为大趋势，汽车物流企业举步维艰。因此，如何挖潜物流成本已经成为当前中国汽车物流业所面临的最重要的问题。

从安达物流的运营实践看，物流企业降低成本的最有效方法是提高回程的配载率。回程资源的利用率已成为汽车物流企业营利能力的标志。但是，当前在回程资源的利用上存在很多问题，由于回程资源没有实现统一的计划管理，导致国内的汽车物流企业各自为战，无序的竞争导致了现在国内的汽车物流市场的价格混乱，失去标准。物流市场上出现了远低于成本的价格。然而，当前的实际成本状况决定了大多数物流企业无法维持低价格的运输业务。这样一来，汽车主机厂的运输计划和运输品质受到严重影响。

值得关注的是，国内汽车物流市场无序发展的局面导致现有的物流企业竞争力不足，将面临被跨国物流企业吞并或挤出市场的厄运，无序的竞争结果必然造成两败俱伤。丰通、日邮和捷夫凯等外资物流业的大举进入已向国内的物流企业发出了警示信号。

中国的汽车物流业如何从无序的市场环境中摆脱出来，遏制企业间的这种恶性竞争，实现客户与物流企业和谐的双赢局面，合作是摆脱困境的良方。物流企业通过合作，实现运输资源、运力资源、管理经验的共享，即所谓的资源整合。同时通过整合、合作，提升国内汽车物流企业的综合竞争力，共同抵御外来的竞争对手。

观念的提升是物流整合的核心问题，要从战略层面上看待物流资源整合的规划，从战略发展的高度确立共同目标。物流整合的基本原则应该是建立在平等、互信、互利的基础之上，不存在谁大谁小的区别，应发挥各自优势，通过合资、合作等形式，优势互补，共享资源，提升服务能力，降低运营成本，实现共同发展。

第4章

供应链管理案例

案例 4.1 香港利丰集团供应链管理[①]

香港利丰集团(以下简称利丰集团)是一家以香港为基地的大型跨国商贸集团,经营出口贸易、经销批发和零售三大业务,是从传统的华资贸易商转型为运用供应链管理概念来统筹生产和流通的跨国企业。利丰集团在全球 40 个国家雇用员工超过 4.1 万名,2011 年总营业额超过 211.4 亿美元。利丰集团于 1906 年在广州创立,是中国当年首批从事对外贸易的华资公司,打破了当时外国洋行对中国对外贸易的垄断。

在不断的发展及演进之下,利丰集团至今已经发展成为一个全球商贸供应链的治理者。近年来,利丰集团与供应链各个环节企业保持非常良好的合作关系,使消费者、供应商和零售商实现多赢,价值网管理的不断创新和逐步优化使其跃居行业先锋的位置。它与许多制纱厂、纺织厂、染色厂、缝衣厂、加工厂、印刷厂、批发商和零售商等合作生产成衣、玩具等多种商品,这些伙伴遍布亚洲各地。因此,为了提高供应链的效率,需要把上下游之间的互动和交流通过网络进行,使得各环节都在合适的时间完成恰当的工作。从本质上而言,利丰集团是地道的价值网协调者,下面从整个供应链角度分析其为价值网参与者带来的价值。

一、供应链上游

利丰集团主要从事的是消费品的出口,以欧美市场为主要出口市场。采购基地则主要集中于亚洲。但利丰集团并不是单纯的采购代理,它早已脱离了一手买进、一手卖出的简单代理模式,从 1906—2002 年期间,利丰集团经历了采购代理→采购公司→无疆界生产→虚拟生产→整体供应链管理等多个阶段,转型为一个供应链的协调者。利丰集团在全球建立了采购网络,可以用最优惠的价格获得最优质的货源,这一优势不仅为利丰集团提高了利润空间,也使更多的客户忠实于利丰集团的服务。随后又实施了无疆界生产模式:利丰集团在香港的总公司只从事设计和质量控制等高附加值的业务,而把附加值较低的业务分配到最有优势的地区,从而实现真正意义上的全球化生产。随着竞争日益激烈,利丰集团又实行了虚拟生产,负责统筹并密切参与整个生产流程。这主要通过高效率的组织和严密的调度管理价值网——集成供应链实现的。利用其十分先进的信息管理系统,利丰集团不仅可以整合公司的内部信息,也使与客户、生产商和物流公司之间的信息保持创新,在全球范围内

---

① 利丰研究中心:《供应链管理:香港利丰集团的实践》,北京:中国人民大学出版社,2009 年版,第 161—165 页,有删改。

选择最合适的设计师、原材料供应商、加工厂，以合理的价格准时向客户提供最好的产品。如利丰集团生产的一件衣服，很可能纺纱是韩国购买的，纺织漂染是在台湾进行的，然后运到人力成本较低的泰国进行缝制，并用日本生产的优质拉链。利丰集团在供应链上游从事的工作体现了价值网理论中“与客户保持一致”、“合作与系统化”的特点，为每一份订单定制个性化、高效率的供应链方案。

二、供应链中游

利丰集团经销的核心业务是代表供应商接触并组织当地的零售商和分销商，为产品打通销售渠道。主要的服务包括市场推广、品牌建立、品类管理以及销售渠道的管理和拓展。近年来，利丰集团又实施了 Oneworld 企业资源管理系统，将产品市场信息和供应链信息进行有效的管理，使得市场人员和销售人员能够更准确把握市场，做出正确决策。需要说明的是，利丰集团并不是自己建立一个市场和经销部门，因为利丰集团所擅长的核心业务是国际贸易而非市场推广，要在经销代理领域占有一席之地，它采取的策略依然是兼并。对于供应链的上游企业而言，利丰集团要靠自己的力量进军当地市场是相当困难的。因为了解市场、拓展分销网络将是巨大的时间和资本消耗。利丰集团将不熟悉的业务交给有丰富营销经验、分销网络和对当地市场充分了解的代理商显然是很明智的举措。

三、供应链下游

与大批量的销售不同，零售业的管理更加讲究精确的数据和完善的服务。利丰集团先后获得了 OK 便利店和玩具反斗城在中国香港、中国内地以及其他亚太地区的特许专营权，其门店经营已经在香港地区获得了很大的成功。OK 便利店在香港发展了 15 年，是利丰集团零售的主要业务之一。目前在竞争激烈的香港市场，OK 便利店仍脱颖而出。概括而言，OK 便利店的成功商务模式是顾客主导和信息技术的应用。其中，OK 便利店采取了以下手段来管理信息：电子数据交换、仓库管理系统、电子销售点管理系统和内联网系统。众多的零售终端能收集到瞬息万变的市场需求，为供应链的上游提供了信息。在这个注重细节的行业中，只有注重顾客的需求和感受、不断完善自己内部管理的企业才能够胜出。

利丰集团的供应链管理强调了真正的客户导向，满足了客户多样化、个性化的需求。利丰集团以客户的需求为中心，为客户提供有效的产品供应，达到为全世界消费者提供合适、合时、合价的产品的目标。利丰集团不仅利用供应链管理有效地节约了成本，而且以更少的资源做更多的生意，带来了可观的回报，相信这些经验对于企业通过供应链管理来提升自身竞争力一定有所裨益。

案例思考

1. 利丰集团如何利用各种资源为客户开展供应链服务？

2. 利丰集团如何做到让整条供应链上的所有成员得益？

3. 利丰集团如何进行企业核心能力要素的组合？

4. 从利丰集团的演变剖析国际贸易型公司向全球供应链服务供应商的转型关键在哪些方面？

案例 4.2 TNT 惠普物流服务[①]

供应链管理是一项全球性的业务，但即使是在惠普公司(以下简称惠普)这样一个业务运营和供应商遍布全球的大公司里，它的一切革新也只能从某一地开始。今天，在惠普 Unix 服务器总装厂里，惠普公司正在对其供应链管理方式进行革新。

一、TNT 成为沟通惠普和供应商的桥梁

1999 年开始，TNT 物流公司(以下简称 TNT)成为惠普的第三方物流(3PL)管理商，负责管理零部件仓库和来自世界各地供应商货品的进口运输。随着惠普开始减少直接开支，允许低成本服务商接管原来由惠普自己的员工管理的一些事务，TNT 的势力逐步增长。

现在 TNT 做的所有工作，过去都是惠普自己做的；与使用惠普自己的员工相比，TNT 的开支要节省 40%，而且，TNT 更多地使用临时工和兼职人员，这样可以根据订单的多少自如伸缩。

惠普在罗斯韦尔的物流合同是由具有 25 年物流经验的大卫·埃尔韦负责的。1994—1999 年，埃尔韦代表 4 家 3PL 公司来管理惠普的物流业务，除了 TNT 外，另外三家分别是 Roadway 物流公司、Caliber 物流公司和联邦快递物流公司。这三家公司后来由于种种原因没能继续获得惠普的物流合同，其中最主要的一个原因是不能培育出与惠普合作的业务伙伴关系。尽管在外包合同中，减少成本、提高效率是最终目标，但另一方面，人际关系也是非常重要的。

TNT 管理着惠普的 11 座仓库，每年的营业额约 2 600 万美元。罗斯韦尔在其中占大部分。位于罗斯韦尔的工厂占地 80 万平方英尺。由于仓库和生产线是在同一处，所以这种经营又称为"同址"运营。目前在其他的许多公司，零部件还需要在仓库和工厂间运来运去，既耗时又费钱。而在罗斯韦尔，配送零件通常只需一辆叉车跑一趟来回。

接到要求提取某一零部件的提货单后，一名 TNT 员工就会在排满了 8 000 种库存产品的巨大货架上找到所要的零部件，然后更改库存记录，最后把零件送到组装线上。通常这只需要 30 分钟。但在过去，由于仓库和厂房遍布罗斯韦尔全城，运送一趟通常需要 2～3 个小时。节省的不仅是时间，而且是产品的损耗和破坏。

TNT 除了管理上千万美元的库存，还从惠普员工的手中接过了运输管理业务，这在惠普的历史上尚属首次。TNT 将过去众多的运输商减少为寥寥几家。其中 Eagle 物流公司负责重型产品的国内空运，安邦快递公司则运送小部件，Schneider 公司、US Freightways、Con-Way 公司和联邦快递负责惠普国内运输的 70%，Expeditors 公司承担亚洲地区的空运，并且是惠普在亚欧地区的货运代理，德迅公司(K&N)在欧洲空运中发挥作用。

在 TNT 管理运输之前，惠普产品的国际空运通常耗时 17 天，国内空运需要 7～8 天，供应商为了赶上配送时间，通常要加夜班。如今，TNT 保证在美国境内的运送时间是 1～4 天，国外的运送时间是 4 天，99%的产品运送都能按时送达。如果中间出了岔子，惠普将和 TNT 一起来解决，保证零部件按时送达。

---

① 《TNT 惠普物流服务案例分析》，载《中国物流与采购联合会会员通讯(总第 79 期)》2005 年第 6 期，第 12 页。

TNT的运输经理就像是沟通惠普采购经理和公司供应商的桥梁。TNT从惠普手中拿到订单后,联系供应商,确保零部件能及时送到惠普的工厂,中间具体的运输过程就是承运商的事了。每周,TNT都对每一条产品线上的国内和国际运输费用开出清单,这在惠普历史上也是从未有过的。仅仅是在与惠普合作的头6个月,TNT就通过减少加急运输为惠普节省了250万美元。另外,TNT还通过减少运输商的使用、改变运输方式,帮惠普省下了400万美元。同时,TNT还利用旧垫板,而不是像原来租用带垫板的面包车,这又为惠普在半年内省下了50万美元。过去,惠普要租赁大量的飞机保证及时运输,但现在TNT只在为了保证生产线继续运转的紧急情况下才使用空运,其余情况下都通过公路运输。

二、不断调整适应惠普的变革

惠普自身也在进行着变革,公司原来的物流经理都离开了原有岗位。

惠普与康柏合并之后,新公司使用的3PL供应商有30多家,遍布全球。新公司希望把这一数目减至15家。合并后,公司对所有的3PL公司都进行合同评估,公司内部对于运营的集中化程度分歧很大。过去惠普都是对每一地的物流单独管理,但现在人们对于本地化还是集中化持有不同的意见。对于TNT来说,必须让当地工厂经理和总部的决策者双方都满意。过去惠普是反对外包的。而在康柏,外包是企业文化的一部分。在合并过程中,TNT必须加倍小心,因为他们通常是和那些在惠普有着二三十年工龄的老员工打交道。

现在惠普与康柏已合二为一了,双方的物流业务正慢慢融合。如果康柏在物流方面占上风的话,那么对3PL来说,将会有更多的外包机会,而且业务会越来越集中到少数企业中。

TNT还替康柏管理着5个卫星枢纽,这和惠普在罗斯韦尔的情况大不相同。这五个仓库的库存由供应商管理,TNT并不掌控库存。而在罗斯韦尔,惠普掌握着所有的库存。

惠普之所以最后选定TNT,并不是因为价格,而是TNT的作风。由于经济下滑、高科技企业受挫,惠普必须紧缩开支。惠普邻近罗斯韦尔的一个80万平方英尺(1平方英尺=0.092 9平方米)的仓库关闭,一些生产线转移到罗斯韦尔,实际产量比三年前增加20%,但开支增幅只有6%。

TNT和惠普之间的签订了一个颇具激励性的合同,TNT必须在不提价的前提下达到一系列指标。当TNT成功地把成本减少了12%时,其中的4%作为奖励给予TNT的员工。成本得以缩减,很大程度上得益于TNT在200多名员工中进行的交叉培训。

案例思考

1. TNT为何能成功地成为惠普的第三方物流管理商?
2. TNT接管惠普的运输业务,主管采取了哪些变革措施?
3. 惠普与TNT合作后,为何自身要进行变革?
4. 惠普与TNT合作成功的基础是什么?

案例 4.3 三菱化工公司的供应链系统①

化工行业由于其供应链管理非常复杂，每个环节都要求有一个非常严谨的供应链计划，这样企业才可以更合理地做出是否购买中间产品或最终产品的重要决策，以有效地实现贸易交换以及商业伙伴之间的贸易均衡。同时，企业需要针对不同的市场需求做出具有可行性的供应安排。企业利用这些信息，可以判断是否有机会捕获更多的针对某些特定产品的需求，或者是否有可能在供应紧张的情况下提高产品的价格。

三菱化工公司是由三菱卡石公司和三菱石化公司于1994年合并而成，年销售收入达140亿美金。公司主要经营范围涉及石化产品、农用化学品、医药产品、塑料制品和专用化工产品。因此，对三菱化工公司来说，一条高度集成和完整的供应链就显得格外重要。三菱化工公司建立起一套完整的包括产品销售、供给、生产和筹资计划等在内的供应链业务流程，以及整个供应链的计划运行机制和与其相适应的物流模式。

整个供应链系统包括以下五方面的内容。

1. 需求计划设计

即用统计工具、因果要素和层次分析等手段进行更为精确的预测，用包括互联网和协同引擎在内的通信技术帮助生成企业间的最新和定时的协作预测。

2. 生产计划和排序

即分析企业内部和供应商生产设施的物料和能力的约束，编制满足物料和能力约束的生产进度计划，并且还可以按照给定条件进行优化。各软件供应商根据不同的生产环境应用不同的算法和技术，提供各有特色的软件。

3. 分销计划

即帮助管理分销中心并保证产品可订货、可盈利、能力可用。分销计划帮助企业分析原始信息，然后企业能够确定如何优化分销成本或者根据生产能力和成本提高客户服务水平。

4. 物流和运输计划

即帮助确定将产品送达客户的最好途径。物流和运输计划的时标是短期的和战术的。物流和运输计划根据交付要求合理安排物流和运输计划，并充分利用运输能力。

5. 企业或供应链分析

即以整个企业或供应链的图示模型，帮助企业从战略功能上对工厂和销售中心进行调整。有可能对贯穿整个供应链的一个或多个产品进行分析，注意和发掘问题的症结。

供应链管理系统在三菱化工公司试点单位的实施，使得生产线的准备时间和生产物料供应提前期有了明显提高；通过整合和优化供应链中需求和供应计划，达到了企业管理层预先设定的要求：当客户有新的需求时，可及时查阅整个供应链上的资源重新配置概况。

三菱化工公司试点单位的供应链计划员可以编制高精度的月生产、销售计划，同时可以通过系统模拟客户需求量的变化对整个供应链的潜在影响程度。高精度的月生产计划帮助企业减少浪费、降低生产成本；整个供应链上各要素的综合计划如生产能力、可用库存量和客户对产品的特殊要求等，帮助三菱化工公司提高了客户满意度。

---

① 李晓飞：《物流模型的建立》，载《中国企业家》2003年第2期，第122页。

案例思考

1. 结合所学知识，请谈一下三菱化工公司的供应链系统有何特点？
2. 三菱化工公司的供应链体系建立为什么要首先进行试点，然后才全面推行？

案例 4.4 台湾雀巢与家乐福 VMI①

雀巢公司(以下简称雀巢)是世界上最大的食品公司，由亨利·内斯特尔于 1867 年创建，总部位于瑞士日内瓦湖畔的沃韦市，行销全球超过 81 国，200 多家子公司，超过 500 座工厂，员工总数全球约有 25 万名，2011 年销售收入为 902 亿美元，净利润达 102 亿美元。雀巢公司的主要产品涵盖婴幼儿食品、乳制品及营养品类、饮料类、冰淇淋、冷冻食品及厨房调理食品类、巧克力及糖果类、宠物食品类与药品类等。而台湾雀巢成立于 1983 年，为台湾地区最大的外商食品公司，台湾雀巢的销售渠道主要包括现代型渠道(特别是量贩店)、配送商(23 家)与专业经销商(14 家)以及非专业经销商(如餐饮业者，约 100 多家)等渠道。

家乐福公司(以下简称家乐福)在 1959 年创建于法国，为世界第二大的连锁零售集团，全球拥有 1.1 万家店，43 万名员工。台湾家乐福在台湾拥有 48 家店。

一、台湾雀巢与家乐福建立供应商管理库存系统的背景

(一) 雀巢与家乐福的关系现状

雀巢和家乐福现有关系只是一种单纯的买卖关系，家乐福是雀巢的一个重要的顾客，家乐福对买卖方式具有十足的决定权，决定购买的产品的种类及数量，雀巢对家乐福设有专属的业务人员。在系统方面，双方各自有独立的内部 ERP(Enterprise Resource Planning，企业资源计划)系统，彼此间不兼容，在推动计划的同时，家乐福也正在进行与供货商以 EDI(Electronic Data Interchange，电子数据交换)联机方式的推广计划，而雀巢的 VMI(Vendor Managed Inventory，供应商管理库存)计划也打算以 EDI 的方式进行联机。

(二) 雀巢与家乐福对于 VMI 系统的认识

雀巢与家乐福双方都认识到 VMI 是 ECR(Efficient Consumer Response，有效的消费者快速响应)中的一项运作模式或管理策略，主要的概念是供货商依据实际销售及安全库存的需求，替零售商下订单或补货，而实际销售的需求则是供货商依据由零售商提供每日的库存与销售资料并以统计等方式预估而来的，整个运作上通常供货商具有一套管理的系统来做处理。

如此的做法将可以大幅改进供货商面对市场的响应时间，而较早地得知市场确实销售情报；而降低供货商与零售商用以因应市场变化的不必要库存，进一步也可以提早引进与生产市场所需商品，降低缺货率。但实际在实施与运用上，却可能会因为供货商与零售商的价

① 杨平安：《现代物流国际通用管理与成功案例典范》，北京：新华出版社，2002 年版，第 1309—1312 页。

格对立关系以及系统和运作方式的不同而很难有具体的合作运用。

(三) 雀巢与家乐福达成合作的意向

雀巢与家乐福在全球均为流通产业的领导厂商，在 ECR 方面的推动都是不遗余力的。1999 年，两家公司签订协议决定在 ECR 方面进行更密切的合作，台湾地区分公司也被指示进行 VMI 示范计划，并要把相关成果移转至其他厂商。台湾雀巢也在积极开始与家乐福合作，建立整个计划的运作机制，总目标要增加商品的供应率，降低顾客(家乐福)库存持有天数、缩短订货前置时间以及降低双方物流作业的成本。

二、VMI 系统的具体实施

(一) VMI 系统的前期计划阶段

1. 确定计划范围

(1) 确定计划的时间

整个计划主要是要在一年之内，建立一套 VMI 的运作环境并且可以顺畅的不断执行下去，具体而言分为系统与合作模式建立阶段以及实际实施与改善阶段。第一个阶段约占半年的时间，包括确立双方投入资源、建立评估指针或评量表、分析与协议所需的条件，确立整个运作方式以及系统建置。第二个阶段为后续的半年，以先导测试方式不断修正使系统与运作方式趋于稳定，并以评估指针不断进行问题寻找与改善，一直到达不需人工介入为止。

(2) 确定计划的人力投入

在人力投入方面，雀巢与家乐福双方分别设置有一个全职的对应窗口，其他包括如物流、业务或采购、信息等部门则是以协助的方式参与计划，并逐步转变物流对物流、业务对采购以及信息对信息的团队运作方式。

经费的投入上，在家乐福方面主要是在 EDI 系统建置的花费，没有其他额外的投入；雀巢方面除了 EDI 建置外，还引进了一套 VMI 的系统花费约 250 万新台币。

2. 确定计划目标

计划目标主要是建置一套可行的 VMI 运作模式及系统，而且还要依据自行订定的评量表以达到以下的目标：雀巢对家乐福物流中心产品到货率达 90%；家乐福物流中心对零售店面产品到货率达 95%；家乐福物流中心库存持有天数下降至预设标准，以及家乐福对雀巢建议订货单修改率下降至 10%等。另外，雀巢也期望将新建立的模式扩展至其他渠道上运用，特别是对其占有重大销售比率的配送渠道，以加强掌控能力并获得更大规模的效益。相对的家乐福也会持续与更多的主要供货商来进行相关的合作。

(二) VMI 系统实施的子计划阶段

VMI 系统在计划的实际执行上，除了有两大计划阶段外，还可以细分至五个子计划阶段，这五个子计划阶段说明如下。

(1) 评估双方的运作方式与系统在合作上的可行性

合作前双方评估各自的运作能力与系统整合与信息实时程度等以及彼此配合的步调是否一致，以此来判定合作的可行性。

(2) 高阶主管承诺与团队建立

双方在最高主管的认可下，由部门主管出面协议细节以及取得内部投入的承诺，并且建立初步合作的范畴和对应的窗口，开始进行合作。

(3) 密切的沟通与系统建立

双方合作的人员开始进行至少每周一次密集会议讨论具体细节,并且逐步建置合作方式与系统,包括补货依据、时间、决定方式、评量表建立、系统选择与建置等。

(4) 同步化系统与自动化流程

不断的测试,使双方的系统与作业方式与程序趋于稳定,成为每日例行性工作,并针对特定问题做处理。

(5) 持续性训练与改进

回到合作计划的本身,除了使相关作业人员熟练作业方式和不断改进作业程序外,对库存的管理与策略也不断思考问题根本性以求改进,而长期不断进行下去,进一步会针对促销性产品做策略研究。

在系统建置方面,针对数据传输部分,雀巢与家乐福双方采用的是泛伦公司提供的 EDI 加值网络的方式来进行传输,而在雀巢的 VMI 系统部分则是采取外购产品的方式来建置。雀巢先前评估过美国 Manugistics 公司和 Infule 公司的产品,最后选用 Infule 公司的 EWR 的产品,主要原因一是家乐福推荐,二是法国及其他国家雀巢公司的建议,以及系统可以满足其计划需求等因素所做的决定。

(三) VMI 系统运作方式的步骤

目前,整个 VMII 系统的运作方式分为五个步骤,具体说明如下。

(1) 每日 9:30 前,家乐福用 EDI 方式传送结余库存与出货资料等信息至雀巢。

(2) 9:30—10:30,雀巢将收到的资料合并至 EWR 的销售数据库系统中并产生预估的补货需求,系统将预估的需求量写入后端的 BPCSEBP 系统中,依实际库存量计算出可行的订货量,产生所谓的建议订单。

(3) 10:30 前,雀巢以 EDI 方式传送建议订单给家乐福。

(4) 10:30—11:00,家乐福在确认订单并进行必要的修改(量与品项)后回传至雀巢。

(5) 11:30,雀巢依照确认后的订单进行拣货与出货。

三、实施 VMI 系统的经验教训与取得的效益

(一) 实施 VMI 系统的经验教训

雀巢和家乐福虽然在国际上均承诺要推动 VMI 计划,但落实在执行层面,却有许多问题存在,表现在:首先是彼此的执行人员均习惯于过去的买卖关系而较难有对等及互信的态度;其次在 VMI 计划本身大部分的参与人员并未有完整的相关知识与实务经验;再加上彼此既有的运用方式与系统的显著差异也增加了计划执行的复杂与困难度。

所以,VMI 系统漫长的发展过程中,有如团队形成之初,历经了冷默、争吵与对立等过程,直到彼此有共同的认知与乐意分享,而计划就在这种过程中逐步推展,参与人员也从中彼此学习,并有了小小的成果。然而针对未来进一步的计划发展上,仍需要双方组织运作与系统的调整配合,才有可能顺利达成。

(二) 实施 VMI 系统所取得的效益

1. 在具体成果上的体现

在成果上,除上建置了一套 VMI 运作系统与方式外,在经过近半年的实际上线执行 VMI 运作以来,对于具体目标达成上也已有显著的成果,雀巢对家乐福物流中心产品到货

率由原来的80%左右提升至95%，家乐福物流中心对零售店面产品到货率也由70%左右提升至90%左右，而且仍在继续改善中。库存天数由原来的25天下降至目标值以下，在订单修改率方面也由60%～70%的修改率下降至现在的10%以下。

2. 双方合作关系上的体现

除了在具体成果的展现上，对雀巢来说最大的收获却是在与家乐福合作的关系上。雀巢过去与家乐福是单向的买卖关系，顾客要什么就给他什么，甚至是尽可能的推销产品，彼此都忽略了真正的市场需求，导致卖得好的商品经常缺货，而不畅销的商品却有很高的库存量，经过这次合作让双方更为相互了解，也愿意共同解决问题，并使原本各项问题的症结点一一的浮现，有利于根本性改进供应链的整体效率。另外，雀巢也进一步考虑针对各店降低缺货率以及促销合作等计划的可行性。

从雀巢与家乐福的VMI系统应用情况来看，如果信息的运用与电子商务只是单纯地将既有作业电子化与自动化，只能带来作业成本的减少等效益，其本身意义并不大，唯有针对经营的本质做改善，才能产生较大幅度的效益提升。

对流通业而言，经营本质改善就是ECR，雀巢与家乐福的VMI计划就是其中的一种应用，透过经营模式的改变而逐步在改善库存管理与配置的效益；就供应链的角度而言，ECR更可能影响整个后端的工厂制造与前端店面生产与库存效率的提升。然而这些应用最难的仍在创造合作的第一步，唯有上下游双方均有宏观的思考，愿意共同合作，才会有进步的可能，雀巢与家乐福的合作计划虽然仍有很长的路要发展下去，但是却给了我们一个很好的示范，值得其他的企业与产业效法投入。

案例思考

1. 台湾雀巢与家乐福建立VMI的目的是什么？VMI的实施为双方带来了什么好处？
2. 台湾雀巢与家乐福是如何有效推行VMI的？
3. 试述VMI成功实施的关键是什么？

案例4.5 沃尔玛公司的供应链管理①

所谓供应链，其实就是由供应商、制造商、分销商和物流部门(仓库和配送中心)等构成的物流网络。而供应链管理是一种集成的管理思想和管理方法，是指企业通过改善上下游供应链关系，整合和优化供应链中的信息流、物流和资金流，以获得企业的竞争优势。著名的零售企业沃尔玛就是凭借出色的供应链管理逐步成为世界零售业的巨头。

沃尔玛是由美国零售业的传奇人物山姆·沃尔顿于1962年在美国阿肯色州成立。经过50多年的发展，沃尔玛已经成为美国最大的私人雇主和世界上最大的连锁零售商。至2011年年底，沃尔玛在全球16个国家开设了超过8 000家商场，员工总数210多万，每周光

① 朱鼎臣：《沃尔玛供应链管理案例分析》，载《现代商业》2008年第35期，第37页，有调整。

临沃尔玛的顾客近2亿人次。2011年，沃尔玛全球的销售利润达到157亿美元，连续多年荣登《财富》杂志世界500强企业和“最受尊敬企业”排行榜。

沃尔玛的业务能够迅速增长，跻身为全球知名公司，是因为沃尔玛在节省成本以及在物流配送系统与供应链管理方面取得了巨大的成就。沃尔玛拥有一整套先进、高效的物流和供应链管理系统。在全球各地的配送中心、连锁店、仓储库房和货物运输车辆以及合作伙伴(如供应商等)，都被这一系统集中、有效地管理和优化，形成了一个灵活、高效的产品生产、配送和销售网络。

一、快速高效的物流配送中心

沃尔玛物流配送中心一般设立在100多家零售店的中央位置，即设立在销售主市场。这使得一个配送中心可以满足100多个附近周边城市的销售网点的需求；另外，运输的半径既比较短又比较均匀，基本上是以320公里为一个商圈建立一个配送中心。

沃尔玛各分店的订单信息通过公司的高速通信网络传递到配送中心，配送中心整合后正式向供应商订货。供应商可以把商品直接送到订货的商店，也可以送到配送中心。有人这样形容沃尔玛的配送中心：这些巨型建筑的平均面积超过11万平方米，相当于24个足球场那么大；里面装着人们所能想象到的各种各样的商品，从牙膏到电视机，从卫生巾到玩具，应有尽有，商品种类超过8万种。沃尔玛在美国拥有62个以上的配送中心，为4 000多家商场提供服务。这些中心按照各地的贸易区域精心部署，通常情况下，从任何一个中心出发，汽车可在一天内到达它所服务的商店。

在配送中心，计算机掌管着一切。供应商将商品送到配送中心后，先经过核对采购计划、商品检验等程序，分别送到货架的不同位置存放。当每一样商品储存进去的时候，计算机都会把它们的方位和数量一一记录下来；一旦商店提出要货计划，计算机就会查找出这些货物的存放位置，并打印出印有商店代号的标签，以供贴到商品上。整包装的商品将被直接送上传送带，零散的商品由工作人员取出后，也会被送上传送带。商品在长达几公里的传送带上进进出出，通过激光辨别上面的条形码，把它们送到该送的地方去，传送带上一天输出的货物可达20万箱。对于零散的商品，传送带上有一些信号灯，有红的、有黄的、有绿的，员工可以根据信号灯的提示来确定商品应该被送往的商店或来取这些商品，并将取到的商品放到一个箱子当中，以避免浪费空间。

配送中心的一端是装货平台，可供130辆卡车同时装货，在另一端是卸货平台，可同时停放135辆卡车。配送中心24小时不停地运转，平均每天接待的装卸货物的卡车超过200辆。沃尔玛用一种尽可能大的卡车运送货物，大约可能有16米加长的货柜，比集装箱运输卡车还要更长或者更高。在美国的公路上经常可以看到这样的车队，沃尔玛的卡车都是自己的，司机也是沃尔玛的员工，他们在美国的各个州之间的高速公路上运行，而且车中的每立方米都被填得满满的，这样非常有助于节约成本。

公司6 000多辆运输卡车全部安装了全球定位系统(GPS)，每辆车在什么位置、装载什么货物、目的地是什么地方，总部都一目了然。因此，在任何时候，调度中心都可以知道这些车辆在什么地方，离商店还有多远，他们也可以了解到某个商品运输到了什么地方，还有多少时间才能运输到商店。对此，沃尔玛精确到小时。如果员工知道车队由于天气、修路等某种原因耽误了到达时间，装卸工人就可以不用再等待，而可以安排别的工作。

灵活高效的物流配送使得沃尔玛在激烈的零售业竞争中技高一筹。沃尔玛可以保证，商品从配送中心运到任何一家商店的时间不超过 48 小时，沃尔玛的分店货架平均一周可以补货两次，而其他同业商店平均两周才能补一次货；通过维持尽量少的存货，沃尔玛既节省了存贮空间又降低了库存成本。

经济学家斯通博士在对美国零售企业的研究中发现，在美国的三大零售企业中，商品物流成本占销售额的比例，沃尔玛是 1.3%，在凯马特是 8.75%，在希尔斯则为 5%。如果年销售额都按照 250 亿美元计算，沃尔玛的物流成本要比凯马特少 18.625 亿美元，比希尔斯少 4.25 亿美元，其差额大得惊人。

二、物流信息技术的应用

沃尔玛之所以成功，很大程度上是因为它至少提前 10 年(较竞争对手)将尖端科技和物流系统进行了巧妙搭配。早在 20 世纪 70 年代，沃尔玛就开始使用计算机进行管理；20 世纪 80 年代初，他们又花费 4 亿美元购买了商业卫星，实现了全球联网；20 世纪 90 年代，沃尔玛采用了全球领先的全球定位系统，控制公司的物流，提高配送效率，以速度和质量赢得用户的满意度和忠诚度。

沃尔玛所有的系统都是基于一个叫做 Unix 的配送系统，并采用传送带和非常大的开放式平台，还采用产品代码以及自动补货系统和激光识别系统，所有这些为沃尔玛节省了相当多的成本。沃尔玛一直崇尚采用最现代化、最先进的系统，进行合理的运输安排，通过电脑系统和配送中心，获得最终的成功。

沃尔玛物流应用的信息技术包括射频技术/RF(Radio Frequency)、便携式数据终端设备、物流条形码、射频标识技术(RFID)等。凭借这些信息技术，沃尔玛如虎添翼，取得了长足的发展。

三、“无缝”供应链的运用

物流的含义不仅包括了物资流动和存储，还包含了上下游企业的配合程度。沃尔玛之所以能够取得成功，很大程度上在于沃尔玛采取了“无缝点对点”的物流系统。“无缝”的意思指的是，使整个供应链达到一种非常顺畅的联结。沃尔玛所指的供应链是说产品从工厂到商店的货架，这个过程应尽可能平滑，就像一件外衣一样是没有缝的。在供应链中，每一个供应者都是这个链当中的一个环节，沃尔玛使整个供应链成为一个非常平稳、光滑、顺畅的过程。这样，沃尔玛的运输、配送以及对于订单与购买的处理等所有的过程都是一个完整网络当中的一部分，这样大大降低了物流成本。

在衔接上游客户上，沃尔玛有一个非常好的系统，可以使供货商们直接进入到沃尔玛的系统，沃尔玛称之为“零售链接”。通过零售链接，供货商们就可以随时了解销售情况，对将来货物的需求量进行预测，以决定生产情况，这样他们的产品成本也可以降低，从而使整个流程成为一个“无缝”的过程。

沃尔玛真正的挑战是能够提供顾客所需要的服务。众所周知，物流业务要求比较复杂，如有的时候可能会有一些产品出现破损，因此在包装方面就需要有一些对产品特别的运销能力。因此，对沃尔玛来说，能够提供的产品的种类与质量是非常重要的，在与沃尔玛的合作当中，沃尔玛似乎已经能够寻求到这种高质量与多品种的结合，而且对于商场来说，它的成本也是最低的。

物流的循环没有结束，也没有开始，它实际上是循环的过程，在这个循环过程当中，任何一点都可以作为开始，而且循环涉及每一点。沃尔玛就从顾客这一点开始谈，顾客到一个商店之中，他们买了一些产品，比如说给孩子买尿布，那么在他买了之后，这与配送中心联系在一起的系统就开始自动进行及时的补货，配送中心可以从供货商那里直接拿到货。配送中心实际上是一个中枢，有供货方的产品，然后提供给商场。供货商可以把货物只提供给配送中心，减少很多的成本。

沃尔玛有的时候是采用空运，有的时候采用轮船运输，还有一些采用卡车进行公路运输。在中国，沃尔玛百分之百采用公路运输，就是卡车把产品运到商场，然后卸货，将产品自动放到商店的系统当中。在沃尔玛的物流当中，非常重要的一点是沃尔玛必须要确保商店所得到的产品是与发货单上完全一致的产品，因此沃尔玛整个的过程都要确保是精确的，没有任何错误的。这样，商店把整个卡车当中的货品卸下来就可以了，而不用把每个产品检查一遍。因为他们相信过来的产品是没有任何失误的，这样就可以节省很多的时间。沃尔玛在这方面已经形成了一种非常精确的传统，这可以有助于降低成本，而这些商店在接收货物以后就直接放到货架上，然后卖给消费者，这就是沃尔玛物流的整个循环过程。

沃尔玛进行物流业务的指导原则，不管是在美国还是世界上其他地方，都是百分之百一致和完整的物流体系。不管物流的项目是大项目还是小项目，沃尔玛必须要把所有的物流过程集中到一个伞形结构之下。在供应链中，每一个供应者都是供应链当中的一个环节，沃尔玛必须使整个供应链是一个非常平稳、光滑的过程，一个顺畅的过程。这样，沃尔玛的运输、配送以及对于订单与购买的处理等所有的过程都是一个完整的网络当中的一部分。这样的优势就可以大大降低成本。在沃尔玛的供应链当中，能够做到这一点，就可以把所有环节上可以节省的钱都节省下来。这样，整个链条、整个环节就可以节省不少钱。

沃尔玛的物流部门进行全天候的运作，而且是每天 24 小时，每周 7 天的运作。沃尔玛的产品卖得非常多，物流的支持是非常必要的，必须要确保这些产品是在不断地流向沃尔玛的商店，而没有任何停止的过程。沃尔玛采用一些包括零售技术在内的最尖端的技术，采用更加先进的、现代化的信息技术，这样可以有效地提高效率，节省成本。

即使企业有能力去开发这套网络系统，但投入成本大、周期长，开发出的系统缺乏集成性和扩展性，很难与原有的 ERP 系统集成。从投入与产出的角度上说，完全是低成本高投入，并且能与企业内部管理的 ERP 系统高度集成，提升企业对上下游的管控能力，打造协同高效的供应链。

已经有不少的企业正在加紧信息化建设，其中部分企业也在实施和应用供应链管理系统，但收效却很难与沃尔玛相比。原因在于某些供应链管理软件更多的是由 IT 技术人员和程序员来开发，而代表了世界先进水平的管理思想和管理理念却很难模仿。另外，我国企业在构建全国范围内的供应链管理系统时可能会遇到经验、人员、资金方面的困难，更多的情况是面临着国内企业基础管理较弱、整体信息化程度不高的问题。在“沃尔玛现象”而引发的全球物流与供应链管理建设潮流中，我国逐步成为世界的制造中心，正在迎来一个物流管理与供应链管理发展的好机遇。

案例思考

1. 请你总结沃尔玛供应链管理的成功之处?

2. 沃尔玛是如何强化供应链战略伙伴关系的?

3. 信息共享在沃尔玛的供应链管理中起了什么作用? 沃尔玛为强化供应链信息管理采取了哪些措施? 其效果怎样?

4. 根据你对沃尔玛的物流体系的了解,你认为现代物流系统应包括哪些内涵?

案例 4.6 戴尔面向大规模定制的供应链管理①

总部设在美国德克萨斯州奥斯汀的戴尔公司是全球领先的 IT 产品及服务提供商。戴尔公司于 1984 年由迈克尔·戴尔创立,1996 年开始通过网站 www.dell.com 采用直销手段销售计算机产品。2004 年 5 月,戴尔公司在全球电脑市场占有率排名第一,成为世界领先的电脑系统厂商。戴尔公司致力于倾听客户需求,提供客户所信赖和注重的创新技术与服务,受益于独特的直接经营模式。戴尔公司作为全球领先的系统与服务公司,2010 年营业额达到 574 亿美元,在《财富》500 强中名列第 131 位。戴尔公司在不到 30 年的时间里从一个电脑零配件组装店发展成为世界 500 强的大公司,直线定购模式以及高效的供应链管理是其实现高速发展的保证。

一、戴尔实施大规模定制供应链管理的原因

戴尔公司创立之初是给客户提供电脑组装服务,先天在研发能力和核心技术方面与业界的 IBM、惠普等公司有着一定差距,要想在市场竞争中占据一席之地,必须进一步分拆计算机价值链,依靠管理创新获取成本优势。因此,戴尔公司在发展过程中虽有业务和营销模式的革新,但把重点放在成本控制和制造流程优化等方面,尤其是创造了直销模式,这可以减少中间渠道,直接面对最终消费者,达到降低成本的目的,而实施面向大规模定制的供应链管理更能帮助戴尔公司与供应商有效合作和实现虚拟整合,降低库存周期及成本,从而获取高效率、低成本的优势,这也正是其核心竞争力所在。

二、戴尔面向大规模定制供应链管理的实施基础

(一) 零部件标准化

产品的模块化设计、零部件的标准化和通用化是大规模定制的基础所在。对产品按照其功能进行划分而进行模块化设计,建立产品族和零部件族,设计出一系列功能模块,通过模块的选择和组合构成不同的产品。这样,模块化产品便于按不同要求快速重组,把产品的多变性和零部件的标准化有效地结合了起来,这有助于将定制产品的生产转化为批量生产。

---

① 汪旭辉:《面向大规模定制的供应链管理:基于戴尔的案例分析》,载《经济与管理》2007 年第 7 期,第 42 页,有调整。

也就是说，人们对产品功能的需求尽管有差别，但也有共性，大规模定制并非100%定制。因此，实行大规模定制的关键在于真正从本质上弄清顾客的个性化需求和共性需求，然后，把顾客的个性化需求和共性需求分别进行总体规划，按不同的供应链来组织生产和供应，以确保定制产品的高质量、低成本和快速交货。戴尔产品最大的特点是完全标准化，从戴尔公司近几年的发展来看，它虽然不断扩充自己的产品线，但是所有的产品都是标准化的产品。它的主要产品PC、笔记本、服务器，包括以后OEM的EMC的存储系列、Brocade的交换机系列等，都是兼容性、开放性极强的标准化产品。

(二) 按订单装配

参照大规模定制的四种分类，戴尔公司属于采用按订单装配的典型代表。基于以下几个原因，按订单装配的模式特别适合个人电脑：产品更新快和配件价格下降快使得售后库存成本很高；由于PC的模块化设计使得装配十分简单快捷，所以劳动力成本只占PC成本的很小部分；顾客关注的是产品价格和服务，却不太在意等待时间和独特设计。按订单装配的生产模式着眼于满足个性化需求，实现这一宗旨的前提是对市场需求信息的及时、准确地获取、处理。戴尔公司依托其现代化的信息平台，通过信息资源的共享，增强了供应链中各方获得信息的能力，准确、及时地捕捉需求信息，实现了企业响应能力的提高，使供应链管理成为差别化竞争优势的重要来源。

(三) 信息技术的发展

随着互联网的发展和电子商务的普及，电子商务平台已经部分地取代了分销商和零售商的职能。客户通过电子商务平台向主体企业提出定制要求，主体企业通过数据挖掘等技术从中进行信息的采集和整理，而后通过客户关系管理对客户的订单进行分解。分解后的订单信息成为企业进行采购的依据，而通过采购也使主体企业与其供应商和制造商联系在一起。信息技术和电子工具的广泛应用帮助戴尔公司实现以上要求，戴尔电子化的供应链系统为处于链条两端的用户和供应商分别提供了网上交易的虚拟平台。戴尔公司有90%以上的采购程序通过互联网完成。通过与供货商的紧密沟通，工厂只需要保持2小时的库存即可应付生产。除此之外，戴尔公司还推出一个名为valuechain. dell. com的企业内联网，所有的供货商都可以在网站看到专属其公司的材料报告，随时掌握材料品质、绩效评估、成本预算以及制造流程变更等信息。不仅如此，“电子化”还贯穿了从供应商管理、产品开发、物料采购一直到生产、销售乃至客户关系管理的全过程，成为戴尔公司面向大规模定制供应链管理的实施基础。

三、戴尔面向大规模定制的供应链总体模型

为了适应客户驱动生产和企业联盟的需要，戴尔公司通过电子商务平台或电话的方式直接与客户联系，了解客户需求，并且采用直线销售模式直接把产品送达客户。这种模式的核心是直销背后的一系列采购、生产、配送等环节在内的供应链的快速反应能力，利用先进的信息手段与客户保持信息的畅通和互动，了解每一个顾客的个性化需求。可见，戴尔公司的直销模式是以直线定购为手段，凭借其高效的供应链管理对市场快速做出反应，为顾客提供多样化的产品和服务。这种模式也使得分销商、零售商的作用不断减弱甚至消失，导致供应链的结构逐渐转变为由原材料供应商、制造商、主体企业和客户组成的开放式的网络结构(如图4-1所示)。

从图 4-1 中可以看出，随着互联网的发展和电子商务的普及，电子商务平台已经取代了分销商和零售商成为戴尔公司和客户联系的桥梁。首先，客户通过电子商务平台向戴尔公司提出定制要求，戴尔公司通过数据挖掘等先进技术从中进行信息采集和整理，而后通过客户关系管理(CRM)对客户订单进行分解。分解后的订单信息成为企业采购的重要依据，而通过采购也使戴尔公司与零部件制造商和原材料供应商紧密联系在一起。其次，由于供应商和零部件制造商在一开始是以需求预测来决定其库存的，因此戴尔公司应将通过电子商务平台采集到的客户信息及时传递给供应商和制造商，以使他们的库存尽可能地降低。最后，当戴尔公司将客户的定制产品送交客户手中后，还应将客户的反馈信息传递到 CRM 系统中，以期更好地与客户进行沟通。

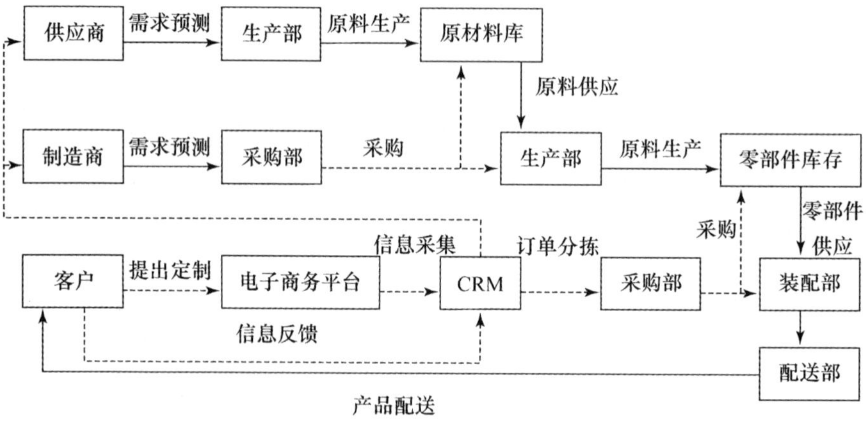

图 4-1 戴尔面向大规模定制的供应链总体模型

四、戴尔面向大规模定制供应链管理的特点

(一) 严格挑选供应商，与供应商虚拟组合，建立合作伙伴关系

戴尔公司拥有一整套的供应商遴选与认证制度，对供应商的考核标准主要是看其能否源源不断地提供没有瑕疵的产品。考核的对象不仅包括产品，还涵盖了整个产品生产过程，即要求供应商具有符合标准的质量控制体系。要想成为戴尔公司的供应商，企业必须证明其在成本、技术、服务和持续供应能力等四个方面具有综合的比较优势，特别是供应能力必须长期稳定，以防由于供应不稳定而影响戴尔公司对最终用户的承诺。在对供应商考核时，戴尔公司采取了“安全量产投放”的办法，根据对供应商的考核结果，分阶段地逐步扩大采购其产品的规模，以降低新入选企业供应能力不稳定的风险。与供应商虚拟组合是区别于传统经营的一种新型模式，它突破了组织的有形界限，仅保留组织中能代表企业特征的关键性功能，按照比较优势理论和核心竞争力原理，将组织中非核心业务外包给擅长于这些功能的专业性企业来经营。因为顾客的需求时刻都会发生变化，所以产品零部件的生产也必须紧跟市场，如果戴尔公司自己生产零部件，那不仅需要大量的资金与技术的投入，还要有强有力的研发能力来保持零部件与市场需求的同步，这将大幅度增加成本，况且戴尔公司也确实没有其他的供应商更专业，于是戴尔公司采取把零部件的生产外包给那些实力雄厚的大型供应商，与对方结成联盟，共同满足顾客需求。

（二）高效库存管理——物料的低库存与成品的零库存

在库存数量管理方面，戴尔公司一直以物料的低库存与成品的零库存著称，其平均物料库存仅为5天，而在IT业界，与戴尔公司最接近的竞争对手也有10天以上的库存，业内的其他企业平均库存多是达到50天左右。因材料成本每周都会有1%的贬值，故库存天数对产品成本有很大的影响，仅低库存这一项就使戴尔公司的产品比其他的竞争对手拥有8%以上的价格优势。客户订单经戴尔公司的数据中心传到供应商公共仓库，再由戴尔公司的全球伙伴第三方物流公司伯灵顿公司管理。而伯灵顿公司在接到戴尔公司的清单后1小时内就能把货迅速配好，不到20分钟就能把货送达。戴尔公司的库存管理并非仅仅着眼于“低”，通过对其供应链的双向管理，全盘考虑用户的需求与供应商的供货能力，使两者的配合达到最佳平衡点，进而实现“动态库存平衡”，这便是戴尔库存管理的最终目标。

（三）有效的客户关系管理

戴尔公司通过对关键客户的“一对一营销”，能准确快速地把握客户的个性化需求。在大规模定制模式中，企业和客户的关系是一种协调互动的关系，完全超越了企业通常收集信息、满足客户需求的内涵。生产者与消费者不再是传统意义上的供求关系。生产企业不再是仅为争取客户满意，为使客户忠诚而主动提供产品(服务)的一方；消费者也不是传统的商品被动接受方。面向大规模定制的客户关系管理要求生产企业和消费客户互动，相互融合。当顾客在戴尔公司的帮助下确定了自己的需求后，销售人员便根据顾客的要求，为他们提供所需的产品。产品售出后，对顾客的了解并没有结束，销售人员还会通过电话、互联网或者面对面的交流方式建立顾客的信息档案，进行质量跟踪服务，继续发掘顾客的新需求。戴尔公司认为，了解顾客与了解自己同等重要，要为顾客创造完整的消费体验，公司应该立足于顾客的角度去研发新产品，为顾客来量身定做，实现“互动效应”。

五、戴尔面向大规模定制供应链管理的弊端

再优秀的企业也有其不足之处。戴尔公司在经历了迅猛发展直至成为PC行业的霸主以后，也开始遭遇到业绩下滑和产品质量投诉等一系列问题。这说明随着市场的激烈竞争和顾客需求的变化，固有的模式必须不断地创新和完善。戴尔公司追求标准化，满足最大多数人的最常用的需求，以致采购成本过低，难免出现产品质量问题。虽然大多是些小毛病，靠戴尔公司的售后服务可以弥补和解决，但毕竟影响了客户体验价值的实现。由于戴尔公司是采用按订单装配(ATO)的生产模式，这虽能保证标准化的零部件得以大规模生产，但在客户定制方面，却由于客户订单分离点(Customer Order De-coupling Point，CODP)的靠后，使得只有装配活动及其下游的活动是由客户订货驱动的。在顾客需求越来越强调个性化的环境下，顾客也许不满足于自己只能选择不同规格的零部件来实现定制，而是要求产品从外观到功能全方位的定制。

案例思考

1. 结合案例4.6，你认为现代企业之间的竞争主要是何种竞争?
2. 戴尔公司的大规模定制供应链管理成功的关键是什么?
3. 从戴尔公司的案例中，如何理解在全球化浪潮中供应链管理的重要意义。

4. 大规模定制在戴尔公司案例中的含义是什么?
5. 结合戴尔公司的实际,讨论客户关系管理的意义。
6. 戴尔公司是如何实施供应链管理的?

案例 4.7 苏宁电器的供应链管理①

苏宁电器 1990 年创立于江苏南京,是中国 3C(家电、电脑、通信)家电连锁零售企业的领先者,是国家商务部重点培育的"全国 15 家大型商业企业集团"之一。截至 2011 年年底,苏宁电器连锁网络覆盖中国内地 30 个省、300 多个城市以及中国香港和日本地区,拥有 1 700 多家连锁店、100 多个物流配送中心、3 000 家售后网点,经营面积 500 万平方米,员工 17 万多人,年销售规模 1 800 亿元,品牌价值 508.31 亿元,是中国最大的商业连锁企业,在商务部统计的全国前 100 家连锁企业中,位居前三甲。在 2011 年 11 月 8 日公布的 2011 年中国民营 500 强企业榜单中,苏宁电器名列第三,入选《福布斯》亚洲企业 50 强、《福布斯》全球 2 000 大企业中国零售企业第一。

一、苏宁电器的物流系统建设

物流是苏宁电器的核心竞争力之一。苏宁电器建立了区域配送中心、城市配送中心、转配点三级物流网络,依托 WMS、TMS 等先进信息系统,实现了长途配送、短途调拨与零售配送到户一体化运作,平均配送半径 80~300 公里,日最大配送能力 17 万台套,实现 24 小时送货到户。

苏宁电器相继在杭州、北京和南京等地开发建设了现代化物流基地,上海、天津、沈阳、成都、长春、无锡、合肥、徐州和福州等地物流基地建设也全面铺开,预计到 2015 年,完成全国 60 个物流基地的布局。通过专业化、机械化、信息化的运作,每个物流基地可以支持 50 亿~200 亿元的年商品销售规模,零售配送半径最大可达 150 公里,并承担地区售后服务中心、地区呼叫中心、地区培训中心等功能,成为支撑公司连锁事业的大服务、大后方平台。

信息化是零售业的核心竞争力。苏宁电器视信息化为企业神经系统,建立了集数据、语音、视频和监控于一体的信息网络系统,有效支撑了全国 300 多个城市、数千个店面、物流、售后、客服终端运作和十多万人的一体化管理,苏宁电器因其信息化建设先后入选中国商业科技 100 强、中国企业信息化 500 强。

依托苏宁 SAP/ERP 系统,B2B、B2C、OA、SOA、HR、BI、WMS、TMS、CRM、Call Center 等信息应用系统,苏宁电器实现了"供应商、内部员工、消费者"三位一体的全流程信息集中管理。此外,苏宁电器先后携手与 IBM、微软、SAP、思科等国际知名 IT 企业开展信息系统建设战略合作,打造国际化智慧苏宁。

---

① http://www.chinawuliu.com.cn/zhxw/201301/31/205449.shtml。

二、苏宁电器的供应链建设

苏宁电器从其成立之初就致力于供应链的建设，正如其董事长张近东所说："零售业不是一个以某项核心技术、某一专用性资产作为游戏筹码的行业，做大规模、压低成本是行业的最核心竞争力。"因此，苏宁电器伴随着其企业的不断发展壮大也在不断地致力于供应链的整合。这一整合的触角正是围绕着苏宁电器这一个核心节点向上下游延伸。

当前，企业在新时期面临着竞争环境的大变革，伴随着科学技术和全球化信息网络及其全球市场的发展，企业之间的竞争更加激烈。表现在产品的生命周期缩短，产品的种类日益丰富，产品的交货期相应的也要求缩短，同时对产品的质量和服务要求也越来越高，所有这些针对的一个重要问题就是供应链系统的改进和发展。

因此，对苏宁电器这样一个大型家电零售业巨头如何建立有效的供应链更加重要，这要求迅速地从传统的供应链系统实现向现代的新型供应链系统的转变，苏宁电器是怎么做的呢？

传统的供应链崇尚的大而全、小而全的纵向一体化理念，然而这在一定程度上导致了企业陷于困境，诸如竞争力的下降、经营成本增加、经营风险的上升，所有这些与企业的发展目标背道而驰。建立新型供应链迫在眉睫，通过与供应商建立战略合作伙伴关系以及信息系统的构建，最终达到风险共担、信息共享、共同获利，最终达到共赢。这样的供应链构建思想贯穿于苏宁供应链的始终。

（一）致力于供应链的整合

苏宁电器结合自身行业的特点进行供应链的整合，搭建信息化系统。为建立与供应商的无缝链接，苏宁电器打造了连锁经营的"IT 神经网络"。2004 年，苏宁电器加大企业信息工程的投入，总投资 1.36 亿元，启动中国零售业信息化一号工程。2006 年 4 月 11 日，苏宁 SAP/ERP 在全国苏宁连锁店成功上线，建立国际一流信息平台，基于多媒体技术控制体系，将供应商、连锁企业、分销商直至终端用户连成一个整体，建立功能强大的网链结构，实现跨区域、跨行业的紧密协作，打造了中国零售业信息化 TOP-ONE 工程，力推新营销模式。2004 年 11 月，苏宁海尔在南京成立经营推进公司，苏宁海尔经营推进公司的创新合作，是两个定位世界 500 强企业的握手，标志着一种以争取绝对规模优势为特点，更细化、更专业、更具价值竞争力的集群竞争模式出现，很大程度上宣布了中国家电行业"协同整合"时代已经到来。此时，企业与上游供应商之间的关系不再是短期的买卖关系，而是已经发展为长期的合作伙伴关系。

（二）建立信息共享平台，整合上游资源，组织适销对路的商品

通过与供应商之间的信息共享，下游节点企业可以将终端消费者的新需求反馈给上游的制造商，促使其有针对性地进行工艺流程的改进，生产适销对路的高质量产品。

（三）降低商品库存，减少库存成本，加快商品周转速度

苏宁电器目前在全国拥有 100 多个物流配送中心，基本上各个省会城市及地级市的分公司都拥有一个仓库，仓储面积 80 万平方米，仓储总量达到了 400 万台/套。SAP 系统启用后，将改变先前供应商供货分散的局面，形成某个区域的各分公司仓库共享的优势，这使得公司的仓储面积将减少一半以上，库存量降低 20%～50%，存货周转率提高 20%～60%。

（四）SAP/ERP 系统成为苏宁连锁快速发展的加速器

通过实施有效的企业资源计划，以 SAP/ERP 为核心的信息化管理模式将构筑起苏宁电器最强的长期竞争力。SAP 不但提高了前台销售的工作效率，以往一笔成交需要花费 5 分钟的时间现在缩短到了不到 1 分钟，而且提高了后台服务的响应速度，更重要的是实现了苏宁全国资源的整合和统一协调。

（五）补货系统

苏宁电器的补货系统，在任何一个时间点都可以知道在某个商店中有多少货品，有多少货品正在运输途中，有多少还在配送中心等。苏宁电器依靠补货系统把整个系统中的各个链，从供货商到门店再到顾客，有机地链接起来，在整条供应链中把信息成本、补货成本和配送成本降到了最低。

（六）加强自身的网络平台建设

2009 年 8 月 18 日，苏宁电器网上商城全新升级，并正式更名为苏宁易购。通过网页建设、购物流程优化、产品知识积累、促销手段丰富和在线服务等工作，苏宁易购在满足消费者网购需求的同时，给消费者提供了更加便捷的商品查询、知识了解、促销购物体验以及更好的服务体验，比如配送、安装状态查询，产品、服务在线咨询，门店促销信息了解等；同时，通过进一步收集客户资料，加强客户行为分析，苏宁易购能够更有效地推进公司的全会员营销与针对性营销。苏宁易购已被全面打造成一个专业的家电购物与咨询的网站，与公司实体店面网络形成有效互补，在提升苏宁品牌形象的同时，更好地提升了苏宁电器的整体销售与服务水平。

（七）加大物流基地的建设

2010 年，苏宁电器在济南、青岛、杭州和盐城等地获得了物流基地建设用地；同时，重庆、合肥物流基地进入了正式施工阶段（如图 4-2 所示）。现在苏宁物流基地已有 5 家进入运营（图 4-3 为已建成使用的苏宁电器无锡物流基地）、6 家进入施工阶段，另外签约储备项目达到 12 个。苏宁计划在 2015 年前完成覆盖全国的 60 个物流基地建设，预计总投入超过 120 亿元。

图 4-2　苏宁重庆物流基地奠基仪式

图 4-3 已建成使用的苏宁电器无锡物流基地

三、苏宁电器的战略合作伙伴关系

早在 2005 年,苏宁电器和海尔就以经营推进公司形式展开了战略性合作并取得了巨大成功,苏宁电器和海尔开展的“供应链对接”是一项围绕物流体系、信息系统和服务系统展开的供应链对接工程,中国最著名的家电制造行业和家电流通行业由此实现了真正的“同呼吸共命运”。通过双方 B2B 系统的对接,两家企业充分实现了以销售、售后服务为中心的 SCM 运营模式,这一系统将要实现的接口包括:苏宁采购订单接口;海尔发货单接口;苏宁入库单接口;海尔销售发票接口;海尔可供库存数据接口;苏宁门店销售数据接口;苏宁公司库存接口等 23 个接口。通过系统对接,业务处理速度和数据准确度提高,使双方的业务流程更加合理,争取消除售后手工作业,提高售后结算对账效率,加速返货、退货的处理,加强对消费者的研究和分析,引导产品制造趋势,并最终增强企业竞争力。

系统的对接还将使双方的物流系统首次展开整合,库存、配送数据的共享和物流车辆、人员的统一调配。业内人士分析,这种对物流平台的整合首先能使商品流通效率提高,附加于产品的相关费用减少,从而最终使老百姓得到实惠;其次双方采取科学的管理方式、现代的网络体系和上下游之间的信息共享,将使得商家的信息更加快捷,库存更加合理,不再会出现旺季断货的情景;最后,物流整合还拥有了一支专业、可靠、高素质的服务队伍,使消费者在购物前后享受到更快、更准的物流配送服务,这也正是广大消费者所翘首期盼的。

四、苏宁电器供应链绩效评价

随着经营规模的扩大,苏宁电器对家电产品的理解不断深入,商品采购能力、供应链管理能力逐步提升,单品管理能力进一步加强。苏宁电器通过新型供应链的构建,最终实现了同供应商之间的风险共担、共同获利以及信息的共享,并由此产生了一系列的连锁反应:企业单件采购成本降低;获利增加;交货期大大缩短;产品工艺的创新效率大大提升。对于供应商来说,能够了解终端需求,达到了有的放矢的目的,在“一对多”传统模式向“一对一”定制化模式的转变过程中占据有利时机。

苏宁电器通过供应链的变革及其加大建设大大增强了自身的竞争力,获得消费者的好评,产品配送速度大大提高,在基于时间的竞争格局中抢占先机。销售额大幅提高,收入增加，获利增多。苏宁 2006—2009 年企业营业各项数据参见表 4-1。

表 4-1 苏宁电器 2006—2009 年各项营业数据

项目	2006	2007	2008	2009
营业总收入	26 161 252	40 152 371	49 896 709	58 300 149
营业成本	22 268 806	34 346 740	41 334 756	48 185 789
销售费用	2 207 862	2 985 538	4 780 468	5 192 356
管理费用	392 975	493 581	784 521	912 093
财务收入——净额	−23 581	88 162	223 290	172 924
营业利润	1 147 162	2 250 060	2 964 374	3 875 032
利润总额	1 147 478	2 241 358	2 950 873	3 926 367

从表 4-1 可以看出，苏宁电器从 2006—2009 年度在营业收入、营业利润方面取得的杰出成果。当然，供应链系统建设的利益不仅表现在收入和利润的上升上，更主要的是顾客的满意度，具体体现在顾客从下订单到收到货物的速度上和质量上。通过信息平台的建设，仓储流程的改进，货物分流系统的改进，使顾客能够迅速缩短订货提前期，在方便了下游分销商的同时也为企业自身创造了巨大利润。因此，苏宁供应链系统的建设是明智的，苏宁电器绩效的提升依然会继续下去。

案例思考

1. 根据案例 4.7，苏宁电器的供应链建设的目标是什么？
2. 苏宁电器是如何与海尔进行的合作？其合作的目的是什么？
3. 分析苏宁易购的业务模式为消费者提供了哪些便利服务？

案例 4.8 太古饮料集团的供应链变革①

你知道手中的一罐可口可乐在遇见你之前大致有怎样的旅程吗？有数字说，从采掘铝矾土开始到制成易拉罐，再把可口可乐兑水装罐，直到消费者买回家放入冰箱，整个过程平均需要花费 319 天。而身处饮料行业的人都知道，可口可乐的实际生产过程只要 3 个小时。那么，其余 318 天又 21 个小时都干什么了？答案是用于原材料和成品的运输和储存，其中用于储存的“工序”有 14 道之多。事实上，这些数字正是让可口可乐供应链经理们头痛的事情。能否把这个时间和过程最大化地缩短，让可口可乐以最经济的时间和花费到达最终消费者手里呢？

① 纪笛：《太古集团：让供应链精确起来》，载《中国市场》2007 年第 38 期，第 70 页。

图 4-4 太古装瓶厂可口可乐产品

太古饮料集团是可口可乐公司在中国内地最大的合作伙伴，在内地有 7 家装瓶厂（如图 4-4 所示）。20 世纪 90 年代，太古饮料集团进入中国市场，经过几年的高速增长，遇到了一系列管理难题：竞争激烈；企业增长放缓；客户经常抱怨缺货；生产和库存也时常处于无序状态，尤其是节假日或不期而至的炎热天气带来的突发订单，常常使得太古饮料集团措手不及，要么短缺运输资源要么库存已空，这些情况导致客户满意度不断下降。

此外，由于太古饮料集团的饮料在内地实行多点制造策略以服务于不同的区域市场，产品类别也在不断增加，其采购、生产和配送的管理复杂度开始加大。而"买得到、买得起"是太古饮料集团早已定下的原则，该公司认为，如果在任一消费者想购买产品的地方断货，对企业而言，都是一种损失。早在 1999 年，太古饮料集团的饮料在杭州的装瓶厂就开始了供应链管理的变革之旅。

在太古饮料集团看来，如果货架上空空如也，消费者会失望地离开，并心生不满或转投竞争对手，从而影响可口可乐的市场份额和客户满意度；而库存过多或不平衡，又会增加资金占用成本，影响资金使用效率，并且带来产品货龄老化、产品破损等一系列问题。因此，当时采用的变革方案是从需求管理入手，建立基于销售预测基础上的供应链计划管理体系。

一、流程先行

太古饮料集团的供应链管理优化工作分为三个阶段。第一阶段，他们首先在杭州装瓶厂展开 DOP(Demand Operation Plan，需求和营运计划）项目。这个项目通过推动十大流程，建立了一个基于需求预测管理的供应链计划流程。过去，太古饮料集团没有需求预测这样的职能，部门之间也没有适当的数据交换，通常是生产、销售、储运工作各做各的业务计划，彼此没有协调。

历经两年的 DOP 项目实现了太古饮料集团供应链计划管理的标准化运作流程。在杭州实施完毕后，太古饮料集团将这个标准化业务流程推广到其他 6 家工厂。这个项目的最大意义在于，太古饮料集团在这几家装瓶厂形成了统一的业务流程和文化。此外，还在各厂分别建立了供应链计划中心，主管整个工厂运作的预测和计划，再以这个部门为引擎，将采购部门、生产部门、工程部门和储运部门整合为统一的供应链部门。

经过几年的流程再造，太古饮料集团各工厂在拥有相同的标准业务流程的基础上才有可能实现工厂与工厂之间的生产代加工，从而实现整个系统产能的最大化。之前，太古饮料集团在内地的 7 家装瓶厂各自运营，没有一家工厂能够生产出全系列产品。有的工厂只有 PET 瓶生产线，有的工厂则只能生产碳酸饮料。因此，在太古饮料集团的供应链变革的第二阶段，太古饮料集团从整个企业的角度出发，增加了一个中央规划功能，于 2002 年成立了太古饮料集团供应链计划中心。这个中心的第一任经理黄纵苇说："我们可以通过了解整个集团的需求和库存以及产能状况，以统一的规划预测做出最经济合理的资源分配。"

太古饮料集团供应链计划中心作为太古饮料集团供应链变革产物的新部门，是整个集团采购计划、生产计划和中央配送计划的协调单位，通过运用各种预测工具和计划方法，他们要确保太古饮料集团各分支机构产生正确的销售预测，进而协调供应链各部门的运作，以期达到运作成本效益的最合理搭配。

二、平台的力量

几年来，太古饮料集团供应链变革的经验证明，供应链的转型是以流程为主导而不是以软件系统为主导。因此，在经过 3 年的流程变革后，太古饮料集团才出于建立统一的供应链管理平台的需要，引进了供应链管理软件供应商 JDA 的 APS（Advanced Planning and Scheduling，先进规划与排程）系统，建立了一个整合的系统平台，从而支持整个太古集团饮料市场区域整合的规划与协调，这是太古饮料集团供应链变革的第三阶段。APS 系统令太古饮料集团拥有了追踪及预测顾客需求的功能，使他们对产品流量的调整更加精确，并有助于降低存货、提高交货效率。

理论上讲，JDA 的 APS 系统是利用 IT 及规划技术，如基因算法、限制理论、作业研究、系统仿真及限制条件满足技术等。在考量企业资源（主要为物料与产能）、限制条件与生产现场的控制与派工法则下，帮助企业规划可行的物料需求计划与生产排程计划，以满足顾客需求及面对市场竞争。一般而言。有效的 APS 系统可以让规划者快速结合生产信息（如订单、途程、存货、BOM 与产能限制等），作出平衡企业利益与顾客权益的最佳规划与决策。

案例思考

1. 根据案例 4.8，你认为太古饮料集团供应链变革的核心是什么？
2. 太古饮料集团供应链管理优化的三个阶段之间有何必然联系？
3. APS 系统的预测功能是如何实现的？

案例 4.9　联合利华供应链的内幕[①]

当你从超市货架上取走一瓶清扬洗发水时意味着什么？对联合利华中国公司来说，答案是 1 500 家供应商、25.3 万平方米的生产基地、9 个区域分仓、300 个零售商和经销商都因此而受到牵动。它们是构成这家公司供应链体系的一系列基本节点。如果让它的全貌更明

① 赵蓉：《洗发水的故事　联合利华供应链内幕》，载《第一财经周刊》2012 年第 24 期，第 74 页。

晰一些，你将会看到它的一头连接着来自全球的 1 500 家供应商，另一头则是包括沃尔玛、家乐福、乐购、屈臣氏和麦德龙等在内的总共约 300 个零售商与经销商所提供的超过 8 万个销售终端。但仅凭这条单一的纵贯线，还不足以支撑起它复杂和庞大的体系——另外两个维度的填充物是清扬洗发水、力士香皂、中华牙膏、奥妙洗衣粉等 16 个品牌将近 3 000 多种规格的产品，以及这家公司在中国超过 100 亿元人民币的年销售额。

如何让这个体量庞大的组织灵活运转起来？事实上，每当你从超市货架上取走一瓶清扬洗发水时，这个极为平常的，每天每时都有可能发生的小行为便开始对联合利华整个供应链组织的运转造成影响。

你的这个小行为将被联合利华迅速捕获，成为它组织生产和销售一瓶洗发水的依据。

和家电、汽车等耐用消费品能够比较容易预测消费的趋势和周期性不同，快消品行业的预测有点麻烦，因为消费者的购买频次更高，消费结构也更为复杂，同时还充满许多的不确定性。如果让一个联合利华的销售人员列举他最头疼的情况，大客户采购一定是其中之一，因为超市的现有库存可能顷刻间被耗尽，货架上随即贴出明黄色的"暂时无货"标签会在一堆价签牌中发出一个不和谐的信号，告知推着购物车前来的顾客无须靠近，而这个销售人员手头的工作内容会立即变为去修复这个棘手的问题。

为了避免类似的手忙脚乱，或者说的更商业一些——如果不想产生多余的库存，继而带来更多的成本，又不想失去顾客，联合利华需要准确地预测出自己未来的销售情况。

这份工作的第一步看上去更像是一个需要精力和耐力的体力活：千方百计去捕捉消费者们随时产生的购买行为，或者换种称呼方式——"历史销售数据"。

每一天，分散在全国各地的联合利华销售人员在巡店后会将数据输入一个类似手机的手持终端，源源不断地把销售情况汇总到公司数据库中心的主机里，再加上直接对接着的诸如沃尔玛 POS(销售终端)系统和经销商的库存系统等，联合利华的管理人员不管是在上海的中国总部办公室里还是在伦敦的全球总部办公室里，都可以了解到在中国超过 1 万家零售门店任何一天内的销售情况。其余还有 7 万多个销售终端，数据更新以周为单位。

图 4-5 为位于上海的联合利华中国公司总部。

图 4-5　联合利华中国公司总部

数理逻辑高强的需求计划经理们热爱这些在统计学上被视为大样本的数据来源，这可以保证对销售预测的波动。所谓波动，便包括上面那位销售人员所头疼的难以预料的团购情况——将能被控制在合理的水平。

但仅仅是通过汇总消费者的购买行为这类数据，还不足以让需求计划经理胜任，准确预测出联合利华对未来一段时间(例如 13 周内)的销售情况——尽管那些代表预测销量和实际销量的分析曲线，也实时在他们的电脑屏幕上循环滚动着——依赖数学模型和复杂计算只能在理论上完成工作。

要对这瓶洗发水背后的庞大体系有所理解，更需要经验！联合利华的市场部门对特定一款洗发水制订了是降价还是买赠的促销方案，在多长时间段内投入了多少宣传力度，覆盖了多少区域或渠道等，都会影响这款洗发水最终增加的销量。因此，这位需求计划的经理也同时要懂营销、懂生产，常常去和销售、财务、市场等团队进行沟通。

联合利华按照 16 个品牌的产品形态划分出四大业务类别，每个品类都有这么一组团队来预测产品的销售情况。只有通过他们，诸如从超市货架上取走一瓶清扬洗发水的这一小小行为，才得以进一步影响采购生产环节的实际运作。

在超市，当洗发水产品按瓶为单位被销售出去时，联合利华的采购部门得到的信息则是原材料 A 和包装材料 B 又将会有新的需求——在采购人员的计算机里，一瓶清扬洗发水会被分解成 40 多种原材料，在材料清单表上化身为许多个普通人不太接触的专业名词。

按照联合利华实行的全球化范围的采购与生产体系，消费者购买行为对采购生产的影响甚至全球性的。

目前，联合利华旗下 400 多个品牌的产品在六大洲 270 个生产基地生产，所有涉及原料和包装材料的采购问题，包括采购地和供应商的选择，以及采购规模及频次的安排，都由全球统一进行调配。这种全球化的操作将在成本集约上体现出规模效应，但也对公司的供应商管理水平提出了挑战。

2002 年，随着中国加入 WTO，联合利华在上海成立了全球采购中心，在世界最大原材料生产地之一的中国向全球出口原料及成品。它在合肥的生产基地就是在这之后建立起来的，这里生产的牙膏最远要销售到智利。目前，为联合利华中国公司服务的供应商总数在 1 500 家左右。而公司的采购、质量管理和研发部门将共同承担对供应商的管理工作。

一些能够同时提高双方效率的合作会在这里开展：一些在内部被评定为 A 级的供应商被视作公司的战略合作伙伴，它们会为联合利华生产定制化的材料，而联合利华自己的设计人员和研发人员往往也会对供应商的设备、流程等很熟悉，双方会针对一款新产品在很早期就开始合作，联合利华会从技术方面对供应商提供指导。

但这样的合作是有前提的，联合利华对供应商有一套全球共同执行的标准。公司一个跨部门的管理团队每年会对这些 A 级供应商到场审计两次，除了技术水平、产品质量、资金规模等常规方面外，还包括检查污水处理装置这类关于环保、用工条件等社会责任方面的原则。供应商如果在其中哪个方面没能达到要求，就将面临从联合利华的采购名单里消失的风险。

接下来，生产部门也将和计划部门对接，对这瓶从货架上被你拿走的清扬洗发水做出响应。

根据你所购买的是具体哪款洗发水，生产计划经理将做出决策。他必须通过采购团队掌握所有供应商的交货能力，通过工厂负责人了解目前生产线上的实际产能，通过需求计划经理们得到销售预测，它来自于这家公司对你最初那个购买行为的灵敏捕捉。之后，他将这三类信息汇聚在一起，统筹出下一段时期内(例如 13 周至一年)的产能供应水平。

根据你所购买的是具体哪款洗发水，最终的生产安排将被制定出，去指挥一个年产值为140亿元的生产基地具体在每一周、每一天里如何动用它的每一家工厂、每一条生产线。例如，按照速度和专长不同，十来条洗发水生产线该如何安排去生产联合利华旗下300多个规格的洗发水，以尽可能达到产能最大化，好让那些分散在全国各地甚至世界其他地区不断增长的购买需求得到满足。

2003年，联合利华在合肥工业园(如图4-6所示)建立了家庭及个人护理产品生产基地。目前，该基地的面积已扩张到了25.3万平方米，2011年的产值已是2003年时5亿元的28倍，成为联合利华全球最大的生产基地。

图4-6 联合利华合肥工业园

至于你打算在何时何地购买这瓶清扬洗发水这个小行为，将给联合利华的分销资源计划员带来一道复杂的统筹学问题。

联合利华在全国设有9个销售大区，合肥生产基地制造出的成品将首先从总仓被发往上海、广州、北京、沈阳和成都等9个城市的区域分仓中。为了保证这瓶洗发水能够准时到达最终的货架上，这位分销资源计划员既要规划路线，又要考虑库存成本和各条运输线上波动的运输能力。比如，春节将是联合利华产品的销售旺季，而临近春节时往西方向的铁路线会很拥挤；公路运输也比较忙，这还没算上很多会在路上临时突发的状况。联合利华的分销资源计划部门就要和业务部门、生产部门、物流部门等沟通，规划如何在西区提前建立库存。最终，这瓶洗发水在从工厂出发的路途上经历诸如交付和收货的环节后，它被联合利华的供应链团队移交给了零售商或经销商的供应链团队，到达超市货架。

然而，联合利华还得努力确保消费者在货架前取下的那瓶洗发水恰好来自于自己，而不是竞争对手——那些和自己做着类似的广告，把产品摆进类似超市的其他品牌供应商。这又取决于品牌影响力、市场营销策略，那是这瓶洗发水另一个版本的故事。

这家公司庞大的供应链条还会为你在货架前那个小小的行为做些什么？

事实上，联合利华并不直接和超市货架前的你产生联系，普通消费者和联合利华的中间隔着诸如沃尔玛、家乐福、乐购这样的大型连锁零售商。因此，为了让客户更愿意帮助自己卖出产品，联合利华的做法是把供应链一直延伸到货架前，站在客户的角度提供服务。比如，过去两年来，联合利华中国公司物流及客户服务总监陈沛彬和他的团队就一直处于这个行动的第一线，他所管理的这两支团队其实处于联合利华整个供应链的最后一环。

货架上的缺货标签代表着供应链的某个环节出现了偏差，而缺货将导致一堆合作伙伴的生意受到影响。当很多供应商都把改善缺货问题的努力集中在满足订单这个环节时，联合利华则走得稍微靠前了一些，它为自己设置了一个“货架有货率”(On-Shelf Availability，OSA)的指标。这之后，联合利华客服团队的俞晓琦和浣婷婷成为了对乐购货架的直接负责人——她们可不是促销员，前者是OSA专家，后者是对乐购客服小组的组长。她们进入一个个乐购门店的后仓查看，追踪所有联合利华产品在那里的入库、上架及销售数据，分析出导致一瓶清扬洗发水在货架上缺货的真正原因——到底是门店方面没有及时下单，还是系统虚库存，又或者是因为库存堆放问题，让负责货架的促销小姐总是不能及时在后仓找到商品……之后，她们通过示范并建立流程，例如，给乐购门店的仓储管理人员做培训，帮助他们建立起一个更好的库存整理模式。这让她们的角色看上去更像是那种提供建议和解决方案的商业顾问。在大约三年前，联合利华100多人规模的客服团队还在以处理订单问题为工作重心，比如响应客户投诉、反馈物流情况等，整天和电话、邮件、表格和报告打交道。2010年，联合利华通过改造计算机系统来处理此类工作，客服们被解放出来“去做一些更有意思的事”。陈沛彬说，这在联合利华被称为客户增值服务，作为供应链服务的一种延伸。

这番努力的结果是，联合利华的产品在乐购上海重点门店的货架满足率提高到了98%。通俗来说，就是理应出现在货架上的100种商品实际出现98种，而之前的这一水平一直停留在90%左右。对于联合利华和乐购来说，数字指标提升的背后是生意的切实增长，以整个联合利华全球在重点客户门店实行OSA项目的经验来看，货架有货率每提高3%，就会带动产品销售提高1%。

在联合利华内部，这种对客户提供增值服务的理念最早要追溯到2006年以前。当时，联合利华被一些大客户批评服务水平低下。在尼尔森2004年针对国际连锁零售商所做的一项调研中，联合利华作为供应商所受到的综合评价排在了20名以外。

为了改变留给客户的这种印象，联合利华的销售部、市场部、财务部、物流部和客服部在一起研究后，在公司内部建立了一个名为“Winning With Customer”(赢得客户)的项目，很多改进都出现在那之后。

这一过程中，整个公司层面为之也投入了相应的支持，例如升级信息系统，投入大量的人员培训，从总部借鉴好的做法和经验等，并且公司管理层开会时也总是会花大量时间去琢磨如何进一步提高效率和客户的投资回报率。2011年时联合利华的这一排名上升至第二名，第一名是宝洁公司，而前者在食品类的排名为第一名。

在2011年联合利华和乐购供应链部门的商业合作计划(Joint Business Plan)里，双方启动了回程车项目(Backhaul)。在联合利华合肥总仓、乐购嘉善总仓、乐购合肥门店之间，把双方的取货、发货和运输线路放在一起进行设计，减少返程时的空车率。陈沛彬告诉《第一财经周刊》的记者，回程车项目可以节约10%左右的物流成本，同时也在完成公司对碳排放降低的要求，类似的合作还在双方的冷链车上进行。

当联合利华的客户服务团队在通过诸如OSA这样的项目想办法把更多的产品摆上货架时，客户发展团队(即销售团队)则在想办法帮助乐购利用同样的货架空间卖出更多的产品。这时候，关于一款清扬洗发水该如何在乐购超市货架上陈列的讨论就可能会在一个270度的大屏幕前展开。这个屏幕是联合利华客户洞察力及创新中心的一部分，它以实景模拟的方式显示着顾客在货架前的行为,从走路的路线到目光的移转。

当联合利华的消费者研究专家得到一些结论后,这些研究经验也会很快被分享给零售商。例如,在给麦德龙运送货物的物流车里,你将会看到同样的清扬洗发水被放进一种特别印制了颜色和图案的包装箱。考虑到麦德龙的消费者以批发采购为主,更经常直接成箱购买,联合利华使用了可以直接放上货架的运送包装。而其他一些出自消费者研究室的经验则通过联合利华客户发展团队被传递给一线的门店促销人员。

现在,联合利华的客服人员已经被编入一个个小组,直接对应某一个特定的连锁零售商。过去,他们只需要待在上海的联合利华总部,如今这些团队则分散在深圳、广州和北京等5个不同的城市工作,与客户发展团队一起驻扎在对方中国总部所在地,方便进行更多面对面的拜访及会议,其中的一些人甚至成为在场客服,每周花两天到客户的办公室去上班。在组织结构调整后,客服人员受到的考核,也不再是简单的在什么岗位该完成什么,而是在多大程度上全面协助那些零售商在采购、库存和物流等方面提高效率,对双方的业务带来帮助。

2012年6月的一个周末下午,乐购上海光新门店的联合利华促销员刚刚在当天定时开仓的时间段里取到了清扬洗发水,"为货架补齐了门牙"。在此之前的两天里,这瓶洗发水经历了一次旅行。无论是颇具大工业生产的魅力,追求有序、精确和高效的采购生产体系,还是直接在为客户的生意操心,把供应链服务一直延伸到超市货架前的客户服务与发展团队,联合利华这些庞大的组织体系里所有环节的存在,都是在对你购买一瓶清扬洗发水的小行为做出回应。

案例思考

1. 根据案例4.9,请说明联合利华是如何构建其供应链的?

2. 结合案例4.9,请分析快速消费品行业供应链上存在的普遍问题有哪些?这些问题是如何产生的?

案例简析

案例4.1

利丰集团从一家传统贸易商成功转型为以供应链管理概念运作的现代跨国贸易集团。多年的企业实际运作经验使利丰集团对供应链管理有深刻而独到的理解。通过利丰集团的实践案例,可以归纳出供应链管理应包含的七个重要概念。

(1) 以顾客为中心,以市场需求为原动力。以需求拉动供应的生产和流通模式,不但能快速响应市场的变化,迅速满足消费者需求,而且可以减少因产品过时而降价促销的风险,有利于减少库存,促进企业资金流转,并增加企业的盈利。

(2) 强调企业应专注于核心业务,建立核心竞争力,在供应链上明确定位,将非核心业务外包。这样,企业才能更有效地集中利用资源,强化主业,并通过企业间的合作,增加业务的弹性。

(3) 各企业紧密合作，共担风险，共享利益。从原料供应商到最终用户，供应链上的企业除了追求自身利益外，还应该一同去追求改善供应链整体的竞争力和营利能力。通过合作减少各环节间的交易成本，有效提升供应链的长期竞争力。

(4) 对工作流程、实物流程、信息流程和资金流程进行设计、执行、修正和不断改进。以顾客为中心，使各个流程有机配合，提升供应链的整体效率。

(5) 利用信息系统优化供应链的运作。利用先进的信息系统，使各环节更快速地获得信息和处理信息，及时就最新的市场变化做出适当反应，从而使整条供应链做到实时反馈，适应顾客的要求。

(6) 缩短产品完成时间，使生产尽量贴近实时需求，使供应链各环节的企业实现按需生产，响应瞬息万变的市场，减少存货积压的风险。

(7) 减少采购、库存和运输等环节的成本。通过企业合作和流程整合使供应链更有效率，提升企业以及整条供应链的竞争力。

简言之，利丰集团为网络中的成员提供知识和技术指导，激励网络中所有的供应商和制造商与利丰集团共同合作。利丰集团在整个网络中处理信息交流以及与顾客和供应商的关系，达到缩短生产时间、减少费用和降低风险的目标，与合作伙伴共同创建符合各类顾客需求的供应链。

案例 4.2

在当今时代，商界竞争激烈，为客户提供全方位的物流服务已成为物流企业未来的发展趋势。TNT 尽其所能为惠普提供综合的供应链管理和整合业务解决方案。随着 TNT 在惠普的业务拓展，他们的供应链和管理上需求的复杂程度也深化了。惠普要求的已不仅是将货物从一处搬运到某个目的地的简单工作，业务扩大产生的日益复杂的供应链系统促使惠普要求 TNT 为其有效地分析供应链数据的多个来源，并实施有效的供应链管理，从而提高其供应链的整体物流效率，缩减供应链的成本。

在本案例中，惠普通过将物流业务外包给 TNT，具体带来的利益包括以下四个方面。

1. 核心竞争力

通过物流外包，惠普便可以集中力量发展其核心业务，而不至于为物流过程分心。惠普的核心竞争力较之以前必然有所提升，较之同行业的竞争对手，相对会得到更多的客源。

2. 物流成本——利润

通过与 TNT 签订的合同物流，对 TNT 提出相应的指标，从而为惠普降低物流成本。物流成本降低了，惠普的利润便有了提高的可能。

3. 风险降低

“如果中间出了岔子，惠普将和 TNT 一起来解决，保证零部件按时送达。”有一个战略伙伴为自己分担风险，为企业的安全运营提供了保障，这种保障将有利于企业降低运营成本。

4. 服务质量

惠普通过使用企业不拥有的资源，利用 TNT 的专业物流服务，提升服务质量。服务质量的提升进一步会为惠普扩大客源，使企业在长期内受益。

案例 4.3

化工行业供应链的特点是:(1) 供应链周期长,对能源波动敏感;(2) 产品针对性很强,属于特种物流;(3) 生产限制多,柔性相对其他的行业较低;(4) 需求计划和生产计划容易受到供应链多重因素影响。供应链的实施使三菱化工公司发生一系列的改变。第一是新的工作流程和管理模式以及由信息技术带来的工作方式的变化;第二是运营方式的变化;第三是组织层次上的变化;第四是企业管理观念层上的变化。总之,供应链系统的实施是改变和优化三菱化工公司业务处理过程的催化剂。此外,通过供应链的实施,可以较好地使三菱化工公司现有的管理理念与系统先进的管理思想及管理方法趋向一致,从而为客户创造最大的价值。

案例 4.4

VMI 是近年来出现的一种新的供应链库存管理方法,这种库存管理策略打破了传统的各自为政的库存管理模式,体现了供应链的集成化管理思想。VMI 的策略一般可以分为以下四个操作步骤。

第一步,为了使供应商及时准确地掌握需求变化的有关情况,由批发商进行的需求预测与分析功能集入到供应商的系统中来,需要建立客户情报信息系统。

第二步,供应商要很好地管理好库存,必须建立完善的销售网络管理系统,保证自己产品的需求信息和物流的畅通。

第三步,建立供应商与分销商(批发商)的合作框架协议,确定处理订单的业务流程以及控制库存的有关参数,库存信息的传递方式。

第四步,进行组织机构的变革,因为供应商管理库存改变了供应商的组织模式,新的职能的产生必然要进行组织机构的变革。

台湾雀巢与家乐福的 VMI 系统的特点与启示如下。

(1) 台湾雀巢与家乐福的 VMI 系统中体现了双方高度的合作意愿及行动,在实施 VMI 中,相互信息与信息透明很重要,供应商与零售商或客户之间的都要有较好的合作精神,才能建立战略合作伙伴关系。

(2) 台湾雀巢与家乐福的 VMI 系统追求总成本最小,VMI 不是关于成本如何分配或由谁支付的问题,而是关于减少总成本的问题,台湾雀巢和家乐福通过供应商管理库存策略的实施,使双方的成本都获得减少,实现了总成本最小。

(3) 实施 VMI 系统,台湾雀巢与家乐福达成目标一致。双方都明白各自的责任,在观念上达成一致目标,达成协议框架,对其具体实施做出规定。

(4) 精心设计与开发,VMI 系统可以降低供应链和库存水平,降低成本,并且能使客户获得高水平服务,改善资金流,与供应商共享需求并获得更高的客户信任度。

案例 4.5

沃尔玛的借鉴意义,不能仅关注其表面采用的技术与管理模式,更应注重学习其管理的战略理念。

1. 要了解顾客的需求

零售业是直接与最终消费者打交道的行业，顾客决定一切，如果企业不以满足消费者需要为中心是无法生存下去的。沃尔玛每周都对顾客期望和反映进行调查，管理人员根据计算机信息系统收集的信息以及通过直接调查收集得到的顾客期望，及时组织采购，更新商品，营造舒适的购物环境。顾客需求管理使沃尔玛相对于其他的供应链主体更贴近消费者、了解消费者，更能及时和真实地反馈消费者信息，进而使它超越"商业零售企业"的纯粹等待上游厂商供货、组织配送的现状。

2. 要完善信息系统

21世纪以来，数据采集技术、处理技术和通信技术的飞速发展，使物流信息随之可以及时、大批量地获得，并能安全地存储和快速地处理、传输。物流产生信息流，信息流控制物流，信息化是现代化的首要标志，发展物流业的关键是实现物流信息化。快捷的信息反馈和高效的信息技术支持可以使商品存量大大降低，资金周转速度加快，经营成本因此也就自然降低。

3. 要整合物流系统

所谓物流系统整合，是将原本相互联系却被分割开来进行管理的各种物流活动更新整合为一个整体。包装、保管、运输和仓储等原本是一些相互联系紧密的活动。然而，在实际的生产活动中，这些活动却是分开来进行管理的。如何将这些原本就相互联系的，却在空间上被分开来进行的活动重新整合为一个整体是当前物流业急需解决的问题。

沃尔玛成功的经验表明，在当今企业竞争日趋激烈的市场环境下，要获得持续的发展，必须重视对供应链的管理。企业在考虑供应链的建设过程中，必须使得本企业的供应链系统能够随着市场发展和变化不断动态调整，从而保证与本企业相关的上下游各个合作伙伴能够做出快速反应，协调企业一起完成销售任务。沃尔玛的案例能给我国大型的零售企业以巨大的启发：企业要在市场上获得统治地位，不仅仅是与本行业中的其他对手竞争，更要依赖在同一条供应链上的批发，制造商以及供货商的联盟来实现自己的竞争优势，从而避免被淘汰的厄运。

案例 4.6

1. 大规模定制的理念与分类

大规模定制的基本思想在于通过产品结构和制造流程的重构，运用现代化的信息技术、新材料技术、柔性制造技术等一系列高新技术，把产品的定制生产问题全部或者部分转化为批量生产，以大规模生产的成本和速度，为单个客户或小批量多品种市场定制任意数量的产品。浙江大学机械工程学系祁国宁教授曾提出客户订单分离点(Customer Order De-coupling Point，CODP)的概念，它是指企业在生产活动中由基于预测的库存生产转向响应客户需求的定制生产的转换点，按照客户需求对企业生产活动影响程度的不同，即CODP在生产过程中的位置不同，把大规模定制分为按订单销售(Sale-To-Order)、按订单装配(Assemble-To-Order)、按订单制造(Make-To-Order)和按订单设计(Engineer-To-Order)四种类型(如图4-7所示)。这种分类方法已经被学术界和企业界普遍接受采用。

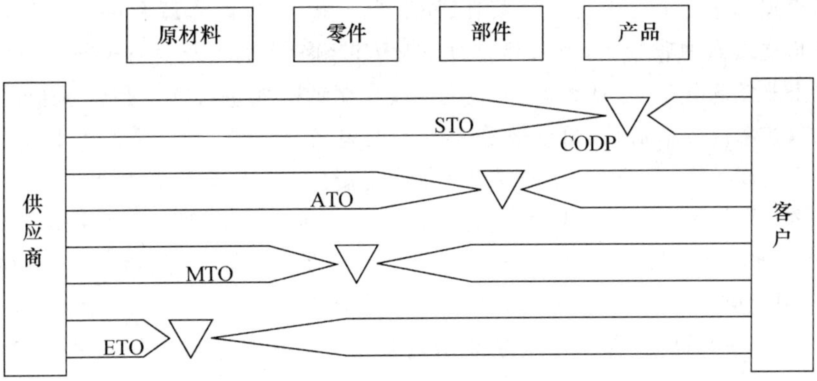

图 4-7　大规模定制分类图

按订单销售又称按库存生产(Make-To-Stock)，这是一种大批量生产方式。在这种生产方式中，只有销售活动是由客户订货驱动的，企业通过客户订单分离点位置往后移动而减少现有产品的成品库存。

按订单装配，是指企业接到客户的订单后，将企业中已有的零部件经过再配置后向客户提供定制产品的生产方式，如模块化的汽车、个人计算机等。在这种生产方式中，装配活动及其下游的活动是由客户订货驱动的，企业通过客户订单分离点位置往后移动而减少现有产品零部件和模块的库存。

按订单制造，是指接到客户的订单后，在已有零部件的基础上进行变型设计、制造和装配，最终向客户提供定制产品的生产方式，大部分机械产品属于此类生产方式。在这种生产方式中，客户订单分离点位于产品的生产阶段，变型设计及其下游的活动是由客户订货驱动的。

按订单设计，是指根据客户订单中的特殊需求，重新设计能满足特殊需求的新零部件或整个产品。客户订单分离点位于产品的开发设计阶段。较少的通用原材料和零部件不受客户订单的影响，产品的开发设计及原材料供应、生产、运输都由客户订单驱动。企业在接到客户订单后，按照订单的具体要求，设计能够满足客户特殊要求的定制化产品，从供应商的选择、原材料的要求、设计过程、制造过程以及成品交付等都由客户的订单来决定。

2. 供应链与大规模定制的耦合性

大规模定制的这种思想和经济效益仅仅依靠传统战略竞争观念下的单个企业显然是无法实现的，它必须依赖于企业外部资源与企业自身资源的合作性运用。要在企业传统有限的资源基础上快速低成本地实现大规模定制所要求的个性化产品，企业必须迅速完成定制产品的设计、试制、生产以及市场营销等工作，但极度的个性化将使整个实现过程异常复杂。而市场需求的时效性将迫使整个设计、生产周期不断缩短，这进一步加剧了大规模定制理念实现的难度。企业必须突破自身在可利用资源上的约束，变革传统的战略竞争观念。

供应链管理为大规模定制的实现提供了战略上和实际运作上的出路，供应链从原材料供应商开始，经过主体企业、分销商和零售商等一系列环节到最终用户，形成了一种逻辑上的链式结构，是由物料获取并加工成中间产品或成品，再将成品送到用户手中的一些企业和部门构成的网络，是通过计划、获得、存储、分销、服务等一系列活动，在顾客和供应商之间形成的一种衔接，从而使企业能够满足内部顾客和外部顾客的需求。

供应链管理对于改善企业的经营状况、降低生产成本、提高资源利用率有着重要的作用，在市场竞争愈发激烈的背景下，越来越多的企业认识到竞争的实质是价值链之间的竞争，而供应链则成为企业提高效率、降低成本、实现大规模定制的有效切入点。企业通过加强供应链管理，提高物流、信息流的畅通性，通过畅通的物流、信息流来减少库存、降低成本，从而可以使整个定制生产系统高效率、低成本，这是实现大规模定制的一种有效的管理模式。

具体来看，供应链管理对大规模定制的作用可以表现在以下方面：一是可以为大规模定制解决快速准时交货问题、低成本准时的物资采购供应策略问题、物流配送的敏捷性与灵活性问题等，从而可以保障大规模定制产品的快速生产与快速交货；二是供应链管理环境下供应商管理库存(VMI)、联合管理库存(JMI)、多级库存优化与控制等先进的库存管理策略的运用，可以使供应链合作企业大大降低大规模定制中通用零部件和模块的库存水平；三是通过供应链管理中的信息共享和信息集成，可以减少由于信息不对称和不完全所带来的风险，加强各合作企业之间的相互协作，提高大规模定制企业的市场反应速度和竞争力。

3. 戴尔大规模定制的启示

戴尔公司通过“按订单装配”的大规模定制生产模式，利用现代化的网络技术将批量生产的低成本优势与个性化定制生产的高附加值优势完美地结合起来，这不仅降低了其库存成本，收集到了顾客的需求信息，而且还大大提高了他们的满意度。戴尔公司通过建立一个超高效的供应链和生产流程管理，实现了即时生产和零库存，并且与供应商虚拟整合，构建了核心竞争力，而这一切都依赖于标准化的产品零部件设计和先进的信息技术平台。戴尔公司正在逐步转向全球范围的综合供应链管理，这样各生产工厂和供应商之间就形成了巨大的供应链体系，在全球范围内有效地实现了整合，使资源配置更加高效合理。

面对竞争日益激烈的市场，企业要想在市场竞争中占得先机并持续发展，生产模式和管理思想的革新势在必行。戴尔公司面向大规模定制的供应链管理模式，对于国内企业来说是有一定借鉴意义的。

企业实施面向大规模定制的供应链管理必须解决三个问题：一是实现企业内部资源的有效整合。企业必须认识到现有产品的合理化、零部件的标准化是面向大规模定制的供应链管理的基础，应注重延迟策略的应用与信息平台的搭建及信息技术的应用，并确保灵活的组织结构以发挥供应链优势。二是要建立战略合作的外部协作关系，快速整合企业外部资源，确保企业能够快速供应，并且应对所有供应厂商的制造资源进行统一调配与集成，有效地对供应商进行整体评价，与供应商建立战略合作同盟。三是要准确快速地把握客户需求，建立以顾客为中心的客户关系管理。建立及管理客户数据库系统，开展“一对一”营销，建立网络营销平台，这样才能确保面向大规模定制的供应链管理获得成功。

案例 4.7

结合供应链管理理论，通过对苏宁供应链管理的分析，能够更加深刻地体会到：合作而非对抗，在共赢中强化竞争，是家电行业制造商与零售商实现利益最大化的最优、也是唯一的途径。从传统的买卖双方相互独立到发展为同呼吸、共风险以及共同获利的战略合作伙伴关系，这是所有企业发展的大趋势，也是在风起云涌的市场经济大潮和全球化风暴中的生存准则。如何建立有效的供应链合作体系深深地影响着一个企业发展的持久性以及获利的持续性。

不仅是家电零售行业，各个行业的发展进步都要依靠一个整合、高效并且不断改革变化的供应链作为支撑。苏宁电器的供应链管理模式是在社会经济实践中摸索的成果，苏宁电器的经验为我国供应链体系的变革做出了很大的贡献。

案例 4.8

太古饮料集团在实施供应链变革后，其饮科产品在库存、中央配送、仓储和运输资源管理、生产计划等领域都获得了极大的改善，从而大幅降低了供应链的运作成本，提高了资金利用率，利润率和运营效率也随之得以提高。

从某种意义上讲，APS 系统帮助太古饮料集团建立了一个科学的模型，不但能够预测短期(3 个月)市场需求，也能预测中长期(18 个月)市场需求；并且还可以综合库存信息、采购周期、采购规模效应、生产周期、生产产能限制、配送网络限制、运费等各种因素，生成成本最低化的短期生产、采购和配送计划以及中长期的产能规划，供管理层做决策参考。

APS 系统实施后，太古饮科集团的需求管理已不再是由工厂计划部门运用软件工具进行简单的短期预测，它成为贯穿企业整个供应链、产品开发、技术战略、服务支持和组织设计等一系列活动的短期和长期的需求预测与管理。一般情况下，给制造商和原料供应商突发性地发布一个基于新需求的新计划可能是灾难性的，因为它极可能带来组织上的浪费、混乱和停工。这种负效应使得企业即使面临市场改变，也会因可能发生的破坏效应而不敢重新计划。但有效的软件系统就能突破这种局限。

其实，对于饮料行业而言，每个产品每天在某个区域产生的销售波动是有一定规律的。在不同地方，消费者的需求、消费习惯、购买能力以及季节、节日等因素都可能成为一个重要的变量指标。因此，为了确保预测的精度，太古饮料集团的供应链计划在每个预测计划里，都会同时提供 4 个可能的场景再进行分析，以提供不同情况下，这个预测可能波动的范围。这样，摸索把握关键的管理控制点，在信息系统中配入合适的业务原则，使他们的需求预测更加精准。

案例 4.9

以联合利华为例，如何构建先进的供应链系统，引进高效的物流、信息流运作技术，降低生产及流通中的各种成本，提高企业竞争力已成为快速消费品企业一个亟待解决的问题。快速消费品企业想要有效地整合自身供应链，提高物流效率，关键是找到其供应链存在着的诸多问题(大部分是因缺少信息化管理工具所导致的)，最后对症下药，这些问题主要包括以下八个方面。

1. 需求管理不到位，缺少供应链上前向的洞察力

供应链上成员各自作预测，所用数据仅限于下游客户的直接订单，导致牛鞭效应，对未来的掌握度极差；下游需求不明，只知道客户买了多少，不知道客户消耗了多少，无法掌握客户真正的需求；订单管理不统一，面向客户缺少一个单一的窗口，数据混乱；上游供应不稳，对上游供应商的产能和库存无法掌握，导致供应不稳。

2. 供应链上的协同性差

供应链上的企业之间、企业各部门之间的信息不共享、业务的不协同造成了信息滞后和缺少沟通，导致大量的不确定性；供应链上同层次间难以实现调拨转运、互通有无，往往是各自持有自己的高额库存，无法采用共担风险的策略。

3. 供应链上各层次的计划不准

单个企业/部门的计划由于需求掌握不准和缺少快速优化确编制计划的工具,导致计划不准,编制速度慢,以至于计划无法满足真实的市场需求和变化,重排计划困难,响应速度慢;整个供应链的计划更是由于缺少好的根据而无法实现上下游的联合协同计划,在供应链上的各环节上存在业务衔接失误和滞后,无法紧跟市场需求的变化,致使整个供应链的运行效率低下。

4. 库存高

太多的需求与供给不确定性和供应链成员间缺乏互信与协同,牛鞭效应等导致高库存数据处理复杂,各系统、成员间无法直接交换数据,太多的数据需要重新输入和转换,信息滞后,流程不连续(即使能够交换数据,但不能共享流程,从原材料→供应商→产成品→消费者,供应链业务流程缺乏连贯性);缺少有效的策略(共担风险策略,集中/分散策略,直接运送策略,越库作业,延迟策略,分销商一体化,零售商-供应商伙伴关系,VMI,协同计划、预测与补货等)与软件系统工具来控制整个链上的库存,造成库存居高不下。

5. 响应速度慢

缺少现代化的供应链决策与优化工具,无法及时掌握和把握市场机会,无法快速地捕捉需求信号,并对这些信息快速地做出反应;灵敏性差,对预防和快速处理例外事件的能力差,导致整个供应链的响应能力差。

6. 纵向一体化管理

在运作模式上采取"小而全"、"大而全"的策略,将各种生产与经营资料牢牢控制在自己手中,从原材料、零部件加工、生产装配、仓储、包装、运输、配送、分销与销售等环节的业务都纳入自己的业务范围之内,形成了整体业务一条龙,企业形成了庞大、臃肿的超级组织结构,缺少有效的竞争优势。

7. 供应链网络设计不合理

企业生产过程和物流过程的设计未考虑整个供应链的合理性,造成高额运营成本;整个分销网络没有实现优化设计和改进,上下游网络设施与物流作业设计衔接差,无法实现协同运作,影响了流程的顺畅性;供应链的配置与管理不周,只针对和着眼某一个局部,没顾及整个供应链的资源;供应链的竞争衡量失真,缺乏供应链管理绩效的衡量标准和衡量指标。

8. 来自物流业务的挑战

缺乏跨越扩展的供应链的,对特定用户的发运和订单的可见性;无法收集和监控多数据源的海量信息,缺少例外处理机制和能力(没有适当的机制来响应超出容忍限度的情况,如延期交付、服务中断和其他意外事件,无法自动、提前进行预警和及时推荐应变方案);对运输能力需求缺少可视性,缺少优化的发运计划和补货计划,同时考虑各种变量(成本、服务、运力、自有车队的利用等);无法考虑多重因素的限制以最大化利用现有的运输能力;无法将供应链中的问题及时通知贸易伙伴和监控网络上的绩效表现。

在本案例中,联合利华洗发水销售是当今所有快速消费品行业商品销售具有的典型特点。在当前社会物流成本逐渐上升,市场竞争日益激烈的情况下,整合供应链、提升物流效率才是快速消费品企业降低成本并增强竞争力的有力武器。快速消费品行业正在向现代化快速迈进,企业之间的竞争已经发展为供应链的竞争,市场对快速消费品企业的供应链系统提出了更高的要求。因此,为了适应市场的发展,最大限度地留住顾客,快速消费品需要对其供应链系统更加精化。

第5章

采购与供应管理案例

案例5.1 IT采购：如何选择完美售后[①]

现今这个高速发展的信息化时代，提高办公效率和降低运营成本已经成为企业当前的首要工作，以往企业IT采购项目对产品主要关注综合性能和采购价格，这就促使设备厂商大力加强自己产品的性能并尽可能低地压低价格，以迎合企业的IT采购需求。然而，产品性能和价格并不是衡量IT采购标准的全部。

一、企业IT采购，售后之殇

多年以来对于企业的IT采购，供应商的售后服务质量跟不上一直是比较集中的问题。如果这一弊端长期得不到改善，不仅会对企业的办公效率产生负面影响，对企业运营成本的降低也是一种阻碍。

如何解决企业IT采购在售后服务方面的后顾之忧就成为一个非常值得深入探讨的话题。一般情况下，采购单位对售后服务质量的评估会取决于供应商的服务态度、响应速度和维修效率等几个方面。就目前来说，一个健全的售后服务机制应该包括客服中心、故障排除、远程技术支持服务、技术培训和质量服务保证措施等几项内容。只有通过全面且灵活的售后服务形式，加之用心让客户满意的态度，才能使企业IT采购售后服务的水平整体提高，从而为企业提高办公效率提供有力保障。

可是在目前的一些实际操作中，要真正让采购单位选对完善及时的供应商却是一件不容易的事情。这就好比把招标比作一次考试，那就应该是理工科的考试，答案必须是标准化的，可以直接量化成分数，而不能像作文和论文一样有抽象的内容，否则就无法评分。

供应商在IT采购中需要回答的题目大部分都是标准化的，比如计算机的主频、内存、硬盘和无故障工作时间等。但是，售后服务一直是一个比较抽象的概念。一个供应商售后服务做得好，往往只会用一些形容词来表示，比如“服务态度诚恳”、“响应速度及时”。这些都只能代表一种感觉，而不是一种量化的指标。比如“响应速度及时”，什么叫及时，多长时间到现场才算及时？还有响应也是个问题，什么算响应？是上门服务，还是远程电话咨询？再比如“服务态度诚恳”，什么样子的态度算诚恳？如果维修人员十分诚恳，但是修了两天都没修好，对采购人又有什么好处？所以，必须量化为多长时间到现场、多长时间完成修理才行。

---

① http://notebook.yesky.com/100/30931100all.shtml。

二、联想 ThinkPad 笔记本电脑采购案例

下面以联想 ThinkPad 笔记本电脑为例，具体说明一个最好的、最符合企业 IT 采购员采购标准的售后服务究竟应该是一个什么样子。

(一) 完美售后，ThinkPad 无后顾之忧

作为 PC 行业的领导品牌，联想 ThinkPad 注重内外兼修，以产品品质、用户自助服务、售后服务三把利剑力鼎 ThinkPad 成为行业标杆的产品形象，铸就消费者口碑。全球化的 ThinkPad 售后服务体系秉持优质、贴心、快速响应服务理念，以专业服务品质为热爱 ThinkPad 的用户提供从软件到硬件的全面技术支持服务，力保商务人士手中的笔记本电脑随时运行通畅。

为了实现这一理念，ThinkPad 的售后服务聚焦在四个环节，即 Think 官方网站、800 售后电话、联想授权服务站以及全球化联保。

(二) 联想 Think 官方服务网站

联想致力于打造智能化、互动化、规模化的 Web 官方服务网站并提供包括自助服务、互助服务、帮助服务等全方位的服务模式，通过最便捷的途径，在用户最方便的时间，以用户最希望和最习惯的方式，提供用户最需要的服务。

Think 产品用户直接登录联想 Think 官方网站 http://think. lenovo. com. cn/，即可体验到网络服务给用户带来的便捷与专业。

图 5-1 为联想 Think 官方服务网站首页。

图 5-1　联想 Think 官方服务网站首页

网站上的具体功能包括：自助服务（如自动解决用户问题的智能机器人、智能驱动修复、技术资料查询、服务网点查询等服务），方便快捷地解决用户的问题，网站推出的 Think 技术月刊深受小黑迷们的喜爱；互助服务，联想将提供一个互助平台，让更多的用户加入其中相互提供帮助，营造新型的联想网络社区服务；帮助服务，利用在线咨询、E-mail 支持、网上报修、网上预约等，实现人工在线服务。这些服务及时地帮助用户解决驱动下载、故障报修等问题。

（三）联想 800 电话售后服务通天下

目前，ThinkPad 在中国大陆地区的服务网络已经覆盖全国。用户可拨打保修卡上的全国售后服务电话：8009908888/4006908888/010-58851110（未开通 400 或 800 电话的，可拨打直线电话），寻求直接来自联想 Think 服务体系的帮助。

该电话所连线的服务站已覆盖全国 31 个省市，ThinkPad 的专业工程师会在电话另一端耐心地解答问题，为用户提供从软件到硬件的技术支持服务，确保用户享受到真正国际品质的售后保障。方便 ThinkPad 的用户获得更便捷、更高效的售后技术支持服务。

（四）想知道哪个联想授权服务站离家最近

信息时代的都市人在出行前都会上网查询最佳出行路线。对于联想授权服务站，目前官网上（http://think. lenovo. com. cn/stations/thinkServiceStation. aspx）也提供了前往服务站的行程路线建议，为用户着想堪称贴心到位。

如果用户按照网站指示的路线来到专业 Think 服务站，会看到这里的工程师都佩戴统一的胸牌，胸牌上配有清一色的 Think 黑色挂绳，胸牌上明确标有 ThinkPad 或 ThinkCentre 字样。如果是在保修范围内的产品，将全部享受免费服务，且提供规范操作和统一作业服务单。

（五）漂洋过海的联想 Think 全球联保服务网

如今中国经济发展迅猛，越来越多的人走出国门，也有各国商务人士往来穿梭于各个国家之间。在如此快节奏、大范围的商务活动中，商务人士自然要求他们的笔记本能够一周 168 小时无故障。因此，全球联保对这些商务人士显得尤为重要。对于即将漂洋过海或回国的商务人士，怎样选购 ThinkPad 笔记本，才能更全面地享受到全球联保服务呢？

步骤一：拨打客服热线 8009908888，亲切友好的专业工程师将为用户提供需要预知的相关信息，防止购机后出现国内或国外无法维修的问题。同时，用户还可以听到最专业的购机建议，确认最适合自己需要，以保证能享受到全球化的售后服务。

步骤二：按照客服建议购买后，用户需要按照流程完成注册手续。在准备好相关资料后，可通过邮件或电话的手段完成 IWS 注册（International Warranty Services，全球联保服务，注册电话：8008103315/未开通 800 电话或手机无法拨打 800，可拨打直线电话 010-82878860）。该服务正是为了那些经常频繁来往于世界许多国家的商务人士所提供。如果在购机前预先拨打该电话，专业的技术人员还可通过全球系统向用户推荐，用户所经常往来的国家和地区内可以享受全球联保服务的产品。用户购买产品注册 IWS 成功后，即可享受来自全球任何一个 Think 专业维修点的技术支持和维修服务。Think 的全球联保服务保证将跟随用户前往全球的任一角落。

联想 ThinkPad 笔记本电脑完善的售后服务可以说从根本上解决了企业在 IT 采购方面的后顾之忧，其售后服务中的每一个细节无不透露出处处为用户着想，无微不至的人性化特点。同时也反映出市场迅猛发展，IT 产品在功能、设计、价格定位等方面的差异性正在逐渐缩小，而厂商的服务能力、服务范围和服务质量将成为未来用户选择产品的最重要的考量标准之一。任何企业都面临着众多强劲的竞争对手，价格大战已使许多企业精疲力竭，款式、包装、品牌和售后服务等方面的差异性成为企业确立市场地位和赢得竞争优势的尖锐利器。而其中联想已经抢占先机，为全行业树立了一个正面的标杆。

案例思考

1. 为什么说企业的 IT 采购，供应商的售后服务质量是重中之重？
2. 联想售后服务的特点是什么？对于其他的 IT 厂商有何启示？

案例 5.2 丰田汽车分销体系的构建①

任何一个欲参加国际市场竞争的企业都面临着一个共同问题，即如何成功地打入预定的目标市场，制定合理的市场进入策略，是市场开拓成功的重要保证。日本丰田汽车成功地打入美国市场，成为汽车工业的佼佼者，就是极好的例子。

日本汽车工业早在第二次世界大战前已经建立，但产品质量低劣、技术落后、形象不佳、发展缓慢。战后，由于引进国外先进的技术设备和管理方法，加上现代市场营销观念的指导，日本汽车工业由小到大、由弱变强，得到长足的发展。1955 年，日本全国年产 2 万辆小轿车，在世界市场尚无立足之地。然而，在 20 世纪 80 年代初，日本超过美国成为世界上第一个年产 700 万辆小轿车的国家。1965 年，丰田仅向美国出口轿车 288 辆；10 年后，丰田超过它的主要竞争对手德国大众公司占据美国小轿车进口商的首位；2011 年，丰田汽车年产超过 795 万辆，在美国市场销量高达 164 万辆，控制了美国轿车市场 15％的份额。

丰田公司从无足轻重的无名小卒跃居为强大的垄断性厂商，成功地进入并占领美国市场，其重要原因之一，就是成功地识别市场机会和制定行之有效的进入策略。

“知己知彼，百战不殆”。想要成功地进入国际市场，首先要认识、了解和熟悉国际市场，它是构成企业出口的前提条件。出口企业客观而又深入地进行市场调研，在市场分析的基础上，识别和抓住市场营销机会，选准进入的目标市场，是进入市场前必要的准备工作。市场定位不准或不了解目标市场范围内消费需求和竞争对手情况的盲目出口，只能自讨苦吃。在市场定位决策中，消费者需求偏好和主要竞争对手的市场营销缺陷或疏漏是最重要的决策依据，丰田公司对此并非一开始就明确。

首先，丰田公司利用政府、综合贸易商社、企业职能部门，甚至美国市场研究公司收集信息，了解美国经销商和消费者需要什么和不需要什么，探测潜在需求弹性，发现未满足或满足不充分的市场部分。通过市场调研，他们发现美国人把汽车作为地位或性别象征的传统观念正在逐渐削弱，汽车作为一种交通工具更重视其实用性、舒适性、经济性和便利性。如长途驾驶要求座位舒适和较大的腿部活动空间，易于操控，行车平稳；符合大众利益要求，较低的购置费用、耗油少、耐用和维修方便；随着交通拥挤日趋恶化，要求提供可靠方便，转弯灵活的小车型。

其次，丰田公司研究竞争对手的不足和缺陷，从而制定“攻占角落”的营销策略了解自己的竞争对手与了解自己的顾客同样重要，攻击竞争对手的不足和缺陷，以己之长攻其之短，变劣为优，改变力量对比关系，培育竞争实力，可取得出其不意、攻其不备、先声夺人、

① 刘秋华：《企业管理》，沈阳：东北财经大学出版社，2009 年版，第 135—137 页。

置其死地之效果。丰田公司在市场调研中发现，底特律汽车制造商骄傲自大、因循守旧、墨守成规，甚至面对竞争者的挑战、政府的警告信号、消费者拒绝购买和库存量的直线上升，仍然熟视无睹、麻木不仁，继续大批量生产大型豪华车。完全被忽视的顾客需求的小型车空白市场给丰田汽车的进入提供了可乘之机。在市场调研的基础上，丰田公司精确地勾画出一个按人口统计和心理因素划分的目标市场，设计出满足美国顾客的美式日制汽车。丰田花冠以其外形小巧、购买经济、舒适快速、维修方便的优势终于敲开了美国市场大门，步入成功之路。

一、产品策略

面对美国和西欧这些强劲对手，丰田汽车的产品策略是避实就虚，生产高质量、小型化，具有便利性、可靠性和适用性的小轿车，其目的在于使日本汽车作为一种交通工具，为美国广大消费者所接受。消费者接受的范围和程度决定了产品进入国际市场的命运。丰田汽车造型优美，内部装修精致典雅，舒适的座椅、柔色的玻璃，发动机的功率和性能比大众汽车公司提高一倍，甚至连汽车扶手的长度和腿部活动的空间都是按美国人的身材设计的。由于适合美国大众消费者的口味，丰田花冠一进入美国市场，很快就建立起较高的质量信誉，每销售 100 辆中顾客有不满意见的，从 1969 年的 4.6 辆下降至 1973 年的 1.3 辆。

当丰田汽车在美国站住了脚之后，他们并未偃旗息鼓，而是迅速采取产品扩张策略，即不断地改进产品，满足更大的市场需要。产品扩张策略依赖于劳动生产率的提高和产品质量的不断完善。连续追加投资，建立拥有最先进设备的工厂，培养一流的工程技术人员和训练有素的一线工人，强化科学管理，为大幅度提高劳动生产率和规模经济效益奠定了物质基础。1958 年，丰田公司人均年产 1.5 辆汽车，1965 年为 23 辆，1969 年再度提高到 39 辆。同期，通用公司劳动生产率仅从年人均 8.9 辆提高到 11.4 辆。提高产品质量，创造“无缺陷”产品是丰田人的座右铭，他们将质量控制集中在生产过程的流水线上，每一道工序的工人从检查上一道工序的质量开始自己的工作，从寻找不合格产品，直到全部合格为止，视质量为企业生命，“QC 组”发挥了重要作用，从而保证了丰田汽车的信誉。

二、定价策略

日本汽车打入美国市场，在定价上主要采取竞争性渗透低价策略，其目标不在于获取单位产品的高额利润，而在于能快速地进攻入市场，获取一定数量的市场份额，建立起长期的市场统治地位。为了进入市场，争取潜在顾客群，其制定的价格大大低于竞争对手的价格，将近期的利润损失作为开发长期的广阔市场的一种投资。随着市场份额的扩大，刺激有效需求的增加，单位成本的降低，即使价格不变，也能保证长期求得一个相对稳定的利润总额。

丰田花冠在进入美国市场时售价不到 2 000 美元，而后出的花冠车不到 1 800 美元，在小汽车技术差距已经消除的 20 世纪 70 年代，同类车型和功能一样的轿车，丰田汽车比美国汽车低 400～1 000 美元。这种进攻型的低价策略，加上质量高、性能好、批量大和维修费用低等优势，产生一种滚雪球效应，为丰田汽车树立起物美价廉的良好形象，使美国汽车厂商既无还手之力，又无招架之功，大片的市场份额逐渐被丰田所蚕食。

三、分销渠道策略

第一，在对竞争对手详尽分析的基础上，丰田公司选择了一整套进攻的分销策略，以保证其产品畅通无阻地进入目标市场，完成产品从生产领域到消费领域的惊险跳跃。丰田公司提供良好的维修和售后服务，在发动每次销售攻势前，建立广泛的服务网点，提供充足的零配件，为销售成功筑起牢固的支撑点。由此，1965 年投放花冠车于美国市场前，丰田公司已有 384 家代理商和价值 200 万美元的零配件储备。

第二，选择重点销售市场，集中全部销售力量对目标市场重点进攻，在对重点市场基本渗透之后，再进攻下一个目标市场。丰田汽车打入美国市场主要选择西海岸的四个城市，即洛杉矶、旧金山、彼特兰和西雅图，当建立起滩头阵地后，便开始对美国市场全线进攻。实践证明，这一策略对观察整个市场态势，及时发现和纠正错误，积累国际市场营销经验是十分有益的。

第三，严格筛选代理商。一流商品必须由一流商经销。选择的代理商应是资金雄厚、声誉高，具有丰富的营销经验，顾客偏好进口商品的中间商和零售商。特别是在进入国际市场初期，重金聘用当地商人或由国外代理商经销商品，不仅可以减少营销风险，增加销售，而且还可以为自己的销售公司提供示范和培养人才。1969 年，丰田公司尽管只有一种车型，而汽车代理商中的 44%为丰田服务，为丰田汽车进入并占领美国市场铺平道路。

第四，用丰厚的利润扶植和激励经销商。丰田公司进入美国市场时以每辆 181 美元的利润让给经销商，这一数额大体与经销一辆大型轿车的利润相等，在有些人看来简直不可思议，而短短的几年时间，丰田汽车便跻身于世界汽车销量最大公司行列之中，令视其为“傻瓜”的人目瞪口呆。

四、促销策略

丰田公司促销策略的核心是集中全力直接针对目标市场大量做广告。为了树立丰田汽车的形象，在电视中大做广告使丰田家喻户晓。丰田公司抓住其他厂商没在电视媒体做广告的机会，垄断了小轿车电视广告的播映权。这一时期丰田公司的广告支出大大超过竞争者的水平。丰田汽车广告的内容由专家精心设计，为了避免刺激美国的竞争者和引起日美贸易矛盾尖锐化，尽量迎合美国人的喜好，在大力宣传交通工具在美国的重要性同时，提到丰田汽车种种良好的功能和消费者带来的利益。这种“具有美国精神的先进汽车”广告战，终于使丰田汽车在没有硝烟的商战中大获全胜。

案例思考

1．根据案例 5.2，你认为汽车企业开拓国际市场应该如何建立系统的分销模式?

2．根据案例 5.2，分析进攻性分销渠道具有什么样的特点?

3．根据麦卡锡的“4P”营销战略组合，你认为国内汽车企业若想打开国际市场应该如何避免与进口国的贸易矛盾?

案例 5.3　“天天渔港”原料集中采购设计[①]

“天天渔港”成立于 1992 年，前身是一家普通的家常餐馆，后改为以经营海鲜为主的餐馆。“天天渔港”由于菜肴制作卫生，海鲜产品的新鲜度高，很快便在大连中山广场周围小有名气。此后，“天天渔港”的牌子越来越响，顾客回头率非常高，借着火爆的经营态势，“天天渔港”陆续开了 13 家分店，在沈阳和上海也有 2 家分店。尽管“天天渔港”在大连享有盛名，然而由于历史原因，各家分店却各自为政，独立经营，互不干涉。

“天天渔港”在大连的分布布局相对集中，分部间的最远路程约为 10 公里，其目标客户为中高档消费人群，主要是商务人士、游客和高收入的人群。“天天渔港”各个店面内部装修豪华，灯光、背景、墙面等装饰和雕塑等小品设计给顾客创造了温馨舒适的就餐感觉。

海鲜一直是人们追求风味的一个方向。特别是沿海城市，以其独特的特色有别于八大菜系，全国各地大大小小的海鲜餐厅不计其数，市场竞争十分激烈。海鲜的一个很重要的“风味”就体现在“鲜”字上面，在许多餐厅的显眼位置中均能看到大大小小的海鲜饲养池，然而海鲜的储存毕竟是有限的，库存费用高，因此海鲜的采购便成为一个关键问题。

“天天渔港”主要凭借经营量来确定采购量，由于海鲜的消耗量较大，因而不得不大量采购，甚至要在店里饲养一部分，这样便占用了营业面积和大量资金，此外，还要高薪聘请饲养人员，成本比较高。即使这样，“天天渔港”仍然会出现有时供不应求，有时没有客人光顾的情况。由于海鲜的价格较高，客人对海鲜的质量要求也相当高，他们要求海鲜产品要鲜、活、肥、丰。“天天渔港”为了保证产品的质量，对于不新鲜和养殖已经超过 3 天的海鲜都不允许卖给顾客，这也大大提高了“天天渔港”的运营成本。这种经营理念需要“天天渔港”准确掌握客户对海鲜的需求品种和需求量，但是，这种需求信息仅仅是建立在工作人员的经验基础上的，非常不科学，需求信息经常出现较大偏差。

“天天渔港”主要从海鲜批发市场购买海鲜，也有一些需求量比较大、单价比较低的品种由专门供货商送货上门的。目前，大连海鲜市场的供应流程如图 5-2 所示。

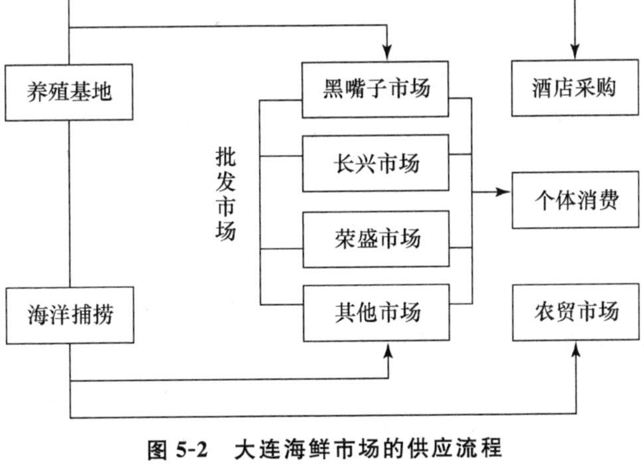

图 5-2　大连海鲜市场的供应流程

① 《“天天渔港”的原料集中采购设计》，2007 年 9 月 4 日《大连日报》，第 C05 版。

大连有东、西两大海鲜批发市场，分别是黑嘴子市场和长兴市场，货源主要来自养殖基地，还有少部分来自海洋捕捞，主要由老虎滩渔港供货。海鲜批发市场的特点是：一级批发市场的进入成本和退出成本比较低，但利润较小，短期利润不明显；海鲜养殖市场的进入成本和退出成本较大，风险也较大，但利润较高。目前，大连的大中型海鲜酒店有的采用直接到批发市场的方式采购海鲜，有的直接由稳定的一级批发商送货，而小型的海鲜酒店一般直接到批发市场或农贸市场采购海鲜。

"天天渔港"四分店的刘海淀总经理和其他几个分店的总经理对目前所遇到的情况都很头痛，从历次各分店成本核算的结果来看，采购成本和养殖成本一直是经营成本中比较高的部分，有没有解决的办法呢？其中一分店的黄经理建议大家策划一个原材料采购方案。

"天天渔港"尽管采用的是同一品牌的经营模式，但是各家分店相互之间联系很少。虽然"天天渔港"在人们心目中有一定的地位，但是影响远没有形成规模效应，在资源配置方面也存在着许多浪费。因此，大家经协商讨论后一致认为，各分店应该联合起来充分挖掘"天天渔港"的品牌优势，而联合的一个重点，就是要降低运作成本，整合品牌。在降低运作成本方面经理们各自提出了以下三种策略。

(1) 在各家分店内设立信息通道，采取各家独资采购，但在各家经营中出现原料短缺时，实行相互调配。

(2) 确定一些客户需求量较大的海鲜品种，与几家大海鲜养殖场建立长期稳定的合作关系，由这几家养殖场实施统一配送。

(3) 由几家分店联合起来，共同出资建立一家海鲜养殖场(或直接收购一家海鲜养殖场)。在完成建场之前只进行集中采购，同时建立送货队伍和信息网络渠道，建场后由这家养殖场或采购中心同时完成对几家店面的供货。

对于以上策略，几位分店经理之间是否具有一致的意见，刘总的心里没有底，多年以后各分店之间的合作会不会因为联合而出现中国传统的兄弟相争的现象，能否实现所期望的多赢的结果呢？海鲜市场原有的格局是否适合"天天渔港"进入？这些都是需要进一步考虑的问题。

案例思考

1. "天天渔港"在经营中遇到了什么困境？这些困境是如何造成的？
2. 你认为刘总应怎样确定原料采购策略？如何进行具体实施？

案例 5.4 沃尔玛全球采购[①]

沃尔玛是全世界零售业销售收入位居第一的巨头企业，素以精确掌握市场、快速传递商品和最好地满足客户需求著称，是著名的"福布斯全球500强排行榜"的冠军。

---

① http://b2b.toocle.com/detail-5574258.html。

早在20世纪80年代末，就有人质疑巨无霸的沃尔玛是否能够继续增长，但是，接下来的20年，沃尔玛每年都实现两位数的营业额增长。2010年，沃尔玛全球销售达到4 082亿美元，其中在中国的销售额达75亿美元，中国已成为沃尔玛全球的重要采购基地之一。近十年来，沃尔玛已六次登上《财富》世界500强的冠军宝座，而全球采购正是沃尔玛成功的必要条件之一。在2002年2月1日之前，沃尔玛并没有自己从海外直接采购商品，所有的海外商品都由代理商代为采购。沃尔玛要求刚刚加盟的沃尔玛全球副总裁兼全球采购办公室总裁崔仁辅利用半年时间准备好并支撑起2 000亿美元营业额的全球采购业务，同时在全世界成立20多个负责采购的分公司，使全世界采购小组同步作业，而且使全球采购业务在一年之后增长了20%，超过了整个沃尔玛营业额12%的增长率。崔仁辅深知国际贸易规划的变化对全球采购业务的重大影响，也观察到世界制造业和全球采购的总体变化趋势，于是结合沃尔玛零售业务的特点，在自办全球采购的组织上采用以地理布局为主的形式。

崔仁辅的全球采购网络首先由大中华及北亚区、东南亚及印度次大陆区、美洲区、欧洲中东及非洲区等四个区域所组成。其次在每个区域内按照不同国家设立国别分公司，其下再设立卫星分公司。国别分公司是具体采购操作的中坚单位，拥有工厂认证、质量检验、商品采集、运输以及人事、行政管理等关系采购业务的全面功能。卫星分公司则根据商品采集量的多少来决定拥有其中哪一项或几项功能。

早在2000年左右，沃尔玛把全球采购总部从香港搬至广东，并以深圳为基地，再向世界延伸20个采购据点。采购网络负责为沃尔玛的连锁店采购在质量、包装和价格等方面均具有竞争力的优质产品并全面负责沃尔玛超过2 000亿美元的全球采购任务。需要注意的是，在这个全球采购中心里不发生实际的购买行为，它所做的主要工作是在全球范围内为沃尔玛搜寻新的产品与合适的供应商，然后把搜寻到的商品和供应商们集合起来，召集分布在全球各个区域的买家过来挑选采买，达成交易。

沃尔玛采购是严格采用全面压价的方式并与供应商结成战略伙伴关系，排斥了大量的中间商，同时也尽可能最大程度地从供应商身上获取最大利润，这在一定程度上损害了供应商的利益，从而造成零售业、供应商的两大不幸：一是作为沃尔玛的供应商；二是不被沃尔玛选为其供应商。

一、沃尔玛发展全球采购网络的组织

（一）沃尔玛的全球采购

在沃尔玛，全球采购是指某个国家的沃尔玛店铺通过全球采购网络从其他国家的供应商进口商品，而从该国供应商进货则由该国沃尔玛的采购部门负责采购。

1. 全球采购网络的地理布局

沃尔玛结合零售业务的特点以及世界制造业和全球采购的总体变化趋势，在全球采购网络的组织上采取以地理布局为主的形式。

在四大区域中，大中华及北亚区的采购量最大，占全部采购量的70%多，其中中国分公司又是采购量第一的国别分公司，因此，沃尔玛全球采购网络的总部就设在中国的深圳。

2. 全球采购总部

全球采购总部是沃尔玛全球采购网络的核心，也是沃尔玛的全球采购最高机构。在这个全球采购总部里，除了四个直接领导采购业务的区域副总裁向总裁汇报以外，总裁还领导着支持性和参谋性的总部职能部门。

沃尔玛在深圳设立全球采购总部，因为沃尔玛不仅能在这里采购到质量、包装和价格等方面均具有竞争力的优质产品，更重要的是，深圳顺畅、便捷的物流系统及发达的海陆空立体运输网络，特别是华南地区连接世界市场的枢纽港地位，将为沃尔玛的全球采购赢得更多的时间，带来更多的便捷。

（二）沃尔玛全球采购网络的职责

沃尔玛的全球采购网络相当于一个“内部服务公司”，为沃尔玛在各个零售市场上的店铺买家服务。

1. 商品采集和物流

全球采购网络要尽可能地在全球搜索到最好的供应商和最适当的商品——沃尔玛的全球采购网络实际上担当了商品采集和物流的工作，对店铺买家来说，他们只有一个供应商。

2. 向买家推荐新商品

对于新产品，沃尔玛没有现成的供应商，它通过全球采购网络的业务人员参加展会、介绍等途径找到新的供应商和产品。店铺买家会到全球采购网络推荐的供应商那里和他们直接谈判以及购买。

3. 帮助其他国家的沃尔玛采集货品

沃尔玛的全球采购为全世界各个国家的沃尔玛店铺采集货物。而不同国家之间的贸易政策往往不一样，这些差别随时都需要加以跟踪，并在采购政策上做出相应的调整。

4. 调查、比较厂商和产品

沃尔玛的全球采购中心同时还对供应商的注册资金、生产能力等进行查证，对产品的价格和质量进行比较。对满意的厂商和产品，他们就会安排买家来直接和供应商进行谈判。

二、沃尔玛的全球采购流程

采购是一个比较复杂的过程，为了提高采购活动的科学性、合理性和有效性，就必须建立和完善系统的采购流程，从而保证采购活动的顺畅进行。下面从宏观方面和微观方面说明沃尔玛的采购流程。

（一）宏观方面

全球采购办公室是沃尔玛进行全球采购的负责组织。但是这个全球采购办公室并没有采购任何东西。在沃尔玛的全球采购流程中，其作用就是在沃尔玛的全球店铺买家和全球供应商之间架起买卖之间的桥梁。因此，沃尔玛的全球采购活动都必须以其采购的政策、网络为基础，并严格遵循其采购程序。

在全世界商品质量相对稳定的情况下，只有紧密有序的采购程序才能保证沃尔玛采购足够量的货物。

（二）微观方面

沃尔玛的商品采购是为保证销售需要，通过等价交换取得商品资源的一系列活动过程，包括搜索信息、确定计划、选择供应商、谈判等。

1. 筛选供应商

沃尔玛在采购中对供应商有严格的要求，不仅在提供商品的规格、质量等方面，还对供应商工厂内部的管理有严格要求。

2. 收集产品信息及报价单

通过电子确认系统(EDI),向全世界4 000多家供应商发送采购订单及收集产品信息和报价单,并向全球2 000多家商场供货。

3. 决定采购的货品

沃尔玛有一个专门的采办会负责采购。经过简单的分类后,该小组会用电子邮件的方式和沃尔玛全球主要店面的买手们沟通,这个过程比较长。在世界各大区买手来到中国前(一般一年2～3次),采办会的员工会准备好样品,样品上标明价格和规格,但决不会出现厂家的名字,由买手决定货品的购买。

4. 与供应商谈判

买手决定了购买的产品后,买手和采办人员对被看上的产品进行价格方面的内部讨论,定下大致的采购数量和采购价格,再由采办人员同厂家进行细节和价格的谈判。谈判采取地点统一化和内容标准化的措施。

5. 审核并给予答复

沃尔玛要求供应商集齐所有的产品文献,包括产品目录、价格清单等,选择好样品提交,并会在审核后的90天内给予答复。

6. 跟踪检查

在谈判结束后,沃尔玛会随时检查供应商的状况,如果供应商达不到沃尔玛的要求,则根据合同,沃尔玛有理由解除双方的合作。

三、沃尔玛全球采购政策

沃尔玛的全球采购中心总部中有一个部门专门负责检测国际贸易领域和全球供应商的新变化对其全球采购的影响,并据以指定和调整公司的全球采购政策。沃尔玛的采购政策大致可以分为以下三方面。

(一) 永远不要买得太多

沃尔玛提出,减少单品的采购数量,能够方便管理,更主要的是可以节省营运成本。沃尔玛的通信卫星、GPS以及高效的物流系统使得它可以以最快的速度更新其库存,真正做到零库存管理,也使“永远不要买得太多”的策略得到有力的保证。

(二) 价廉物美

沃尔玛采购的第一个要求是价廉物美。在沃尔玛看来,供应商都应该弄清楚自己的产品跟其他同类产品有什么区别,以及自己的产品中究竟哪个是最好的。供应商最好尽可能生产出一种商品专门提供给沃尔玛。沃尔玛最希望以会员价给顾客提供尽可能多地在其他地方买不到的产品。

(三) 突出商品采购的重点

沃尔玛一直积极地在全球寻找最畅销的、新颖有创意的、令人动心并能创造“价值”的商品。造成一种令人高兴、动心的购物效果,从而吸引更多的顾客。

沃尔玛的商品采购的价格决策和品项政策密不可分,它以全面压价的方式从供应商那里争取利润以实现天天低价;沃尔玛还跟供应商建立起直接的伙伴关系以排斥中间商,直接向制造商订货,消除中间商的佣金,在保证商品质量的同时实现利润最大化。

四、沃尔玛全球供应商的选择

优秀的供应商是零售企业的重要资源，它对零售企业的成长具有重大影响。对沃尔玛来说，选择了合适的供应商，才有可能采购到合格的商品，因此，在全球采购战略中，沃尔玛挑选供应商的条件和标准都是一样的。

沃尔玛对全球供应商的选择条件是非常严格的，要成为它的供应商，必须满足以下九大条件。

(1) 所提供的商品必须质量优良，符合国家以及各地方政府的各项标准和要求。

(2) 所提供的商品价格必须是市场最低价。

(3) 文化认同：尊重个人、服务客户、追求完美、城市增值。

(4) 首次洽谈或新品必须带样品。

(5) 有销售纪录的增值税发票复印件。

(6) 能够满足大批订单的需求。在接到沃尔玛的订单后，如有供应短缺的问题，应立即通知。若连续 3 次不能满足沃尔玛的订单将取消与该供应商的合作关系。

(7) 供应商应提供以下的折扣：① 年度佣金，商品销售总额的 1.5％；② 仓库佣金，商品销售总额的 15％～3％；③ 新店赞助费，新店开张时首单商品免费赞助；④ 新品进场费，新品进场首单免费。

(8) 供应商不得向采购人员提供任何形式的馈赠，如有发现，将做严肃处理。

(9) 沃尔玛鼓励供应商采取电子化手段与其联系。

沃尔玛在确定资源需求方面看重的是供应商提供的商品的质量以及价格，必须符合高品质的要求，又要求最低价格，以此来实现其天天低价的。

案例思考

1. 沃尔玛供应链管理模式及其变化对中国企业有哪些启示？

2. 集中统一的采购模式和严格遵循的采购程序为沃尔玛带来了哪些利益？这种模式有何不足之处？

3. 沃尔玛为强化供应商管理采取了哪些措施？其效果怎样？

案例 5.5 西门子通信的全球化采购①

西门子移动通信的供应商浩如烟海，分布在全球的各个角落，全球集约化采购是西门子进行采购管理、节约采购成本的关键。

---

① 王康：《西门子通信的全球化采购》，2002 年 1 月 28 日《21 世纪经济报道》，第 26 版。

一、西门子移动通信的全球统一采购：方法与特色

过去很长一段时间里，西门子通信、能源、交通、医疗、照明、自动化与控制等各个产业部门根据各自的需求独立采购。随着西门子公司的逐渐扩大和发展，采购部门发现不少的元部件需求是重叠的：通信产业需要订购液晶显示元件，而自动化和控制分部也需要购买相同的元件。由于购买数额有多有少，选择的供应商、产品质量、产品价格与服务差异非常之大。

精明的西门子人很快就看到了沉淀在这里的"采购成本"。早在 1999 年，西门子公司便设立了一个采购委员会，协调全球的采购需求，把六大产业部门所有公司的采购需求汇总起来，这样，西门子公司可以用一个声音同供应商进行沟通。大订单在手，就可以吸引全球供应商进行角逐，西门子公司在谈判桌上的声音就可以响很多。

对于供应商来说，这也是一个好事情。以前一个供应商可能要与西门子公司的六个不同产业部门打交道，现在他们只需要与一个"全球大老板"谈判，只要产品、价格和服务过硬就可以拿到全球的订单，当然也省下不少的时间和精力。

西门子公司的全球采购委员会直接管理全球材料经理，每位材料经理负责特定材料领域的全球性采购，找寻合适的供应商，达到成本节约指标，确保材料的充足供应。

西门子移动通信的采购系统还有一个特色是，在采购部和研发设计部之间有一个"高级采购工程部"。作为一座架在采购部和研发设计部之间的桥梁，高级采购工程部的作用是在研发设计的阶段就用采购部的眼光来看问题，充分考虑未来采购的需求和生产成本上的限制。西门子公司的高级采购工程部能够起到从设计源头上压缩采购成本的作用。如果设计原型中一个部件的价格是 11 个欧元，但目标价格只有 6 个欧元，那么设计就要做相应的修改：用更少的元部件或用更加集成的元部件。有的时候，高级采购工程部的任务就是用目标价格倒推成本。

二、西门子移动通信采购的协调：反应灵活与角色定位

有了这些充分集权的中央型采购，还需要反应灵活的地区性采购部门来进行实际操作。由于产业链分布在各个国家，西门子移动通信在各地区采购部门的角色很不一样。

日本西门子移动采购部的角色类似于一个协调者。由于掌握着核心技术，日本的供应商(如东芝和松下)直接参与了西门子手机的早期开发。西门子移动通信需要知道哪些需求在技术上是可行的，哪些是不可行的，而东芝和松下等企业也要知道西门子想要得到什么产品，采购部的主要工作就是与日本供应商的研发中心进行研发技术方面的协调、沟通和同步运作。

中国西门子移动采购部的角色重心就是利用中国市场的廉价材料，降低生产成本，提高西门子手机的全球竞争力。

三、西门子移动通信的供应管理：竞争与评价

西门子公司除了给供应商持续的成本压力以外，还充分利用订单份额来做诱饵，让现有的 2～3 个供应商充分竞争。只有价格最低的供应商才会得到西门子公司更大的订单。西门子公司有时也会故意放一两个新的供应商进场，打破原有的供应商竞争格局。新供应商

更好的服务和更低的价格会迫使老供应商降低价格、提高服务，西门子移动通信就可以坐收“渔翁”之利。

每年年底，西门子移动通信内部所有与供应商有过接触的部门还会对供应商进行价格、物流服务力和产品质量三方面的总拥有成本进行评分。成本最高的供应商，可能就会失去大笔订单。在竞争面前，供应商自然会对自己的产品质量、产品价格和物流服务等各方面严格审核，以期达到西门子公司的高标准严要求。

为了使选择供应商的过程尽可能公平透明，西门子公司还使用了一套网上竞价系统。西门子公司的长期供应商，必须靠过硬的质量、价格和服务来与现有的供应商竞争。这套体系的好处是，所有的供应商都知道其他的供应商能做什么，这样就能将价格和服务的底线推到循环竞争的极限。在未来的规划中，西门子移动通信50%的采购量都会通过这套系统来进行。

通过保持这样的一种“充分竞争”的环境，西门子移动通信能非常高效率地管理自己的供应商，节约采购成本。

案例思考

1. 西门子移动通信全球化采购的主要特点有哪些?
2. 西门子移动通信全球化采购对我们有哪些启示?
3. 西门子移动通信采用的是什么样的供应商选择策略?
4. 如何做好企业采购需求的分析与确定工作?
5. 如何理解和实现企业的采购目标?
6. 如何根据本企业特点做到“精益采购”?

案例 5.6 亚马逊物流促销策略①

为什么在电子商务发展普遍受挫时亚马逊的旗帜不倒？是什么成就了亚马逊今天的业绩？亚马逊的快速发展说明了什么？正是被许多人称为是电子商务发展“瓶颈”和最大障碍的物流拯救了亚马逊，并创造了亚马逊今天的业绩。那么，通过对亚马逊的生存和发展经历的研究带给我们现在的企业哪些有益的启示呢?

启示一：物流是亚马逊促销的手段。

很多年来，网上购物价格昂贵的现实是使消费者摒弃电子商务而坚持选择实体商店购物的主要因素，也是导致电商企业失去顾客、经营失败的重要原因。在电子商务经营处于“高天滚滚寒流急”的危难时刻，亚马逊独辟蹊径，三次大胆地将免费送货作为促销手段，并且不断降低免费送货服务的门槛。薄利多销、低价竞争，以物流的代价去占领市场，招揽顾客，扩大市场份额。显然此项策略是正确的，因为抓住了问题的实质。当然这项经营策略也

① 何明珂，张海燕：《亚马逊物流促销策略的启示》，载《商场现代化》2003年第7期，第19页。

是有风险的。因为如果不能消化由此产生的成本，转移沉重的财务负担，则将功亏一篑。那么亚马逊是如何解决这些问题的呢？

启示二：开源节流是亚马逊促销成功的保证。

如前所述，亚马逊盈利的秘诀在于给顾客提供的大额购买折扣及免费送货服务。然而此种促销策略也是一柄双刃剑：在增加销售的同时产生巨大的成本。如何消化由此而带来的成本呢？亚马逊的做法是在财务管理上不遗余力地削减成本：减少开支；裁减人员；使用先进便捷的订单处理系统降低错误率；整合送货和节约库存成本……通过降低物流成本，相当于以较少的促销成本获得更大的销售收益，再将之回馈于消费者，以此来争取更多的顾客，形成有效的良性循环。当然这对亚马逊的成本控制能力和物流系统都提出了很高的要求。此外，亚马逊在节流的同时也积极寻找新的利润增长点，有效的开源节流措施是亚马逊低价促销成功的重要保证。

启示三：完善的物流系统是电子商务生存与发展的命脉。

作为电子商务组成部分的物流已成为决定电子商务效益的关键因素。在电子商务中，如果物流滞后、效率低、质量差，则电子商务经济、方便、快捷的优势就不复存在。所以，完善的物流系统是决定电子商务生存与发展的命脉。分析众多的电商企业经营失败的原因，在很大程度上是缘于物流上的失败。正是由于亚马逊有完善、优化的物流系统作为保障，它才能将物流作为促销的手段，并有能力严格地控制物流成本和有效地进行物流过程的组织运作。亚马逊的独到之处又是什么？

一、在配送模式的选择上采取外包的方式

在电子商务中，亚马逊将其国内的配送业务委托给美国邮政和 UPS，将国际物流委托给国际海运公司等专业物流公司，自己则集中精力去发展主营和核心业务。这样可以减少投资，降低经营风险，又能充分利用专业物流公司的优势，节约物流成本。

二、将库存控制在最低水平，实行零库存运转

亚马逊通过与供应商建立良好的合作关系，实现了对库存的有效控制。亚马逊的库存图书很少，维持库存的只有 200 种最受欢迎的畅销书。一般情况下，亚马逊是在顾客买书下了订单后才从出版商那里进货。购书者以信用卡向亚马逊支付书款，而亚马逊却在图书售出 46 天后才向出版商付款，这就使得它的资金周转比传统书店要顺畅得多。由于保持了低库存，亚马逊的库存周转速度很快，并且自进入 21 世纪初的十年内越来越快。

三、降低退货比率

虽然亚马逊经营的商品种类很多，但由于对商品品种选择适当，价格合理，商品质量和配送服务等能满足顾客需要，所以保持了很低的退货比率。极低的退货比率不仅减少了企业的退货成本，也保持了较高的顾客服务水平并取得良好的商业信誉。

四、为邮局发送商品提供便利，减少送货成本

在送货中，亚马逊采取一种被称之为“邮政注入”的方式减少送货成本。所谓邮政注入，就是使用自己的货车或由独立的承运人将整卡车的订购商品从亚马逊的仓库送到当地邮局

的库房，再由邮局向顾客送货。这样就可以免除邮局对商品的处理程序和步骤，为邮局发送商品提供便利条件，也为自己节省了资金。据一家与亚马逊合作的送货公司估计，靠此种“邮政注入”方式节省的资金相当于头等邮件普通价格的5%～17%，十分可观。

五、根据不同商品类别建立不同的配送中心，提高配送中心作业效率

亚马逊的配送中心按商品类别设立，不同的商品由不同的配送中心进行配送。这样做有利于提高配送中心的专业化作业程度，使作业组织简单化、规范化，既能提高配送中心作业的效率，又可以降低配送中心的管理费用和运转费用。

六、采取“组合包装”技术，扩大运输批量

当顾客在亚马逊的网站上确认订单后，就可以立即看到亚马逊销售系统根据顾客所订商品发出的是否有现货以及选择的发运方式、估计的发货日期和送货日期等信息。如前所述，亚马逊根据商品类别建立不同配送中心，从位于美国不同地点的不同的配送中心发出。由于亚马逊的配送中心只保持少量的库存，所以在接到顾客的订货后，亚马逊需要查询配送中心的库存，如果配送中心没有现货，就要向供应商订货。因此会造成同一张订单上商品有的可以立即发货，有的则需要等待。为了节省顾客等待的时间，亚马逊建议顾客在订货时不要将需要等待的商品和有现货的商品放在同一张订单中。这样在发运时，承运人就可以将来自不同顾客、相同类别而且配送中心也有现货的商品配装在同一货车内发运，从而缩短顾客订货后的等待时间，也扩大了运输批量，提高运输效率，降低运输成本。

亚马逊的发货条款非常完善，在其网站上，顾客可以得到的信息包括拍卖商品的发运、送货时间的估算、免费的超级节约发运、店内拣货、需要特殊装卸和搬运的商品，包装物的回收、发运的特殊要求、发运费率、发运限制、订货跟踪等。

亚马逊为顾客提供了多种可供选择的送货方式和送货期限。在送货方式上有以陆运和海运为基本运输方式的“标准送货”，也有空运方式。送货期限上，根据目的地是国内还是国外的不同，以及所订的商品是否有现货而采用标准送货、2日送货和1日送货等。根据送货方式和送货期限及商品品类的不同，采取不同的收费标准，有按固定费率收取的批次费，也有按件数收取的件数费，亦有按重量收取的费用。配送管理上的科学化、法制化和运作组织上的规范化、精细化使亚马逊能够为顾客提供方便、周到、灵活的配送服务，满足消费者多样化需求。

有人将亚马逊的快速发展称为“亚马逊神话”。殊不知，如果中国的电商企业在经营发展中能将物流作为企业的发展战略，合理地规划企业的物流系统，制定正确的物流目标，有效地进行物流的组织和运作，那么对中国的电商企业来讲，亚马逊神话将不再遥远。

案例思考

1. 作为电商企业，完善的物流促销系统应该具备哪些功能？

2. 根据案例5.6，亚马逊的竞争优势主要有哪些方面？

3. 作为电商企业，应该如何建立敏捷的物流系统为顾客提供方便、周到、灵活的服务？

案例 5.7　德国的农产品保鲜物流体系[①]

在农产品质量日益受到消费者关注的今天，安全的保鲜物流体系建设也日益受到各国的重视。平均每 1 400 人拥有 1 辆冷藏和冷冻运货车，平均不到 10 人拥有 1 平方米冷藏仓库，这就是德国目前农产品保鲜物流体系的现状之一。而先进的食品保鲜和包装技术、完善的立法、严格的监督、市场化的运作，则从管理的层面保障了德国农产品保鲜物流体系安全、高效地运转。

一、蔬菜保鲜两到五天

先进的食品保鲜和包装技术是农产品保鲜物流体系的前提。随着食品科技的飞速发展，近年来，德国不断加大对食品保鲜包装技术的研究开发力度，积极采取各种食品保鲜技术措施。在德国，无论是肉类、鱼类还是蔬菜、瓜果，从产地或加工厂到销售网点，只要进入流通领域，这些食品始终处在一个符合产品保质要求的冷藏链的通道中运行。在冷藏保鲜库中，全部采用风冷式，风机在电脑的控制下调节库温，一般的蔬菜在这种冷藏中能存放 2～5 天。

另外，德国食品保鲜包装种类繁多、科学合理。即便是生鲜瓜果蔬菜，也会分级包装，贴上标签。只要是块茎类不易压坏的均用小网袋袋装。对易损产品(如瓜果和禽蛋)要用专门纸箱包装，肉类分别有冷冻、真空和含气等包装形式。德国的肉类包装中含气保鲜包装比较普遍，主要是因为含气保鲜包装与真空保鲜包装相比，在色泽、渗出液等方面，明显优于真空包装。在批发市场，无论是蔬菜还是鲜鱼、肉类均在良好的冷藏环境中存放，蔬菜经产地清理加工后，成箱地存放在有冰块的塑料保温箱中。

二、政府担当铁面裁判

严格的食品安全检验是农产品保鲜物流体系的保障。在德国，负责食品安全管理的部门是联邦食品、农业与消费者保护部，具体执行机构是联邦消费者保护与食品安全局和联邦风险评估所。在食品安全和质量检验方面，德国政府通过完善的立法、严格的监督、严厉的惩罚等措施担当农产品市场的“铁面裁判”。联邦消费者保护与食品安全局负责对各联邦州开展食品安全监测，并协助各联邦州实施国家食品安全法规、建立统一的工作体系。当食品安全事件发生时，首先联邦消费者保护与食品安全局代表联邦食品、农业与消费者保护部成为事故处理中心。其次，遍布德国全国的农业合作社、食品工业协会、零售商协会等，更是农产品流通中的“监督员”。

除了上述人为的安全措施，政府有关机构还对保鲜物流系统中的运输工具制定了例行检查制度，对冷藏链中的各种设备作了具体的技术要求，包括容器和托盘的卫生标准等。

三、标准覆盖各环节

在农产品保鲜物流体系的各个环节上，同样需要技术标准等众多有效的保障措施。以动物食品为例，德国的《食品卫生规定》规定，食品在转运过程中无论处于哪个环节，都必须

① 刘一：《德国的农产品保鲜物流体系》，载《中国包装》2012 年第 2 期，第 22 页。

处在卫生标准规定的冷藏链中，不新鲜的肉绝对不允许上市出售。《德国安全标准》是一部针对性很强的、颇具操作性的安全技术标准，如对易腐的肉类制品、鲜肉和香肠在运输中的法定冷藏标准和测试条件，保鲜产品的交接、运输各阶段的温控要求、各种运输工具标准等都作了具体规定。

按照这些技术标准，作为德国农产品保鲜物流的主力军，德国冷库和冷藏物流企业协会负责为欧盟范围内的食品公司提供冷冻食品和各类保鲜商品，此外还涉及低温贮存、保鲜分发和物流配送等业务。该协会同时还是一个由冷库和冷藏物流企业加盟组成的经济协会，其成员包括保鲜物流服务公司、制冷工业厂商和与之有关的商业公司和供应商。在德国，有超过80%的该领域的企业是该协会的会员。除了提供一般性的服务，德国冷库和冷藏物流企业协会还代表会员与政府机构在国家和欧盟层面上交锋，积极为会员争取利益。另一项服务是为会员提供能源服务，作为一个共同体，该协会可以批量购买电力，在德国的莱比锡电力市场直接参与交易，为其会员提供极具吸引力的电力价格，起到了“蓄水池”的作用。

四、基础设施完善

完善的基础设施为德国的农产品保鲜物流产业打下了良好的物质基础。德国物流业的信息化、自动化发展较早，电脑普及率极高，相互间的信息交流非常方便，确保了物流信息快速、可靠地传递。

德国物流的基础设施和配套设施包括交通运输网络，铁路、公路、水运和航空货运等十分发达，各种形式的农产品物流中心和配送中心、农产品批发市场等配套设施完善。如德国有优质的高速公路，拥有全世界第四长的高速公路网，总里程达1.1万公里，交通公路网全长22.7万公里。同时铁路交通也以高速准时闻名于世，德国联邦铁路和国家铁路总长约4.3万公里。

除此之外，作为物流体系的一部分，经过多年的发展，德国的农产品保鲜物流体系已经与现代工商业实现了高度融合，并依托本国运输、存储、包装等行业的优质服务，实现了与各项社会保障体系的紧密合作。

案例思考

1. 德国的农产品保鲜物流体系有什么特点?
2. 德国的农产品保鲜物流体系为什么能安全、高效地运转?

案例简析

案例 5.1

越来越多的企业感觉到，在IT采购上不成为专家，就难以应对复杂的采购环境和更加复杂的产品选择。在当今IT行业竞争如此激烈的形势下，采购和销售形式又发生了怎样的变化？各厂商、供应商的主打产品是哪些？消费者如何抓住最佳产品购买的时机？

从众多企业的IT知识资源和接触面来看，缺乏应有的积累和帮助，很难成为IT采购专家。关于采购这个环节，企业应该具备怎样的基本常识和基本能力，针对不同的产品类别，又该遵循怎样的采购原则呢？

一般而言，采购之前首先要做采购分析，从而决定采购数量、采购用途、采购预算以及什么时间段采购最为合适等。

采购首先要询价，对于招标采购来说，询价就是从可能的卖方那里获得谁有资格完成工作的信息，该过程的专业术语叫供方资格确认。

其获取信息的渠道主要有招标公告、行业刊物、互联网等媒体、供应商目录、约定专家拟定可能的供应商名单等，通过询价获得供应商的投标建议书。这里要说的是，采购方一定要多渠道获得报价，不仅要求有渠道供应商报价，还应该要求一些新供应商报价。因为企业与现有供应商的合作虽然是长期的，但它们的报价未必优惠。获得多渠道的报价后，企业就会对该物品的市场价有一个大体的了解，并进行比较。

而对于零散采购，价格永远是采购活动中的敏感焦点，企业在采购中最关心的要点之一就是采购能节省多少采购资金。对于IT产品来说，价格与产品的购买时间、是否为大量购买及市场供求都有很大关系。同时与采购人员对该物品的市场状况熟悉程度也会影响企业最终的采购成本。如果采购人员未能把握市场脉搏，所掌握产品的信息越多，对产品价格就会有着更理性的判断。

俗话说："货比三家"，因为IT产品价值相对较高，这就要求采购人员必须谨慎行事。由于供应商的报价单中所包含的条件往往不同，采购人员必须将不同供应商报价中的条件转化一致后才能进行比较，只有这样才能得到真实可信的比较结果。

案例5.2

根据美国战略经济学家杰罗姆·麦卡锡提出的著名"4P"营销战略组合，下面从产品、营销渠道(或称分销)、促销和价格四个方面分析丰田汽车进军美国市场的营销战略。

1. 产品策略

案例中提到，丰田汽车通过周密的市场调研，确定了目标市场。在此基础之上，丰田汽车研发了适合美国大众消费者的汽车，从内部装修到发动机甚至扶手长度和腿部活动空间都是为美国人度身定做，很快就在美国市场上占有一席之地。此后，丰田公司采取"产品扩张"策略，不断改进产品，满足更大的市场需要。

2. 营销渠道或称分销策略

所谓分销渠道，通常指促使某种产品和服务能顺利地经由市场交换过程，转移给消费者使用的一整套相互依存的组织。

丰田公司在分销渠道方面的创造性思维早在国内就已经显现，日本的丰田汽车采用产品系列分销制，即按照经营品的品种将经销网划分为5个渠道，每个渠道所经营的产品不同，对应的市场也不同。五个渠道分别为丰田系列店、小丰田系列店、丰田花冠系列店、丰田汽车系列店以及丰田远景系列店。

案例中，关于丰田在美国的分销渠道提到四点：第一，提供良好的维修和售后服务，在发动每次销售攻势前，建立广泛的服务网点；第二，选择重点销售市场，集中全部销售力量对目标市场重点进攻，在对重点市场基本渗透之后，再进攻攻下一个目标市场；第三，严格筛选代理商;第四,用丰厚的利润扶植和激励经销商。这四个方面充分表现出丰田公司良好的分销策略,为其在美国市场的营销做出了不可磨灭的贡献。

3. 促销策略

从市场营销的角度看,促销是企业通过人员和非人员的方式,沟通企业和消费者之间的信息,引发、刺激消费者的购买欲望,使其产生购买行为的活动。促销的方式可分为人员推销、广告、公共关系和销售促进四种。

案例中提到"丰田公司为了有效地进入美国汽车市场,其促销策略的核心是集中全力直接针对目标市场大量做广告"。以广告为核心的促销策略是根据产品的市场寿命周期来制定的,在产品的市场寿命周期各阶段要相应选配不同的促销组合,采用不同的促销策略。

丰田公司进入美国市场时,丰田汽车处于引入期,促销的目标主要是宣传介绍丰田汽车,以使顾客了解、认识商品,产生购买欲望。广告起到了向消费者、中间商宣传介绍的功效,因此这一阶段以广告为主要促销形式,以公共关系、人员推销和销售促进为辅助形式。同时我们还应该认识到,在成长期,由于产品已打开销路,销量上升,同时也出现了竞争者,这时仍需广告宣传,以促进顾客对本企业产品的购买兴趣,同时还应辅以人员推销形式,尽可能扩大销售渠道;在成熟期和衰退期,销售促进应该成为最主要的促销手段。

广告设计的原则包括真实性、社会性、针对性、感召性、简明性以及艺术性。丰田汽车的广告内容不但精心设计,而且考虑到了当时的日美贸易矛盾,是十分成功的广告促销,也因此取得了良好的效果。

4. 价格策略

影响产品定价的因素是多方面的,包括目标定价、成本价格、市场需求、竞争者的产品和价格等。丰田汽车进军美国市场的初期,其目标是市场占有率最大化,因为它确信,赢得最高市场占有率将享有最低成本和最高的长期利润。所以,丰田汽车在单位成本价格上存在不低于可变成本的条件。

丰田公司对中国企业的启示如下。

在2011年的世界500强公司排名中,丰田公司居第八位,丰田产品远销世界各地,除了产品质量过硬之外,不得不说与其独特的营销策略密切相关。丰田汽车在开拓国际市场的过程中表现出来的强有力的市场营销战略,值得致力于国际市场竞争的中国企业借鉴。

首先,要开拓国际市场,必须先熟悉市场,解决好"生产什么"和"为谁生产"的问题。所谓"知己知彼,百战不殆",市场定位不准或不了解目标市场范围内消费需求和竞争对手情况的盲目出口,只能是自酿苦果。丰田公司进军美国市场之初,取名为"丰田宝贝儿"的汽车因其设计缺陷严重最终彻底失败恰恰说明了市场定位的重要性。因此,我国企业在进军国际市场时,首先应该做出正确的市场定位。

其次,战略与策略应配套实施。丰田公司之所以能在较短的时间内迅速打开国际市场,是成功地运用了战略管理这件利器,并自始至终坚持了战略上的坚定性和策略上的灵活性,从生产到销售有成套的战略和策略。其中,独特的"精益生产方式"为营销战略的实施提供了价廉物美的产品,灵活的营销策略又为丰田公司在产品与用户之间架起了桥梁。中国的企业在进军国际市场时,也应该用整体战略来指导营销策略,互相促进互相补充,取得最终的成功。

最后，在正确处理眼前利益和长远利益上，丰田公司以长期占领市场为目标，而不以一时的盈利为目的的做法也是值得称道的。通过价格战占领市场，对发起者来说，损失是暂时的；重要的是，他们以低价格获得了相当大的市场份额，使其庞大的生产能力得以发挥，并由于成批大量的生产使成本降低成为可能。丰田公司的成功充分地证明了这一点。中国企业一直很喜欢使用价格战，但是，也应该认清价格战可能带来的风险，向丰田公司学习，价格策略绝不能只为达到短期销售目标，而应强化长期获利能力。

案例 5.3

案例中提到的三种策略，每一种策略都可以避免原料短缺并能实现及时采购。第一种策略和第二种策略的成本较低，第三种策略的进入成本较大，因为需要另建一家海鲜养殖场和配送队伍。不过，从长远发展来看，这或许可以成另一个营利性实体，如果将来发展到一定的规模，还可以为其他的酒店餐厅实行供货，这样不仅可以满足自身的需要，还可以对外经营。第二种策略具有第一种策略和第三种策略的优点，既可以节约成本，还可以保证海鲜的新鲜度并能及时供货，但对上游供应商的依赖性会增强。到底采用哪种方案，需要各分店经理们对其进行可行性分析后才能确定。

案例 5.4

全球化集中采购模式是沃尔玛之所以能成为世界500强之首至关重要的因素之一。沃尔玛集中统一的采购模式和高效的供应链运营体系一直为企业管理理论界与实业界所称道，全球采购模式也被视为沃尔玛供应链管理成功的标志之一。

提起沃尔玛超市，在中国大城市的老百姓几乎无人不知、无人不晓。沃尔玛1996年进入中国，在深圳开设了第一家沃尔玛购物广场和山姆会员商店。截至2011年12月31日，沃尔玛全球门店总数超过8 000家，中国门店总计已超过160家。但早在2008年，沃尔玛在中国市场就已遭遇了本土化的“水土不服”，扩张速度放缓，2008年新开门店不足15家。其照搬“美国市场模式”所导致的消费文化冲突、物流配送矛盾、决策和市场反应速度缓慢等种种问题开始暴露。曾让沃尔玛风光无限的供应链管理模式在亚洲市场似乎已走到了变革的十字路口。

沃尔玛全球化集中采购模式的优势和劣势分析如下。

1. 优势

(1) 采购网络布局合理

沃尔玛在全球14个国家和地区开有8 000余家门店，主要设立四个采购大区：大中华及北亚区、东南亚及印度次大陆区、美洲区、欧洲中东及非洲区。采购网络遍布全球且布局合理，有效保证了物流配送的高效率，并做到了资源的优化配置。

(2) 严格控制采购成本

沃尔玛非常重视控制成本，主要通过以下方法和措施严格控制采购成本：① 追求总成本最低，而不是追求单一商品的价格最低；② 绕开中间环节，集中统一从制造商处直接采购；③ 透明报价，以量制价，促使供应商降低产品成本；④ 缩短交货期，降低库存，严格控制物流成本；⑤ 细分并规范采购流程，实现标准化的供应链管理。这些措施使得沃尔玛能够从供应商那里为顾客争取到更多的利益，做到“天天平价”，享受“贫民超市”的美誉。

(3) 建立和维护供应商战略合作伙伴关系

沃尔玛通过直接与供应商签订协议，确立长期采购关系，省去以往多级代理商的环节，大大降低了流通费用，有效降低了成本，从而使消费者受益。同时，沃尔玛采取“买断销售，定期结算”的方式，使得供应商受益，而不是采用代销模式将经营风险完全转嫁给供应商。不仅如此，沃尔玛也积极帮助供应商改善管理，持续提高其自身管理水平，使整个供应链从上游开始优化，形成供应链管理的良性循环。

(4) 高效迅捷的物流配送中心和运输系统

与集中统一配送的运营原则相匹配，沃尔玛始终坚持在先建设好物流配送中心后，再在其周围进行门店的扩张，从而进行统一配送，形成规模优势。同时，沃尔玛的配送中心具有高度现代化的机械设施，可以大大减少人工处理商品的费用，其高效率的机动运输车队可以在全美范围内快速地输送货物，使各分店即使只维持极少的存货也能保持正常销售，大大节省了存贮空间和存货成本。

(5) 先进的信息化管理

沃尔玛拥有先进的卫星通信网络，其信息化管理一直领先于行业水平。沃尔玛利用信息化技术完成其供应链全过程的协调、控制与管理，将产、供、销各个环节的数据、消息、信号等通过信息技术进行收集、整理、分析并为最终的决策服务。在信息化管理的支持下，沃尔玛能够以最低的成本、最优质的服务、最快速的管理反应进行全球运作。

(6) 良好的顾客需求管理

沃尔玛将“顾客满意是我们未来成功与成长的最好投资”作为公司的经营理念，通过多种途径去了解顾客需求，在与供应商进行谈判时，沃尔玛也始终以顾客需求为出发点，不仅关注商品的采购价格，更关注商品的品质、用途以及与顾客需求的契合度。此外，沃尔玛为顾客购物中提供的服务以及在购物后提供的售后服务均是以满足顾客需求这个基本点展开的。

2. 劣势

(1) 直接采购难以实现

为了甩开中间商，降低采购成本，沃尔玛成立全球采购中心，以管理直接进口业务并负责直接向工厂采购。但其全球采购中心成立至今，真正跳过中间商、直接下订单到工厂的情况非常少，一直都没能摆脱对进口商或各类中间商的依赖。

(2) “本土化采购”水土不服

沃尔玛曾经雄心勃勃地希望在中国创造 1 000 亿美元的销售奇迹。然而，近十几年来，在美国式的沃尔玛经验和强大的中国消费文化博弈中，实现这个新兴市场的目标正变得异常艰难，主要有以下三个原因。

第一，决策权力集中，灵活性不够。在中国市场，沃尔玛通过统一采购的模式降低成本并实现连锁经营，实施“中央控制门店执行”体系；而同行业对手家乐福则采用单店管理的模式，每家店都有其独立的采购和销售体系，店长拥有极大的经营决策权。与家乐福不同，沃尔玛在开拓全球市场时更多地将权力决策集中，而家乐福则更多地利用本地决策。全球决策权忽视了中国的本土情况，使得决策效率慢，对市场反应速度慢，价格调整也经常不如竞争对手迅速。

第二，物流系统难降成本。我国高速公路的发展水平还比较低，要到 2035 年才能达到美国 1950 年年初的 89 万公里的水平，这使得沃尔玛配送链的效果大打折扣。沃尔玛的中国配送中心只有深圳和天津两家，这使得围绕一个配送中心密集建店的做法无法在中国广泛实施。利用配送中心的规模效应来降低成本的优势仍无法发挥，反而增加了沃尔玛的物流成本。

第三，信息系统优势难显。沃尔玛领先高效的信息系统备受业界推崇。而现阶段，中国的商业环境束缚了沃尔玛这一优势的发挥。同时，由于受政策的限制，沃尔玛的卫星通信系统在我国无法发挥作用，其全球采购系统、全球物流系统的有效共享在我国市场大打折扣，后台物流系统各环节同样不能做到像在国外那样严密配合，无法发挥应有的效率。跨地区的连锁配送难以实现，极大地影响了沃尔玛在我国低价政策的实施。

(3)"道德标准计划"名不副实

制定于1992年的"道德标准计划"是沃尔玛全球采购的一部分，旨在改善沃尔玛供应商工人的工作条件。作为全球最大的公司以及"公平劳动标准计划"的成员，沃尔玛有责任在采购领域建立它的游戏规则并成为领先者和革新者，如同它在零售行业取得的成就一样。但事实上，这家零售巨无霸却不断地受到指责，被斥为不可持续、不公平和不人道。一直以来，不断有文章指出沃尔玛与全球(包括柬埔寨、多米尼加共和国和约旦)的血汗工厂有关联。沃尔玛宣称的关心道德采购与其实际的国际采购行为严重不符。

案例5.5

西门子移动通信全球化采购主要具有以下特点。

1. 协调性特点

认真分析西门子移动通信的采购系统，不难发现从最初的六大部门分散采购到统一采购，就是对各部门采购活动的协调和统一；在全球统一采购中，也注意了集中采购与分散采购的协调，以追求合理的利益；在供应商管理时，引入适度竞争，做到老供应商与新供应商的协调。在这里最应提到的是，西门子移动通信的采购建立了完整的协调行动的系统与运行机制，如西门子的全球采购委员会和"高级采购工程部门"等。

2. 标准化特点

西门子移动通信的采购效率来源于科学的采购行为标准：一是在采购过程的商品标准和操作标准；二是在供应商管理过程建立的标准，有标准就有行动准则，就有工作效率。

3. 合理运用竞争工具

在采购中，实行统一采购就能引发供应商的竞争，获取最佳的采购绩效；为了保持经常的竞争压力，西门子移动通信的采购不断引入新的供应商，形成新的竞争，从中获取采购绩效；为了使选择供应商的过程尽可能公平透明，西门子还使用一套网上竞价系统，让所有的供应商都知道其他的供应商能做什么，这样就能将价格和服务的底线推到循环竞争的极限。

西门子移动通信全球化采购的启示如下。

1. 要有明确的采购目标

一般来说，企业采购的目标主要在降低采购成本，获取采购绩效。西门子移动通信的采购所做的一切都是在不断追求降低采购成本。当然，企业采购是为生产经营服务的，采购的目标必须把满足企业经营需要放在首位。

2. 要建立完善的采购系统

企业采购系统不是一个采购部门，而是由企业内部与采购相关的所有部门为了提高采购绩效、实现采购目标组成的有机体系，根据企业的采购需要不断完善和发展。

3. 积极运用竞争方法

有竞争才会有发展，企业采购必须积极运用竞争方法，引入竞争工具，才能真正调动企业内外采购活动的参与者的积极性，促进企业采购管理的顺利发展。

案例 5.6

一个企业的灵活决策决定于它的创新能力。具有创新力的企业，在市场竞争中，面对不同的竞争对手和不同的竞争情况就能随机应变、灵活攻击，灵活决策是建立在企业的根本宗旨和企业目标之上，而不是随意的创新。像亚马逊在它的发展壮大过程中，充满着竞争，也一直存在各种压力，在这种状态下灵活决策是很必要的手段。而亚马逊自诞生起就一直充满创新的意识，这使亚马逊营运自如、发展顺利。

亚马逊为什么成功？其中最重要的一点就是物流在其电子商务发展中起着至关重要的作用。亚马逊虽然是一个电商企业，但它的物流系统十分完善，一点也不逊色于实体企业。由于有完善的、优化的物流系统做保障，它才能将物流作为促销的手段，并有能力严格地控制物流成本和有效地进行物流过程的组织运作。亚马逊为顾客提供免费的送货服务，并且不断降低免费送货的门槛；通过为邮局发送商品提供便利等来减少送货成本，这些举措为顾客提供了方便、周到、灵活的配送服务，使亚马逊拥有比传统书店和其他的电子商务书店更多的优势。

通过案例我们可以看到，在电子商务中，如果物流滞后，效率低，质量差，则电子商务经济、方便、快捷的优势将不会存在，物流对于电子商务、对于企业的发展都是至关重要的。如果企业在经营发展中能将物流作为企业的发展战略，有效地进行物流的组织和运作，企业、电子商务将进入一个新的发展平台。亚马逊的经验告诉我们，在国际金融危机背景下的今天，我们一方面面临着挑战，另一方面又面临着机遇，更好地发展物流，增强企业的竞争力，企业会获得更多的发展机遇。

案例 5.7

德国是经济高度发达的工业国家，市场经济比较成熟，各行各业基本通过市场机制进行配置。德国的农产品保鲜物流行业也不例外，完全按市场规律办事。国家没有专门负责管理农产品保鲜物流的机关，全部实行行业自律、自负盈亏。物流运输业务由行业协会，如德国物流协会、德国物流集团组织和协调。具体负责德国农产品保鲜物流的是德国冷库和冷藏物流企业协会。政府部门除了对该领域的个别研究项目有支持外，没有针对农产品保鲜物流的专项资金和优惠政策。但在农产品的食品安全监控和执法方面投入较大。

1. 先进的工业技术和优质的社会服务是农产品保鲜物流体系的基础

德国物流业的信息化、自动化发展较早。电脑普及率极高，相互间的信息交流非常方便，确保了物流信息快速、可靠地传递。物流的基础设施和配套设施包括交通运输网络（铁路、公路、水运、航空货运等）十分发达，各种形式的农产品物流中心和配送中心、农产品批发市场等配套完善。众所周知，德国有优质的高速公路，拥有全世界第四长的高速公路网，总里程达 1.1 万公里，交通公路网全长 22.7 万公里。同时铁路交通也以高速准时闻名于世，德国联邦铁路和国家铁路总长约 4.3 万公里。完善的基础设施为德国的农产品保鲜物流产业打下了良好的物质基础。在高度工业化、商业化的德国社会中，农产品往往被转化为“工业制成品”。从农场到餐桌的路途可谓漫长、环节众多，从采摘、屠宰到数万种食品、饮料的工业加工，重重质检，最后通过遍布社区的连锁超市进入家庭。其中哪个环节都离不开保鲜物流体系的运作。经过多年的发展，德国的农产品保鲜物流体系已经与现代工商业实现了高度融合，它也是德国高效物流体系的衍生物。德国的农产品保鲜物流体系依托本国运输、存储、包装等行业的优质服务、与各项社会保障体系紧密合作，为农产品的保鲜流通发挥着越来越大的作用。在德国，大量的国际和国内各类型冷藏车在各种道路上纵横驰骋，担负着农产品产地、加工厂、销售点之间的运输。

2. 先进的食品保鲜和包装技术是农产品保鲜物流体系的前提

随着食品科技的飞速发展，近年来德国不断加大对食品保鲜和包装技术的研究开发力度，积极采取各种食品保鲜技术措施。在德国，无论是肉类、鱼类，还是蔬菜、瓜果，从产地或加工厂到销售网点，只要进入流通领域，这些食品始终处在一个符合产品保质要求的冷藏链的通道中运行。在冷藏保鲜库中，全部采用风冷式，风机在电脑的控制下调节库温，叶菜在这种冷藏中能存放2～5天。另外，德国食品保鲜包装种类繁多、科学合理。即便是生鲜果蔬，也会分级包装，贴上标签。只要是块茎类不易压坏的均用小网袋袋装。对易损产品（如瓜果和禽蛋）用专门纸箱包装，纸箱透气性良好；肉类分别有冷冻、真空和含气等包装形式。德国的肉类包装中含气保鲜包装比较普遍，主要是因为含气保鲜包装与真空保鲜包装相比，在色泽、渗出液等方面，明显优于真空包装。在批发市场，无论是蔬菜还是鲜鱼、肉类均在良好的冷藏环境中存放，蔬菜经产地清理加工后，成箱地存放在有冰块的塑料保温箱中。

3. 严格的食品安全检验和对保鲜运输的技术要求是农产品保鲜物流体系的保障

在农产品保鲜物流体系的各个环节上，同样需要质检、技术标准等众多有效的保障措施。在德国，联邦层面负责食品安全管理的部门是联邦食品、农业与消费者保护部。具体执行机构是联邦消费者保护与食品安全局和联邦风险评估所。在食品安全和质量质检方面，德国政府通过完善的立法、严格的监督、严厉的惩罚等措施担当农产品市场的“铁面裁判”。其中，联邦消费者保护与食品安全局起着举足轻重的作用，该局负责对各联邦州开展食品安全监测和协助联邦州实施国家食品安全法规、建立统一的工作体系。当食品安全事件发生时，首先，联邦消费者保护与食品安全局代表联邦食品、农业与消费者保护部成为事故处理中心。其次，遍布全国的农业合作社、食品工业协会、零售商协会等，更是农产品流通中的“监督员”。除了上述人为的安全措施，政府有关机构还对保鲜物流系统中的运输工具制定了例行检查制度，对冷藏链中的各种设备作了具体的技术要求，包括容器和托盘的卫生标准等。

4. 德国冷库和冷藏物流企业协会——德国农产品保鲜物流的主力军

该协会是一个由冷库和冷藏物流企业组织的经济协会，为欧盟范围内的食品公司提供冷冻食品和各类保鲜商品，此外还涉及低温贮存、保鲜分发和物流配送等。其成员包括保鲜物流服务公司、制冷工业厂商和与之有关的商业公司和供应商。在德国，有超过80%的该领域的企业是该协会的会员。除了提供一般性的服务，德国冷库和冷藏物流企业协会还代表会员与政府机构在国家和欧盟层面上交锋，积极为会员争取利益。另一项服务是为会员提供能源服务，作为一个共同体，该协会可以批量购买电力，在德国的莱比锡电力市场直接参与交易，为其会员提供极具吸引力的电力价格，并起到“蓄水池”的作用。

第6章

客户关系管理案例

案例 6.1 戴尔的客户关系管理①

戴尔公司因为其出色的表现,引发了对其成功奥秘的探讨。但是人们过多地把目光盯在戴尔公司独特的直销模式上,却忽略了其背后所蕴涵"顾客至上、让顾客满意"的核心战略思想和支持这个战略的其他一些细节性模式。

顾客满意(Customer Satisfaction,CS)战略根植于一个浅显的道理:让顾客满意的企业是不可战胜的。戴尔公司之所以短短十几年间就发展成为个人电脑市场的领导者,正是由于它成功地运用CS战略,逐步形成了较为完善的产品满意、服务满意、生产满意和组织结构满意系统,从而在竞争中尽显优势。

一、产品满意系统是CS战略的核心子系统

CS战略要求企业站在顾客的立场去研究和设计产品,尽可能地预先把顾客的"不满意"从产品本身去除。企业要顺应顾客的需求趋势,发现顾客的潜在需要并设法用较高性价比的产品去满足这些需要。

产品满意系统首先是产品功能满意,戴尔公司从三个方面来实施产品功能满意战略。

一是根据不同的细分市场研发产品。面对一个庞大的市场,先把其分割后再逐个进入,这是人所共知的市场细分策略。戴尔公司的独特之处在于产品细分的同时还随着企业的成长壮大进行了充分的顾客细分,并根据顾客需求和实际购买行为的不同研发不同的产品。

1984年戴尔公司创立之初,顾客只有两类:大型顾客和包括一些商业组织、消费者在内的小型顾客,当年公司的资产为35亿美元;到了1996年,就从大型顾客市场中细分出大型公司、中型公司、政府与教育机构三块市场,同年公司资产升至78亿美元;而到了1997年,戴尔公司又进一步把大型公司细分为全球性企业客户和大型公司两块市场,政府与教育机构市场则分为联邦政府、州政府和地方政府、教育机构三块不同的市场,小型顾客则进一步分解为小型公司和一般消费者两块业务,当年公司资产攀升到了120亿美元。

另外与众不同的一点是,戴尔公司将顾客细分为"交易型"和"关系型"二种。其中40%的顾客(大部分是大企业)被纳入到关系型中,30%的顾客(大部分是小企业)被划分到交易型中,剩下的30%作为两者的混合。

---

① 魏秉全:《戴尔直销背后的战略》,载《IT经理人商业周刊》2003年第5期,第77页。

交易型顾客是那些需要不断做出购买决策的个人或者企业。这些顾客关注的是购买的经济性，盯着诸如性能、规格、特征和折扣等因素，他们从不同的厂商那里购买产品，并且在做出购买决策时使用评测、评论、广告和口碑各种信息渠道。

而关系型顾客关注的是交易的总成本，价格只是其中一部分。这类顾客大多数包括中型以上的商务、政府或者教育部门。这些顾客关注的是服务、可信度、厂商声誉和产品标准等特征。

这些"比顾客更了解顾客"的市场细分，使戴尔公司在逐渐扩大的同时，仍然维持了稳定而持续的成长。

二是为顾客量身定做产品。戴尔公司在创立之始就明确规定：要敏察顾客的意见与需求，以此来设计产品和服务顾客。因此它创建了"按需配置、按单生产"的直销模式。在这种方式下，戴尔公司的每件产品都是按照每个用户的个别需求定做而成。这不仅充分满足了顾客个性化的需求，而且还使顾客产生了"拥有量身定做的独一无二的产品"的超值满意感。

三是根据顾客的直接反馈改进产品。戴尔公司在按照客户的要求设计生产并交付产品后，还想方设法地了解顾客使用产品的体验以获得修改设计或改变制造程序的灵感。公司技术支持工程师通过拜访重要客户、接听顾客打入的免费技术咨询电话获得相关信息，经过归纳整理后交给公司研发部门进行进一步的分析和研究。因而，戴尔公司的主导产品始终能够围绕顾客的使用体验不断改进。新产品开发也始终适应了顾客需求的发展趋势。当竞争对手仍在为预测顾客需求变化举棋不定时，戴尔公司已经掌握了清晰的顾客订单。

其次，产品质量满意和价格满意是产品满意系统不可缺少的支点。戴尔公司创立了将零部件的生产制造外包给专业化公司的合作方式。因此，供应商提供的零部件质量好坏直接决定了最终整机产品的品质优劣。

戴尔公司遵循的原则是拥有尽可能少的合伙人，而这些合伙人必须长期在技术和质量方面保持行业领先地位。经过不断的筛选，戴尔公司的原料供应商已从发展初期的140多家精简到现在的50多家。

戴尔公司一方面通过效率超常的供应链降低了产品成本，另一方面也通过零库存和直销增强了产品价格竞争力。这样，其价格满意战略水到渠成。

二、服务、生产和组织结构满意系统是CS战略的重要子系统

顾客满意的另一个重要内容是服务满意系统，它已成为企业争取顾客、求生存、求发展的关键。这里值得一提的是戴尔公司独创的Dell Plus服务项目。通过Dell Plus程序，在初始建立系统时就执行了用户的所有硬件和软件一体化安装，即在一个无缝的生产过程中安装。这样的"一次性"方法意味着：排除了重复的工作；减少了错误的机会；提高了生产效率。迄今为止，凡是通过Dell Plus感受过戴尔公司高质量的一体化解决方案服务的企业都成为了戴尔品牌的忠实追随者。

在生产满意系统方面，戴尔公司利用先进的计算机技术、便捷的现代通信手段和蓬勃发展的互联网络，使大规模定制生产得以完美实现。通过计算机控制的生产设备使工厂较易快速调整装配线，条形码扫描仪使技术人员能够跟踪每一个零部件和产品；数据库现有的数万亿字节的信息，使数字打印机可即刻改变不同产品的包装说明；先进的后勤和供货渠道管理服务软件使其在密切协调制造和销售的同时还保证了较低的成本。由于最大限度地满足

了顾客个性化的需求，由此带来了顾客满意度和忠诚度的不断提高。

特别是对于一些全球大客户，戴尔公司对个性化需求的满足更是做到了细致入微的程度。以福特汽车为例，戴尔公司为福特不同部门的员工设计了各种不同的配置。当通过互联网接到福特公司的订单时，戴尔公司马上可知是哪个工种的员工，订的哪种机型，且迅速组装好合适的硬件和通过 Dell Plus 所定制的软件，甚至包括一些专有密码，然后以最快的速度交运到顾客的手中。

戴尔公司还专门成立了顾客服务部来统筹和顾客服务相关的一切事宜，这就是组织结构满意系统。顾客的任何感受和意见都可以拨打 800 免费专线向客服部反映。经过严格专业培训的服务人员会将所有顾客反映的问题记录在案，并对能立即解决的予以答复和执行。经过客服部专业优质的服务，大多数顾客的不满都得到了补偿，补偿的力度甚至超过了顾客的期望，从而将顾客从不满意状态转化为满意状态。

为了全面了解顾客的满意程度，戴尔公司还成立了 CE(Customer Experience)小组，由销售部、技术服务部、顾客服务部、生产部和质量部等部门的代表组成，每周一次的例会将影响顾客体验的各因素进行详细分析，并各就各位地予以解决。

戴尔公司正是因为从上述四个系统将 CS 战略落实到了实处，并且将人们称道的一些实用模式通过这个整体战略联系起来，从而取得了令世人瞩目的成就。

三、利用先进技术为客户服务

戴尔公司利用一切先进的通信方法和自己的顾客保持联系，了解每一个顾客的独特需求，细分产品以满足不同顾客的不同要求。互联网是戴尔公司用来直接面对顾客的好工具，顾客可以在网上直接指定自己需要的电脑类型和电脑零件，还可以指定送货方式及付款方式。通过互联网，戴尔公司可以全面地了解和把握市场需求，这种了解和把握会贯穿企业的每一个业务部门，从研发、生产到销售都需要遵循顾客的喜好，这样才能做到和顾客的需求同步。许多企业的生产过程都是优先于销售，在接到订单前早已经生产好了产品，等着顾客来购买，这样很容易造成产品的库存积压，而戴尔公司的方式则是先了解顾客的需求，然后再生产。实现这种方式需要有一套很好的供应链管理系统，一旦解决了供应链系统，直销模式就能发挥最大的威力，使顾客得到最大的满意度，同时也可以大大降低产品的积压。戴尔公司的存货期只有 6 天，而中国最优秀的电脑生产企业的存货期也要 30 天，这个对比可以很好地说明直销模式的强势。在电脑技术日新月异、电脑价格直线下跌的时代，库存管理几乎成了电脑制造企业的财务生命线，产品库存给企业造成的压力也越来越大。戴尔公司的直销模式是根据客户的具体需求而不是根据市场的预测制订生产计划的，这种现做现卖的方式使戴尔公司在库存上占有很大的优势，这是戴尔公司之所以能保持良好的财务状况的主要原因之一。

客户服务要面对面地处理好所有客户的要求，对一个企业有很高的难度。戴尔公司充分利用了互联网的特点，通过互联网，企业能和大部分的客户建立联系，并且能够和每一个客户都维持一对一的详尽对话，尽可能多地收集到客户信息和客户要求；客户也能通过互联网发送各自的订单，提出自己的服务要求。在戴尔公司的内部，有一个专门处理客户信息的系统，它能对不同的客户信息进行分类，对客户的订单进行处理并且自动传递到采购和生产部门。网上订单处理既加快了速度，又加强了数据处理的准确性，为企业下一步的采购和生产做好铺垫。

在客户服务这一点上，还要提到的是售后服务和技术支持。在这一点上，戴尔公司采取的是外包的方式，并且用一系列的制度来保证服务品质，控制外包厂商的技术水平。外包可以有效地节约公司成本，对企业的业务重点做出细分。

案例思考

1. 结合所学知识，你认为企业应该如何对客户进行分类服务？
2. 你如何理解“顾客满意已成为企业争取顾客、求生存、求发展的关键”一说？
3. 戴尔公司的直销模式对增进客户服务有何意义？

案例 6.2 联邦快递的客户关系管理体系①

联邦快递的创始者弗雷德·史密斯有一句名言：“想称霸市场，首先要让客户的心跟着你走，然后让客户的腰包跟着你走”。由于竞争者很容易采用降价策略参与竞争，联邦快递认为提高服务水平才是长久维持客户关系的关键。

一、联邦快递的全球运送服务

电子商务的兴起为快递业者提供了良好的机遇。在电子商务体系中，很多的企业间可以通过网络的连接快速传递必要信息，但对一些企业来讲，运送实体的东西是一个难解决的问题。举例来讲，对于产品周期短、跌价风险高的计算机硬件产品来讲，在接到顾客的订单后，取得物料、组装、配送，以降低库存风险及掌握市场先机，这是非常重要的课题，因此对那些通过大量网络直销的戴尔电脑来讲，如果借助联邦快递的及时配送服务来提升整体的运筹效率，可为规避经营风险做出贡献。有一些小企业，由于经费、人力的不足，往往不能建立自己的配送体系，这时就可以借助联邦快递。

要成为企业运送货物的管家，联邦快递需要与客户建立良好的互动与信息流通模式，使得企业能掌握自己的货物配送流程与状态。在联邦快递，所有的顾客可借助其网址 http://www.fedex.com/同步追踪货物状况，还可以免费下载实用软件，进入联邦快递协助建立的亚太经济合作组织关税资料库。它的线上交易软件 Business Link 可协助客户整合线上交易的所有环节，从订货到收款、开发票、库存管理一直到将货物交到收货人手中。这个软件能使无店铺零售企业以较低成本比较迅速地在网络上进行销售。另外，联邦快递特别强调要与顾客相配合，针对顾客的特定需求（如企业大小、生产线地点、业务办公室地点、客户群科技化程度、企业未来目标等）一起制订配送方案。

联邦快递还有一些高附加值的服务，主要是三个方面。

(1) 提供整合式维修运送服务。联邦快递提供货物的维修运送服务，如将已坏的电脑或电子产品送修或所还所有者。

① 徐鹰：《联邦快递的客户关系管理体系》，载《市场周刊：新物流》2005年第36期，第19页。

(2) 扮演客户的零件或备料银行。扮演客户的第三方物流服务商的角色,提供诸如接受订单与客户服务处理、仓储服务等功能。

(3) 协助顾客简化并合并行销业务。帮助顾客协调数个地点之间的产品组件运送流程。在过去,这些作业是由顾客自己设法将零件由制造商送到终端顾客手中,现在的快递业者可完全代劳。

综上所述,联邦快递的服务特点在于协助顾客节省了仓储费用,而且在交由联邦快递运送后,顾客仍然能准确掌握货物的行踪,可利用联邦快递的系统来管理货物订单。

二、联邦快递的客户服务信息系统

联邦快递的客户服务信息系统主要有两个:一是一系列的自动运送软件,如 Power Ship、FedEx Ship 和 FedEx internet Ship;二是客户服务线上作业系统(Customer Operations Service Master On-line System,COSMOS)。

(一) 自动运送软件

为了协助顾客上网,联邦快递向顾客提供了自动运送软件,有 3 个版本:DOS 版的 Power Ship、视窗版的 FedEx Ship 和网络版的 FedEx internet Ship。利用这套系统,客户可以方便地安排取货日程、追踪和确认运送路线、列印条码、建立并维护寄送清单、追踪寄送记录。而联邦快递则通过这套系统了解顾客打算寄送的货物,预先得到的信息有助于运送流程的整合、货舱机位、航班的调派等。

(二) COSMOS

这个系统可追溯到 20 世纪 60 年代,当时航空业所用的电脑定位系统备受瞩目,联邦快递受到启发,从 IBM、Avis 租车公司和美国航空等处组织了专家,成立了自动化研发小组,建起了 COSMOS 系统。在 1980 年,系统增加了主动跟踪、状态信息显示等重要功能。1997 年,联邦快递又推出了网络业务系统 Virtual Order。

联邦快递通过这些信息系统的运作,建立起全球的电子化服务网络,目前有 2/3 的货物量是通过 Power Ship、FedEx Ship 和 FedEx internet Ship 进行,主要利用它们的订单处理、包裹追踪、信息储存和账单寄送等功能。

三、员工理念在客户关系中扮演的角色

我们都知道,良好的客户关系绝对不是单靠技术就能实现的,员工的主观能动性的重要性怎么强调也不过分。在对员工进行管理以提高顾客满意度方面,具体方案有三个方面。

(一) 建立呼叫中心,倾听顾客的声音

联邦快递台湾分公司有 700 名员工,其中 80 人在呼叫中心工作,主要任务除了接听成千上万的电话外,还要主动打出电话与客户联系,收集客户信息。

呼叫中心中的员工是绝大多数顾客接触联邦快递的第一个媒介,因此他们的服务质量很重要。呼叫中心中的员工要先经过一个月的课堂培训,然后接受两个月的操作训练,学习与顾客打交道的技巧,考核合格后,才能正式接听顾客来电。

另外,联邦快递台湾分公司为了了解顾客需求,有效控制呼叫中心的服务质量,每月都会从每个接听电话员工负责的顾客中抽取 5 人,打电话询问他们对服务品质的评价,了解其潜在需求和建议。

(二) 提高第一线员工的素质

为了使与顾客密切接触的运务员符合企业形象和服务要求，在招收新员工时，联邦快递是台湾少数作心理和性格测验的企业。对新进员工的入门培训强调企业文化的灌输，先接受两周的课堂训练，接下来是服务站的训练，然后让正式的运务员带半个月，最后才独立作业。

(三) 运用奖励制度

联邦快递最主要的管理理念是，只有善待员工，才能让员工热爱工作，不仅做好自己的工作，而且主动提供服务。例如，联邦快递台湾分公司每年会向员工提供平均 2 500 美元的经费，让员工学习自己感兴趣的新事物，如语言、信息技术、演讲等，只要对工作有益即可。

另外，在联邦快递，当公司利润达到预定指标后会加发红利，这笔钱甚至可达到年薪的10%。值得注意的是，为了避免各区域主管的本位主义，各区域主管不参加这种分红。各层主管的分红以整个企业是否达到预定计划为根据，以增强他们的全局观念。

案例思考

1. 联邦快递通过何种方式与客户建立良好的互动与信息流通?
2. 联邦快递的客户服务信息系统具有哪些功能?
3. 联邦快递是如何通过加强员工管理来提高顾客满意度的?

案例简析

案例 6.1

现代企业已逐步由传统的以产品和规模为中心的粗放式经营管理模式转向以客户为中心，服务至上，实现客户价值和达到企业利润最大化的集约式精英化管理模式转变，而良好的客户关系是企业求得生存与发展的重要资源。企业如何实现对多渠道销售与服务集成，统一管理，区分对待，这就需要有一套完整的客户关系管理理论和技术，以此实现对客户满意度提高以及对客户关系的改善与维持和发展，从而提高企业在市场上的竞争力。

客户服务要面对面地处理好所有客户的要求，对一个企业而言，必须非常了解每一个客户，这个难度是相当大的。戴尔公司的成功案例为其他企业提供了可参考的经验。

(1) 同每一个最终客户之间建立直接的联系，这样能够获得有价值的信息，更好地管理业务。

(2) 使用网络来支持同客户之间的联系，可以扩大与客户的接触并从中听取建议。

(3) 确保企业的网站同电话销售系统、订货部门和服务功能紧密结合在一起。这样客户可以在网络上开始一个方便的交易过程，可以随时切换到同人工服务交流，将整个购买过程变得足够容易，使顾客愿意通过网络配置和购买产品。

(4) 为顾客提供所有与自己的技术支持人员拥有的完全一样的故障诊断和帮助信息。这样不仅使客户感到满意，同时也会减少很多顾客的服务时间。

(5) 让顾客可以很容易了解到已经提交的订货信息以及故障的解决情况。

(6) 设计功能齐全的网站,使其能够与客户的网站相对接,以便双方了解对方的内部进程,并且使用方便。这不仅会节约客户与企业进行交易的成本,也能使客户更久保持对企业产品的忠诚并扩展企业的接触范围,使企业可以同客户的雇员——公司的最终用户建立直接联系。

案例 6.2

根据案例中联邦快递客户关系管理体系和运作的基本思路,结合客户关系管理理论和相关方法的论述,可以得出联邦快递客户关系管理的实施路径。

首先,通过客户关系管理提供的客户服务、销售、市场及产品的分析功能,深入分析客户和产品数据,了解客户的行为,预测客户未来的行为,为企业发展提供科学、准确的决策依据,从而帮助联邦快递定位其最具价值的市场和产品。通过客户关系管理在各个关键部门的具体应用,满足客户不同的需求。

其次,凭借完善的硬件设施和强大的软件系统,如应用数据仓库、联机分析处理、数据挖掘等商业智能的核心技术,组织企业内部可能收集到的数据,建立一体化业务管理平台,使企业各环节共享信息,形成有机整体,提升企业综合运营效率,方便客户及时了解各环节进展情况,为客户提供更有效、更亲切、更具个性化的服务。

最后,建立起有效的内部管理流程,并通过自动化的工作流程将企业的各种业务部门紧密结合起来,将个人的工作纳入到企业规范的业务流程中,提升企业整体管理水平。

第7章

仓储与库存管理案例

案例7.1 Spices公司库存控制①

Spices是一家已有120多年历史的、中等规模的调味品、提取物、蛋糕材料、沙司材料以及色拉调料生产商,其产品销售渠道有超级市场、杂货店、食品外卖店等。公司在印第安纳波利斯有一个工厂,专事制造,产品经过印第安纳波利斯和丹佛的两个库房中转销往10个州。公司雇员200人,其中30名销售代表负责所有的销售和服务事务。

一、Spices改善库存控制的背景

Spices之所以到要对库存控制进行改善,是基于以下因素的考虑。

(1) 采购费用的增长是Spices进行改善库存的直接原因。过去十个月中,Spices耐用品的采购费用已经增长了20万美元。无论在采购人员的观念里,还是出于公司保持库存最小的目标,这个数字都太大了,必须对其采购费用进行削减。

(2) 销售与营销部门的提前期与供应商的提前期之间的矛盾是Spices进行库存控制改善的内在因素。在Spices中,销售与营销部门给采购部门下新耐用品订单时,提前期通常是2周,这当然不符合供应商所需的4～8周的提前期。于是,供应商往往会被要求加紧供货,而采购、销售和营销部门之间也会增加冲突。尽管采购人员每周都检查耐用品的库存水平,但分销仓库不予通知的缺货现象仍然经常发生。

(3) 陈列库存量太多与有效库存不足的矛盾是Spices进行改善库存控制的重要原因。Spices的采购人员还发现,无论何时,持有库存差不多都价值20万美元,而理想的库存价值应该比较接近8万美元。同时,即使库存水平很高,采购人员也会因为各种细项经常性的缺货而受到销售代表的质问。已是4月底了,Spices的采购经理面临着备用陈列品库存总量增加25%的问题。尽管如此,销售代表还一直在抱怨经常出现缺货现象。在与物料经理计划的6月会议之前,采购经理必须找到一条改善库存控制的办法。

二、可以进行库存控制改善的五个方面

(一) 在营销和销售方面进行控制

(1) 营销部门负责产品开发、包装以及各种备用陈列品的设计。陈列品属于耐用品,免费提供给零售商,用于Spices产品的商品展示。过去五年中,需要供应陈列品的零售商数目

① 杨平安:《现代物流国际通用管理与成功案例典范》,北京:新华出版社,2002年版,第1307—1309页。

大幅度上升，对陈列品库存的需求也相应上升。

(2) 陈列品订单通过采购部门发放。尽管营销与销售部门不对未来需求进行预测，但当销售代表签了新客户时，肯定会生成一张新报表并送到他们那里。报表中有关于该零售商所需陈列品数量的信息。在新报表生成前，如果现有库存不够的话，采购部门必须挖空心思地在1天至2周之内找到陈列品。

(3) 销售代表对自己所属区域内的销售与服务负责。服务包括为零售商提供和更换陈列品。一般情况下，如果陈列品不能用或不再需要了，零售商只会将它一扔了事，而不会将可用部分还回来。销售代表从最近的库房领取陈列品时，只需要填写一张采购订单，再换取一张设备订单就行了。这个过程对所有的批量规模都一样。如果无法完成订单，销售代表或地区销售经理就会与采购部门联系，通知他们库存不够了。

(二) 在分销方面的控制

尽管分销仓库只有两个，但明尼阿波利斯地区销售经理的车库里还有价值5万美元的库存。在印第安纳波利斯和丹佛，销售代表的采购订单是唯一的库存记录。没有人计算库存的日损耗数。商品从印第安纳波利斯运到丹佛需要10天，运到明尼阿波利斯需要3天。分销仓库和采购部门之间的信息沟通不是很顺畅，因此，采购部门总是不知道库房里究竟还有多少的陈列品库存。另外，销售代表们一般也在自己的地下室或车库里维持一定数量的库存，当然，没有任何记录。

(三) 进行采购上的控制

采购部门负责所有的原材料、产品包装物、易耗品、耐用品采购与库存控制。耐用品采购在6月份结束的上一财年中价值50万美元。由其中一个员工负责采购的价值总额就高达2 000万美元。

(四) 进行库房检查

所有的库存都需要经过每年两次检查，通过实地计数的方式。同时，工作人员始终在周五那天去印第安纳波利斯的库房，检查耐用品的库存情况。然后，他为各种细项计算相应的再订货点。再订货点记录在卡片上，同时记录的还有产品与供应商信息。如果某细项达到了再订货点，订单就会发放出去。十个月前，订单每月发放一次。

(五) 确定耐用品的库存

耐用品库存包括75种不同型号的陈列品，有木制的、金属的，还有塑料的。产品与陈列品的迅速变化意味着库存中既有最近设计的新样子，也有出于替换目的的老样子。有限的供应商们的提前期一般是金属产品8周，木制产品或塑料产品4周。

三、改善库存控制的具体实施

基于对以上几个方面的认识，面对严峻的形势，采购经理采取了以下措施。

(1) 提高耐用品库存的再订货点水平。提高耐用品库存的再订货点水平虽然这样增加了总库存，但也同时消除了缺货。

(2) 尽量了解销售代表向分销部门发出的陈列品订单信息。由于度量单位不标准，订单数目往往被表示成箱、个或其他单位，极易引起混淆。因此，必须首先更正错误的数字表示，然后便着重地尽量了解销售代表向分销部门发出的陈列品的订单信息。

(3) 最后，采购经理决定视丹佛和明尼阿波利斯的仓库为"外部顾客"，只对印第安纳波利斯的库存水平进行集中管理。这意味着采购经理无法得知可获得的库存总量究竟是多少以及存货的具体位置究竟在哪里等。

所有的这些实施还只是初步的改善，因为仅在耐用品库存等较少的方面进行了控制，还有例如处理销售代表抱怨的缺货等问题，还有待进行进一步的解决，以便真正地做到对库存控制的改善。

案例思考

1. 怎样针对不同的物品确定其库存控制计划?
2. 如何解决库存总量过多而西部缺货的矛盾?
3. 怎样对库存各关键控制点进行分析及运作?
4. 采购经理在库存控制方面的职责是什么? 他应怎样确定自己的工作重心?

案例7.2　超级食品有限公司的困境①

超级食品有限公司是新加坡超级集团于1994年在中国常州投资的一家外商独资企业，企业总投资为400万美金，公司占地面积3.7万平方米。公司先后在上海、武汉等地区成立了分公司，产品网络已经遍布全国各大中城市，并取得良好的销售业绩。该公司在建立初期，以麦片饮料类的生产为主，随着麦片市场的竞争日益加剧，逐步引入了咖啡类和固体饮料类的产品，完善了自身的产品结构。在超级食品有限公司进入中国以前，国内市场上尚无麦片类的饮料产品。可以这样讲，正是超级食品公司将麦片饮料引入了中国市场，为中国的消费者介绍了这样一种富含营养的早餐或休闲食品，也为消费者介绍了一种生活方式。与此同时，这也为超级食品公司及其投资者带来了丰厚的利润。

在整个20世纪90年代的前中期，超级食品公司的产品从来不用为销路发愁，生产管理也相对简单，开足马力生产即可。采购更是单纯，物料数量有限，订购批量尽量大，根本不可能有冗余的库存出现；供应商也是趋之若鹜，谈不上管理，更没有战略；物流配送也用不着，基本都是上门送货、提货。但是，由于商家的趋利性，一时间全国各地出现了形形色色的麦片生产厂家，麦片饮料市场的竞争突然之间变得异常的严峻、残酷。超级食品公司的年销售额也由数亿元人民币之巨逐步下降到如今的不足一亿元人民币，而在此期间，为了缓解市场竞争的压力，公司管理层决定增加产品类别，并且在原有的基础上，针对不同的消费群体，将公司的主打产品——麦片类饮料增加品种，以增强抵御市场竞争大潮的冲击的能力。

公司管理层决定开发的产品主要有两类：咖啡类和固体饮料类。考虑到咖啡类产品为新加坡母公司的拳头产品，具有相当的技术开发实力和一定的市场知名度，因而决定开发该大类产品，并逐步在市场上推出了超级三合一咖啡、超级意大利泡沫咖啡、超级爱尔兰咖啡、超级二合一咖啡及超级瓶装咖啡礼盒等产品。

---

① 《常州超级食品有限公司》，2012年3月29日《常州日报》，第B3版。

由于中国气候具有四季分明的特点，并且在下半年集中了中国人最重要的几个节日：中秋节、国庆节、元旦及春节，故此麦片类的产品消费具有比较明显的季节性，即从8月底到来年的二月初为销售旺季，而其余的时间则为销售淡季。而咖啡类产品与其具有相似性，因此公司急需开发出与上述两类产品在销售季节上具有互补性的产品，以此来平衡生产能力，缓解淡季的销售压力。基于以上的考虑，公司管理层决定开发固体饮料类产品，其中包括超级蜂蜜菊花晶袋装及经济装、超级鲜橙粉袋装及经济装、超级柠檬茶袋装及经济装共六种产品。

随着公司产品组合的宽度、长度及深度的不断扩大，以前公司在生产与运作管理上"轻易解决"的问题，如今真正地成为难题了。第一是生产安排上出现了问题，有时成品来不及做，而仓库催促要发货；或入库成品仓库拒绝接收，原因是仓库该类货品太多，没有多余库位。第二是采购管理上，经常有紧急订单催供应商交货，而有的物料却又是几个月甚至数年不动。第三是在物流上，压力同样不小。经常收到销售部门的投诉称，由于运力不足或是运输的网络覆盖不到，而使得好不容易到手的生意无法做成等，不一而足。

以上的这些问题一而再、再而三地出现，终于引起了公司管理层的高度重视，从2007年下半年开始，将生产与运作管理工作作为重点解决的问题而列入工作议程。时间转眼间进入了2008年的6月份，某一个星期二上午，超级食品有限公司的所有中层以上的管理人员都集中在会议室中，正在参加每周一次的例会。随着会议的议程进入本周各部门的情况通报，主持会议的总经理请销售总监首先发言。销售总监一脸激动地开始了他对生产运作上的不满的发泄："我们的客户——几家大的连锁超市反馈回来的信息表明，我们的夏季主打产品——超级鲜橙粉袋装和经济装全面断货，客户对此非常不满意，甚至问我们的销售人员，我们公司是否想撤出这两种产品，如果是，那么赶快腾出地方给其他公司的产品。有的客户还以嘲弄的口吻说，你们超级食品有限公司蛮奇怪，冬季咖啡卖得好的时候，你们的超级咖啡礼盒断货；夏季饮料卖得好的时候，现在鲜橙粉系列产品又断货了。我也从物流、仓库、生产部等几个部门作了一点初步的调查，据说是有一种原料缺货。我想再一次地呼吁各部门大力协助销售部的工作，否则今年的销售指标很难完成！"总经理看了一眼上任半年有余的营运总监，"这件事确实相当严重，我们这半年多来一直在解决生产运作方面的问题。商务部、技术部、销售部、生产部都在通力合作，建立了销售预测、库存数据的在线即时反映、物料清单、需求计划等，虽然我们作了这些工作，但问题仍在不断地重复出现！我们现在要全力解决这方面的问题，决不能再让这些问题困扰我们的经营了。"

真是一石激起千层浪，彻底地暴露了超级食品有限公司在生产与运作管理上存在的问题。第一，库存控制上不平衡。既有断货、零库存现象的经常发生；同时仓库也有许多的积压库存，有些产品由于生产日期超过6个月而无法发货，有些物料已有6个月以上，甚至数年没有发生领用。在库存管理上，这种缺货与冗余同时并存的现象，已成为超级食品有限公司生产与运作系统管理不善的最直接表现。如何控制库存已成为了公司管理层急需解决的首要问题。第二，订单管理的无序。在订单管理上，首先就是表现为紧急订单多，并且整个订单数量大。这样也就间接增加了与供应商与生产部关系的管理难度。第三，供应链管理的低效。内部供应链管理的低效率体现在对物料管理的不分主次，没有重点，既影响了物料的库存控制，也影响了供应商关系的管理。外部供应链管理的低效率，既有采购策略的不明确，也有客户服务的缺乏针对性。当然，除了以上这些问题之外，在超级食品有限公司的生产与运作管理上也还存在一些问题，但归根结底，以上的三个问题是主要的，解决了它们，其他的问题也就迎刃而解了。

案例思考

1. 根据案例7.2，分析超级食品有限公司的生产与运作管理系统存在的问题。
2. 根据案例7.2，探讨解决超级食品有限公司所产生的一系列问题的思路?

案例7.3　家乐福的选址及商品经营①

成立于1959年的法国家乐福集团（以下简称家乐福）是大卖场业态的首创者，是欧洲第一大零售商，世界第二大国际化零售连锁集团。现拥有1.6万多家营运零售单位，业务范围遍及世界30多个国家和地区，员工总数超过50万人。截至2011年12月31日，家乐福在中国内地51个城市的超市总数为203家。2011年，家乐福全年销售收入为827.6亿欧元，运营利润达21.82亿欧元。2012年，家乐福在《财富》杂志编排的全球500强企业中排名第39位。

家乐福自1995年进入中国市场后，短时间内便在相距甚远的北京、上海和深圳三地设立了大卖场，并各自独立地发展出自己的供应商网络。根据家乐福（中国）的统计，从中国本地购买的商品占了商场里所有商品的95%以上。家乐福在中国各大省会城市和部分地区级城市均开设了区域化采购网络。

一、家乐福的选址策略

家乐福，其名字“Carrefour”的法文意思就是十字路口，因而家乐福的选址也不折不扣地体现了这一个标准——所有的门店都开设在十字路口，巨大的招牌500米开外的多个角度都可以看得一清二楚。而一个投资几千万的店，当然不会是拍脑袋想出的店址，其背后精密和复杂的计算常令行业外的人士大吃一惊。根据经典的零售学理论，一个大卖场的选址需要经过下面两个方面的详细测算。

（一）商圈内的人口消费能力

家乐福（中国）一般是借助市场调研公司的力量来收集这方面的数据。通常的做法是以某个原点出发，测算5分钟的步行距离会到什么地方，然后是10分钟步行会到什么地方，最后是15分钟会到什么地方。根据中国的本地特色，还需要测算以自行车出发的小片、中片和大片半径，最后是以车行速度来测算小片、中片和大片半径各覆盖了什么区域。如果有自然的分隔线，如一条铁路线或是另一个街区有一个竞争对手，商圈的覆盖就需要依据这种边界进行调整。

然后，需要对这些区域进行进一步的细化，计算这片区域内各个居住小区的详尽的人口

① 《家乐福　守候在十字路口》，2008年3月29日《北京青年报》，第B5版，有调整。

规模和特征的调查，计算不同区域内人口的数量和密度、年龄分布、文化水平、职业分布、人均可支配收入等许多指标。家乐福的做法还会更细致一些，根据这些小区的远近程度和居民可支配收入，再划定重要销售区域和普通销售区域。

（二）研究区域内的城市交通和周边的商圈的竞争情况

如果一个未来的店址周围有许多的公交车或是道路宽敞、交通方便，那么销售辐射的半径就可以大大放大。家乐福（中国）很聪明的做法是，如果门店周围的公交线路不多，家乐福就干脆自己租用中巴车定点在一些固定的社区间穿行，方便这些离得较远的社区居民上门一次性购齐一周的生活用品。

二、家乐福的经营策略

（一）充分掌握竞争对手的信息

未来潜在销售区域会受到很多竞争对手的挤压，所以家乐福也会将未来所有的竞争对手计算进去。在传统的商圈分析中，需要计算所有竞争对手的销售情况、产品线组成和单位面积销售额等情况，然后将这些估计的数字从总的区域潜力中减去，未来的销售潜力就产生了。但是这样做并没有考虑不同对手的竞争实力，所以有些商店在开业前索性把其他商店的短处摸个透彻，以打分的方法发现他们的不足之处，比如环境是否清洁，哪类产品的价格比较高，生鲜产品的新鲜程度如何等，然后依据这种精确制导的调研结果进行具有杀伤力的打击。

（二）充分了解不同地域客户的消费习惯

家乐福在开店之前会仔细调查当时其他商店里有哪些本地的商品出售，哪些产品的流通量很大，然后再去与各类供应商谈判，决定哪些商品会在将来的家乐福店里出现。一个庞大无比的采购链，完完全全从零开始搭建。这种进入市场的方式粗看难以理解，但却是家乐福在世界各地开店的标准操作手法。这样做背后的逻辑是，一个国家的生活形态与另一个国家的生活形态经常是大大不同的。在法国超市到处可见的奶酪，在中国很难找到供应商；在台湾地区十分热销的槟榔，可能在上海一个都卖不掉。所以，国外家乐福成熟有效的供应链，对于以食品为主的本地家乐福来说其实意义不大。最简单有效的方法，就是了解当地，从当地组织采购本地人熟悉的产品。能体现家乐福用心的是，家乐福在上海的每家商店都有小小的不同。在虹桥门店，因为周围的高收入群体和外国侨民比较多，其中外国侨民占到了家乐福消费群体的40％，所以虹桥店里的外国商品特别多，如各类葡萄酒，各类泥肠、奶酪和橄榄油等，而这都是家乐福为了这些特殊的消费群体特意从国外进口的。南方商场的家乐福因为周围的居住小区比较分散，干脆开了一个迷你 Shoppingmall，在商场里开了一家电影院和麦当劳，增加自己吸引较远处人群的力度。青岛的家乐福做得更到位，因为有15％的顾客是韩国人，干脆就做了许多韩文招牌。

（三）优化商品结构的诀窍

大采购超市零售业普遍追求的是商品的高速流转率。体现高流转率的具体手段就是实行品类管理，优化商品结构。根据沃尔玛与宝洁的一次合作，品类管理的效果是销售额上升32.5％，库存将下降46％，周转速度将提高11％。家乐福也有同样的管理哲学。家乐福选择商品的第一项要求就是要有高流转性。比如，如果一个商品上了货架销得不好，家乐福就会把它30厘米的货架展示缩小到20厘米。如果销售数字还是上不去，陈列空间再缩小10

厘米。如果没有任何起色,那么宝贵的货架就会让出来给其他的商品。家乐福这些方面的管理工作全部由电脑来完成,由POS机实时收集上来的数据进行统一的汇总和分析,对每一个产品的实际销售情况、单位销售量和毛利率进行严密的监控。这样做使得家乐福的商品结构得到充分的优化,完全面向顾客的需求,减少了很多资金的搁置和占用。

(四)监控商品销售的每一个环节

家乐福对每一种在售商品的销售环节实施严格的把控。涉及具体营运的管理,以生鲜食品为例,商品流运的每一个过程点都要加一个控制点,从农田里采摘上来,放在车上,放在冷库里,放到商场货架上,全都要加以整理剔除和品质控制。然后生鲜食品放在货架上被第一批顾客采购了以后,还要进一步的整理。所有的这一切都需要对一些细节进行特别的关注。家乐福在这方面发展出一套非常复杂的程序和规则,例如,食品进油锅的时候油温是多少度,切开后肉类保鲜的温度是多少度,多长时间必须要进行一次货架清理,商品的贴标签和商品新鲜度的管理,这些全都有详细的规定,用制度确保自己"新鲜和质量"的卖点不会走样变形。为了使制度能够被不折不扣的执行,员工的培训也完全是从顾客的角度出发的,家乐福让员工把自己当成消费者来进行采购,结果当他们看到乱成一团的蔬菜,自己也不愿意买,终于对管理制度有了深刻的理解。

案例思考

1. 家乐福是遵循什么规律进行选址的?这种选址方式有何利弊?

2. 根据案例7.3,你认为作为国际化零售连锁集团,家乐福主要在哪些方面做得比较成功?

3. 为什么企业选址很重要?经济全球化对企业选址决策有何影响?请结合世界制造中心向中国转移来说明这一问题。

4. 一家超市和一家机械制造厂的选址分别应如何考虑?选址对它们的运营成本与收益各有什么影响?试举例说明。

案例7.4 Team Hanes公司的库存管理①

市场总是正确的,尤其是流行行业,出现与预期不同的不确定性市场走向经常是正常的。如对于运动服装制造商这种类型的企业,一场体育比赛的结果也许会直接影响到次日消费者的购买,或者一个崇拜偶像的陨落可以引起成千上万件T恤衫的滞销积压。这种需求的不确定性对企业经营及商品计划与控制带来巨大影响。通常由于季节、运动方式、时尚、尺寸及款色品种变换等会产生大量的库存,如何使这种不确定性需要得到有效控制,经销此类商品的零售商采取一定的控制对策,有的要求每年库存周转5次,并希望订货提前期是5天,还要求95%的履约率和详细准确的价格标签。在目前这种零售商与制造商角色难

① 蒋长兵:《供应链理论技术与调整》,北京:中国财富出版社,2009年版,第119—120页。

以替换的情况下,怎样保持最低的零售库存来实现每年 5 次的周转,而且在零售中有足够的库存以避免缺货;怎样在配送中心保持足够的库存来满足需求中不可预见情况的同时,又不会遭受价格下跌而过多抛售的风险?怎样平衡各类产品生产大批量与需求小批量的成本利益?

美国运动服装制造商 Team Hanes 公司为此采取了相应措施,并为在大型零售店中出售运动衣应用了供应商管理库存(VMI)。其方案是和零售商更紧密地协作管理各类服装,这包括积极地监控和调整商店一级的各种款式服装的库存,根据 POS 数据,每周进行库存补货,并把带标价签的产品直送商店。通过管理从零售到生产的整个供应链,缩短了供货周期,降低库存(如零售商的配送中心),从而对多变的消费需求更快地反应。

Team Hanes 公司的供应商管理系统能够增加零售商与 Team Hanes 公司间运动衣的交易量,然而随着业务的发展,随着产品线扩大且经销产品的零售店的增加,也给供应商管理系统的持续实施带来了挑战。Team Hanes 公司认识到,要在这个瞬息万变的运动衣市场实现盈利的增长,需要一个能够更可靠地满足消费需求且整个系统的库存又比传统方式更少的经营基础。Mercer 公司帮助 Team Hanes 公司设计了一个业务系统,使公司在发展的时候获得这些供应商管理的利益。

已开发的 Team Hanes 业务系统,根据消费需求预测,以一体化的方式管理整个供应链,解决了传统方式的不足,以系统化思想来整合供应链中的所有活动。利用消费需求预测,可每周检查服装零售信息,以调整各种款式服装的库存水平,满足当前的需求,而不是保持若干周销量的库存。结合商店 POS 数据和对各款服装库存的调整,每周确定向各零售店铺的发货。这些补充供货在 Team Hanes 公司的配送中拣选后,直接运到商店。这种补充商品的方式降低了中间环节库存维持水平,缩短了订货周期。在配送中心内,对销量大的商品品种采用更为专门的自动化处理技术,进一步降低了成本,提高了反应速度。

根据消费需求预测和对不确定性的分析,在 Team Hanes 公司的配送中心内,每个品种的库存每周都要再次评定。消费需求趋势方面的变化在相应的时期被自动整合到库存计划中,更好地预防潜在缺货的发生。采取这种方式,改变了传统的"库存以几周计算"的习惯,库存要不断与每周的消费需求预测、比较,而不是用过去的平均消耗率。

根据库存与消费需求预测,每个品种的生产计划均要每周进行检查,经预测任一品种低于所需的库存水平时,就安排生产计划。这种方式以一种对需求的前瞻性眼光关注生产计划,能充分满足消费需求,并在问题发作之前就采取措施。每个品种的生产规模得到优化,以平衡根据每个品种的具体销售特征计算出的经济订货批量和预测消费需求,由此大量生产可以保证,而且成品库存量总是和下几周的预期销量相联系。零售式样、成品库存水平和生产进度怎样才能既针对每个品种、每周进行的检查,而又不花费大量人力呢?关键在于整个流程真正的自动化。在日复一日的供应链运营中,所有决策能够从消费需求预测中制定。

Team Hanes 公司的计算机系统可以为供应链中的每项活动推荐最佳方案。这些建议能够自动执行(例如,对量小的式样的库存调整)或者为检查做出提示(如生产计划方面)。这个业务系统在业务增长时,能够一致地和可靠地向零售商传达 Team Hanes 公司独特的价格建议。它使 Team Hanes 公司运动装的供应链管理前后衔接,零售商和自己双方在收入上和利润上均实现最大化。

案例思考

1. Team Hanes 公司实行的是推动式库存管理，还是拉动式库存管理的方法？
2. 简述 Team Hanes 公司实行的库存管理模式的特点。
3. 根据案例 7.4，你认为 Team Hanes 公司的库存管理存在哪些可取之处？
4. 根据案例 7.4，你认为 Team Hanes 公司的库存管理有哪些不足之处？

案例 7.5　安科公司的库存管理[①]

安科公司是一家专门经营进口医疗用品的公司，该公司经营的产品有 26 个品种，共有 69 个客户购买其产品，年均营业额为 5 800 万元人民币。对于安科公司这样的贸易公司而言，因为进口产品交货期较长，库存占用资金大，因此，库存管理显得尤为重要。

安科公司按销售额的大小，将其经营的 26 个产品排序划分为 A、B、C 三类。排序在前 3 位的产品占到总销售额的 97%，因此把它归为 A 类产品；第 4 种至第 7 种产品每种产品的销售额在 0.1%～0.5%，把它们归为 B 类，其余的 21 种产品（共占销售额的 1%），将其归为 C 类。

对于 A 类的三种产品，安科公司实行了连续性检查策略，每天检查库存情况，随时掌握准确的库存信息，进行严格的控制，在满足客户需要的前提下维持尽可能低的经常量和安全库存量，通过与国外供应商的协商，并且对运输时间做出认真的分析，算出了该类产品的订货前置期为 2 个月（也就是从下订单到货物从安科公司的仓库发运出去，需要 2 个月的时间）。即如果预测在 6 月份销售的产品，应该在 4 月 1 日下订单给供货商，才能保证在 6 月 1 日可以出库。其订单的流程表见表 7-1。

表 7-1　安科公司商品订单流程

4 月 1 日	4 月 22 日	5 月 2 日	5 月 20 日	5 月 30 日	6 月 30 日
下订单给供应商（按预测 6 月份的销售数量）	货物离开供应商仓库，开具发票，已经算作安科公司库存	船离开美国港口	船到达上海港口	货物入安科公司的仓库，可以发货给客户	全部货物销售完毕

由于该公司的产品每个月的销售量不稳定，因此，每次订货的数量就不同，要按照实际的预测数量进行订货。为了预防预测的不准确和工厂交货的不准确，还要保持一定的安全库存，安全库存是下一个月预测销售数量的 1/3。该公司对该类产品实行连续检查的库存管理，即每天对库存进行检查，一旦手中实际的存货数量加上在途的产品数量等于下两个月的销售预测数量加上安全库存时，就下订单订货，订货数量为第 3 个月的预测数量。因其实际的销售量可能大于或小于预测值，所以，每次订货的间隔时间也不相同。这样进行管理后，

① 申纲领：《物流案例与实训》，北京：北京大学出版社，2010 年版，第 90 页。

这三种A类产品库存的状况基本达到了预期的效果。由此可见，对于货值高的A类产品应采用连续检查的库存管理方法。

对于B类产品的库存管理，该公司采用周期性检查策略。每个月检查库存并订货一次，目标是每月检查时应有以后两个月的销售数量在库里(其中一个月的用量视为安全库存)，另外在途中还有一个月的预测量。每月订货时，再根据当时剩余的实际库存数量决定需订货的数量。这样就会使B类产品的库存周转率低于A类产品的库存周转率。

对于C类产品，该公司采用了定量订货的方式。根据历史销售数据，得到产品的半年销售量为该产品的最高库存量，并将其两个月的销售量作为最低库存。一旦库存达到最低库存时就订货，将其补充到最高库存量，这种方法比前两种更省时间，但库存周转率更低。

该公司实行了产品库存的ABC管理以后，虽然A类产品占用了最多的时间、精力进行管理，但得到了满意的库存周转率。而B类产品和C类产品，虽然库存的周转率较慢，但相对于其很低的资金占用和很少的人力支出来说，这种管理也是个好方法。

在对产品进行ABC分类以后，该公司又对其客户按照购买量进行了分类。发现在69个客户中，前5位的客户购买量占全部购买量的近75%，将这5个客户定为A类客户；到第25位客户时，其购买量已达到95%。因此，把第6位至第25位的客户归为B类，其他的第26位至第69位客户归为C类。对于A类客户，实行供应商管理库存，一直保持与他们密切的联系，随时掌握他们的库存状况；对于B类客户，基本上可以用历史购买记录做出他们的需求预测作为订货的依据；而对于C类客户常有的是新客户，有的一年也只购买一次，因此，只在每次订货数量上多加一些或者用安全库存进行调节。这样一方面可以提高库存周转率，同时也提高了对客户的服务水平，尤其是A类客户对此非常满意。

案例思考

1. 安科公司怎样对A、B、C三类产品进行库存控制？这种分类方式的依据是什么？其优点是什么？
2. 安科公司如何利用客户的ABC分类管理提高库存周转率？
3. 安科公司如何利用客户的ABC分类管理提高客户的服务水平？
4. ABC分类以后，安科公司库存管理的效果如何？

案例7.6 宝洁公司削减全球存货①

总部位于美国俄亥俄州辛辛那提市的美国宝洁公司(以下简称宝洁公司)是世界最大的日用消费品公司之一，全球雇员近10万，在全球80多个国家设有工厂及分公司，所经营的300多个品牌的产品畅销160多个国家和地区，其中包括洗发、护发、护肤用品、化妆品、婴儿护理产品、妇女卫生用品、医药、食品、饮料、织物、家居护理及个人清洁用品。在中国，宝洁

① 颈澜：《宝洁削减全球存货》，载《物流》2008年第6期，第56页。

公司的飘柔、海飞丝、潘婷、舒肤佳、玉兰油、护舒宝、碧浪、汰渍和佳洁士等已经成为家喻户晓的品牌(如图 7-1 所示)。宝洁公司尽管已经建立了日用产品的帝国,仍然居安思危,兢兢业业,在日常经营活动中坚持以低存货水平作为其降低供应链成本的主要手段。

图 7-1　宝洁公司系列产品

一、快速分销,快速响应

宝洁公司生产的一只牌子为“天生杀手”的口红或者普通的餐巾纸出现在中国上海淮海路某间商店橱窗内供消费者选购,其本身似乎是非常的平静,但是要把那支口红从美国宝洁公司总部分销中心到上海,却不是轻而易举的事情。

宝洁公司供应链研究和开发部总经理泰尔顿表示,想方设法把宝洁公司的产品不断地补充到世界各地零售商的货架上,其本身与一场持久战没有什么两样,尤其是要把宝洁公司生产的“封面女郎”牌美容霜等热销产品在规定时间内运送到规定地点零售商店的货架上,更像是一场激烈战斗。

泰尔顿面临的严峻挑战是,世界各地消费者对美容产品的需求常常变化多端,零售需求量瞬息万变,市场季节需求波动大,同样一种美容产品今天热销,明天可能被冷落到无人过问,产品研制、产品供应和存货水平必须高度灵敏,紧跟着市场需求走,坚持以市场为导向,不断突出宝洁公司的名牌优势,因此,宝洁公司从美国延伸到世界各地的供应链必须拥有反应快、效率高和持续性革新的特点。于是泰尔顿领导其团队首先把重点放在持续优化供应链全程存货水平方面:一方面降低世界各地存货水平的 3%～7%,另一方面又确保世界各地产品供应满意度保持在 99%以上。泰尔顿表示,宝洁公司今天的辉煌,在很大程度上取决于其供应链的经营管理,尤其是其存货水平最优化控制。泰尔顿在存货水平优化控制方面有非常丰富的经验。

二、最大优化存货

像宝洁公司那样的全球性企业在供应链中发现,随时削减貌不惊人的多余存货必将为企业带来巨大的意外利润,这就如同发现金矿一样,这绝对不是偶然,而是经过了一番调查研究。多年来,与其他企业一样,集制造商,供货商和批发零售商为一身的宝洁公司在经营管理方面坚持创新,其中包括积极推行准时货物递交、卖售管理存货活动、增加精确市场预报、市场营销积极应对、制定销售经营规划合作原则等;尽管这些措施卓有成效,甚至促成产品市场营销成绩非凡,却无法从根本上保证存货水平与产品市场供销业绩保持同步,常常发生产品供过于求或者供不应求,甚至出现企业家最不喜欢看到的产品在市场内积压或者脱销等极端情况。

问题出在传统存货管理的具体操作规范往往十分教条，总是落后于时代发展步伐，尤其是宝洁公司那样的跨国跨洲的全球性企业供应链几乎每周和每月向世界各地延伸和扩大，承包和外包制造商、供应商、批发零售商与日俱增，产品的有效期和多重配送渠道各有不同，因此宝洁公司必须以不断创新的精神，着力重新评估其存货管理程序和操作技术，也就是说，按照市场规律坚持创新改革的存货管理系统，根据需要加大投资，引进物流供应链专业人才和存货管理科学技术设备，其重中之重就是运用电子软件等科学手段最大优化存货。宝洁公司大力削减其全球存货水平不是普通的算术式减法，而是本身结构错综复杂的存货的最大优化，减法和最大化优化两者有天壤之别。例如你有总额为 1 亿美元的存货，使用减法还是最大优化经营管理，这批存货会给你带来截然不同的两种不同业绩。

三、趁热打铁

宝洁公司擅长强化供应链管理和持续优化存货，其奥秘在于宝洁公司客户服务水平必须始终保持在 99%的水平，产品订购准确率必须超过 99%，宝洁公司经营管理成本、现金流和货物交纳时间必须 99%达标，于是宝洁公司在这个基础上，不断趁热打铁，建立卓有成效的高科技信息系统和采用多种软件工具预防供应链风险升级，实施制造商、营销商、供应商和批发零售商一体化经营管理机制，不断优化物资供应和产品配送系统、创新生产和营销规划，达到减少库存的目的；宝洁公司与客户合作，及时掌握市场信息，降低零售存货，经济效益显著。2006—2007 年财政年度，宝洁公司仅仅全球美容品市场部纯收入与上年同比增长 13%，达到 230 亿美元，尤其是在发展中国家，宝洁公司的美容产品特别受到当地消费者的欢迎。于是宝洁公司面临的供应链挑战更加严峻，其中包括市场需求和交纳周期各异，甚至变幻莫测的口红、人工眉毛等美容品和其他产品必须精准送达市场，因此必须提高产品制造、营销、配送和批发零售一条龙精准服务，同时要严格控制各类产品的存货水平和密切关注美容产品市场发展动态。

四、寻找合适伙伴

宝洁公司除了注重分布在美国和世界各地的贸易伙伴外，还有富有才干的市场分析专家、规划专家、开发投资商、律师和中间商等；注重寻找合适伙伴所产生的直接好处是宝洁公司的各位股东均得到实惠；看似平凡的这项措施卓有成效地促使宝洁公司最大化精炼其整体供应链存货，优化供应链全程中的存货战略，促使其中占到较大部分的成品存货的存货水平精准度超过 99%的水准，并且不断优化供应链网络的重整，由此获得的成果是，持续降低供应链成本、强化市场信息预测和帮助合伙人提升市场态势评估精准度和完善存货经营管理应急安全机制。

五、优化存货为大家

宝洁公司毫不怀疑地把优化存货视为企业生存发展和扩大成功业绩的基础工作，积极投资和持续扩大信息技术基础设施功能，招聘优秀经营管理人才充实企业机构各个层面，全面汇集、更新、充实和分析供应链存货信息以及市场动态，及时做出反应和正确解决有关存货的各种问题，为此必须做到以下三个方面。

(一) 突出重点

凡是企业内部和跨企业项目的经营管理均必须集中落实到供应链网络优化，而且重点突出在存货操作上，不排斥多层次或者多级别。

(二) 强调清晰

凡是需要解决的存货问题必须首先搞清楚是什么类型，是原材料、零部件、成品、半成品，还是其他？或者各有参半？各个项目存货水平的准确数据是什么？应该保持的存货水平是什么？正在处理的存货是否属于存货战略一部分？存货问题属于个案、战略性、战术性、结构性还是政策性问题等，均必须搞清楚。确保深度，杜绝肤浅。凡是需要优化经营管理的企业必须确保优化达到一定的深度，因此必要的信息技术、调查分析和抽样检验等操作规程必须跟上，达到必要的标准高度，绝对不可拍脑袋乱猜。

(三) 坚持产业化和规模化

不仅自己企业内部员工全部知道最优化存货的重大意义，与企业关系密切的销售人员也必须完全理解宝洁公司整体产业，做到不同层次经营，相互融为贯通，信息透明、持续更新、不断完善和全方位共享，自觉成为企业团队一分子，促使成品配送最优化，不同规格成品网络流通高科技管理，而且销售人员要坚持学习，持续提高存货管理技术。

案例思考

1. 宝洁公司是如何做到快速分销、快速响应的？
2. 宝洁公司是如何优化库存管理，降低存货水平的？
3. 为什么宝洁公司把优化存货当成企业生存发展和扩大成功业绩的基础工作？
4. 宝洁公司降低存货管理有何意义？

案例 7.7　海尔物流的自动化立体仓库[①]

中国海尔已享誉世界，“海尔物流”也成为中国物流业的一个闪光点。因为中国第一个“物流示范基地”在这里，更准确地说，海尔物流管理、物流技术和物流理念的创造性实践为正在兴起的中国物流业树立了一个里程碑式的典范和楷模。

海尔有一个现代化立体仓库，现更名为“青岛物流中心”。这个立体仓库占地面积 7 200 平方米，使用面积 5 400 平方米，仓库高 16 米，货架高 13 米，共有 9 618 个货位，为中国同类型第一大库(如图 7-2 所示)。这个立体仓库相当于过去 8 万平方米的平面库，仅仓储费用一项每年可为海尔节约 1 500 万元。

立体仓库全部采用机械化叉车搬运，极大地提高了工作效率。过去同规模的平面库至少需要 200 人，而这个仓库只有 28 个人。这里的管理采用了世界最先进的资源管理集成系统 SAP/R3，它可以实时监控整个中心的每一种物料的库存情况，从而保证整个物流中心的

① 牛龙鱼：《亚洲物流经典案例》，重庆：重庆大学出版社，2007 年版，第 294—296 页。

图 7-2　海尔的立体仓库

物资不是像水库，而是像一条河流一样不停地在流动。它可以将库存资金占用从15亿元降至6亿元，降幅达60%，杜绝了呆滞物资的产生。

与立体仓库相关的业务流程是这样的，主要从市场信息的收集转换成产品事业部的生产计划，通过SAP系统自动运行生成物料采购清单，通过网上下达给分供方执行。分供方按照订单上的时间、地点、数量的要求提前检验后，运送到立体仓库，由立体仓库入库员在现场通过条码扫描进行收货。整个审核订单的过程是通过自动程序完成的。与此同时，系统自动分配货位，小叉车和高架叉车通过扫描托盘号进行操作，将货物放到指定的货位并加以确认，完成收货操作。

出库系统是按照产品事业部生产计划的要求，通过共享的SAP系统自动分配物料下架指令，无线传输给高架叉车进行取货，再通过小叉车的扫描分拣完成出库指令，提前4小时配送到生产线工位。无线扫描系统的运用使整个库区操作指令实现了无纸化办公。

库区内宛如一排排高楼脚手架的货架有29个巷道，10部高架叉车来往其间取货，就像大机器的零部件动作一样准确无误。这种德国产的林德叉车每部价值达100万元人民币之多(如图7-3所示)。7部小叉车又称平衡叉车，在货架周边的空间活动，其活动指令是通过叉车上的无线接收终端来获取的。而"传达"指令的装置分别位于立体仓库两端的建筑物上，它们可以保证覆盖在库区及周边地区活动的叉车和相关装置。库内还配备有自动感应式的喷淋消防装置。

"海尔物流"打造核心竞争力，海尔曾提出"消灭库存"的理念，除建造了这样的立体库外，还建造了更先进的自动化立体库。海尔实行的是"过站式"物流管理模式，仓库已不再是传统意义上的物资的"水库"，而是一条流动的河流，是"车站"，是物流作业的一个节点。产生这一变化的根本原因就是，海尔是按订单来进行采购、制造、配送的，物品是按订单信息要求而流动的，从而消除了呆滞物资，也就消灭了"库存"。这与传统意义上的为"库存"而生产、出来的产品进入库存，而后再等待订单的概念是根本不同的。

由市场信息转化而来的订单实实在在成为海尔活动的中心。1999年开始，海尔开始进行以"市场链"为纽带的业务流程再造，创造了富有海尔特色的"一流三网"的同步物流模式。

图 7-3 德国林德叉车

“一流”是以订单信息网为中心，“三网”分别是全球供应资源网络、全球配送资源网络和计算机网络。“同步”即“三网”同步运行，为订单信息流的增值提供支持。

海尔进行的以“一流三网”为主要标志的物流革命，其核心就是以订单信息流为中心对仓库进行革命，通过同步模式以高效物流运作实现“与用户零距离”的战略目标，使海尔通过现代物流一只手，抓住用户的需求，另一只手抓住可以满足用户需求的全球供应链，获得企业核心竞争力。

海尔的采购实施了 JIT。海尔物流整合的第一步是整合采购，将集团的采购活动全部集中，在全球范围内采购质优价廉的零部件。海尔一年的采购费用约 150 亿元，有 1.5 万个品种、2 000 多个供应商。通过整合采购，海尔将供应商的数目减少到 900 家，世界 500 强企业中有 44 家为海尔的供应商，集团采购人员优化掉 1/3，成本每年降低 4.5%以上。

海尔实施了原材料配送 JIT，建立了现代化的立体仓库及自动化物流中心。在立体仓库建立之前，海尔的平均库存时间为 30 天，仅海尔工业园企业的外租仓库就达 20 余万平方米。两个立体仓库建成后，平均库存周转时间已经减至 12 天，整个集团仓库占地仅为 2.6 万平方米，即以原仓储面积 1/10 的空间承担起原仓储的全部功能。对订单的响应速度从原来的 36 天降低到目前的不到 10 天。

海尔实施了成品分拨物流 JIT。海尔在采购整合后，又整合了全球配送网络，将产品及时按要求送到用户手中。海尔与 300 多家运输公司建立了紧密的合作关系，全国可调配的车辆达 1.6 万辆。可做到中心城市 6～8 小时配送到位，区域配送 24 小时到位，全国主干线分配配送平均 4 天，形成全国最大的分拨物流体系。海尔还在德国的汉堡港等地建立了物流中心，向欧洲客户供货的时间也因此缩短了一半以上。值得一提的是，海尔物流运用已有的配送网络和资源，借助较完备的信息系统，积极拓展社会化物流业务。现已成为日本美宝集团、乐百氏集团的物流代理商，同时与 ABB 公司、雀巢公司、万家香酱园、伊利奶粉的物流及配送业务也在顺利开展。

案例思考

1. 什么是自动化立体仓库?
2. 自动化立体仓库由哪些部分构成?
3. 自动化立体仓库有哪些优点?
4. 海尔为什么要建造自动化立体仓库?

案例简析

案例 7.1

在现代物流管理中,库存控制能够缩短从接受订单到送达物品的时间,保证库存数量并节省库存费用,降低物流成本,保证生产的计划性、平稳性以消除或避免销售的波动的影响等。要充分了解库存控制所取得的这些效果,首先需要清楚整个库存流程。

1. 订货过程

即从决定订货起,到出差订货或发出订货单,然后进行订货谈判,直到订货成交,签订订货合同为止的一段过程。

2. 进货过程

即把订货成交的货物用运输工具从供方所在地运进自己仓库的过程。

3. 保管过程

即物资入库后,就进入了物资保管过程,其保持库存物资数量不变的过程。

4. 销售过程

即物资保管一段时间后,就要被销售或者被领用而出库,此过程发生物资所有权的转嫁以及物资空间位置的转移。

在了解了库存的整个过程以后,现在来把握一下库存控制的原理:因为从库存控制的角度来看,库存过程的四个过程中能影响库存量大小的只有订货、进货和销售过程,订货进货过程使库存量增加,销售过程使库存量减少要进行库存控制,既可以控制订货进货过程,也可以控制出库过程,这样都可以达到库存控制的目的。

进行有效的库存控制尤为重要的是要掌握好的操作方法,而现在企业中普遍采用的是采购订货策略,即通过控制订货进货过程来控制库存。采用这种方法是要制定一个合适的采购订货策略,以便对采购订货的时间、数量、操作方法等进行规范化控制,从而达到对整个库存水平进行控制的目的。采购订货策略涉及的基本内容包括订货时机、订货量和订货操作方法等。

在本案例中,Spices 从采购上改善库存控制主要基于以下三个方面:(1) 相对的库存不足以及绝对量的库存过多是 Spices 进行改善库存控制的背景;(2) Spices 仔细地分析了在改善库存上能够进行控制的几个关键点,例如营销和销售、分销、采购、库存检查、耐用品库存等,在此基础上进行操作;(3) 在耐用品库存方面,利用增加总库存的方法消除了缺货。

案例 7.2

超级食品有限公司在生产与运作管理系统中，虽然存在许多问题，但最初表现出来的，或者说是最直接表现出来的却是库存控制的不平衡性；第二就是订单管理的无序性；第三是供应链管理的低效性。

1. 库存控制的不平衡性：短缺与积压

所谓库存控制的不平衡性，是指既有产品缺货、无货可发，物料断货、供应不上的情况发生，而同时也有个别产品库存时间超过半年，有些物料的储存时间已达到数年之久，有些物料甚至储存至变质尚未用完。有些数据很能说明问题：早在2002年6—9月的三个月内，共发生了2起因物料断货而导致产品销售合同无法正常执行的事件，一次就是前述的因“柑橘增香剂”缺货而引起的“超级鲜橙粉”系列产品的断货，另一次是发生于9月初的因“超级瓶装咖啡”缺货而引起的“超级咖啡礼盒”的断货，这两次造成的直接经济损失就有5万元之多；因物料没能及时供应上而形成零库存但尚未出现产品断货的情形，则平均每周要出现2～3次；月底财务部与仓库联合进行的一次盘库中发现，超过6个月未发生领用的物料共有65种，价值129万元之巨，其中有一种原料已变质，报损8 000元，这其中当然不排除由于产品结构改变而造成的包装改版、原料更换等因素，但库存管理的失控也由此可见一斑。

出现这种情况的表面原因看起来很简单，不外乎就是该安排生产的产品未能在预定的时间前生产完成，而暂时不需要的产品或需求量小的产品却大量地生产入库了；该按时采购回来的物料未能及时到位或采购量不足，而需求量小的物料却大量地采购入库，远远超过实际需求量。这只是表面现象，揭开其表象，究其深层原因，还是因为在制作需求计划时并没有真正地将独立需求与相关需求区别对待。

从前面的叙述中知道，超级食品有限公司以前并没有需求计划的制作，而只是根据主观的推测、历史数据的总结简单地进行一下预测。但由于公司产品的销路非常好，因而一直没有暴露出这方面的问题。

自2001年10月以后，该公司开始引入需求计划的概念。对独立需求的最终产品，按销售部的预测数据、库存数据、主观确定的安全库存，计算出要货数量，安排生产部进行生产；至于确切的时间就由生产部自行决定，而其安全库存的数量及要货的批量是否合理，也无从得知。而对相关需求的物料，则建立了BOM表，根据独立需求产品的要货数量、库存数据来确定采购数量；当然到货时间同样无法确定，就由采购人员根据经验来安排，而且确定的采购数量其实是缺货的数量，并没有考虑起订量、采购时间等因素，最终的数量也是由采购人员根据经验确定。所以说，独立需求产品与相关需求物料的需求计划虽然分开进行计算，但思路是一样的，计算方法也是一样的，而且考虑的因素并不全面，得出的结论自然也就偏离了实际情况。正是由于在上述的独立需求产品的需求计划中，没有明确要货时间及批量，导致了库存管理的不平衡：需要的产品缺货；不需要的产品源源不断地入库。同样地也就间接导致了非独立需求物料的库存管理出现了相同的不平衡现象。

2. 订单管理的无序性

订单管理的无序性，是指紧急订单满天飞，而同时有些订单下达后又一再要求供应商（生产部）推迟送货，甚至货到后要求退回。而且在订单的管理中，没有一个整体的管理，无法让管理者在需要的时候立即就能知道哪些订单已经下达，订单的数量是多少，订单规定到货的时间，而又有哪些订单尚未下达等诸如此类的信息。这种无序性同样可以通过一些数据来得到印证。由于对外部供应商订单的数量没有进行有效的统计，因此得到的数据会有一些偏差，但据估计，每月的下达给供应商的紧急订单数量大约要占到总订单数量的30%左右。而对生产部下达的订单数量，仅以2002年9月为例，共下达了26张订单（两次是正常的两周独立需求计划），包括全部26种产品，其中紧急订单（当天或第二天上午必须供货的订单）就有11张，占总数的42%：涉及9种产品，占全部产品数的35%。正是由于前述的库存管理的不平衡性，直接或间接地导致了这样一种订单管理的无序性。订单管理无序性的一个负面现象是紧急订单多，非质量原因的退货订单多；另一个负面现象就是订单批量小，订单数量多。这样两种情况的存在，必然增加了订单管理的难度，但解决这个问题，不能就订单管理而管理，而是应该找出问题的根源，才能彻底地根除这样一种现象。在超级食品有限公司的订单管理中，就是要首先解决需求计划的制订问题，从而更好地控制库存，同时再改善对订单的管理，这样才能收到事半功倍的效果。

3. 供应链管理的低效性

在案例中是这样描述超级食品公司对供应链管理的低效性的：对内是物料管理不分主次，采用同一种的物料管理策略；对外是供应商的管理策略不明确，没有针对性地采取不同战略，与供应商关系的管理难度大，也没有采取特别的措施来加大管理力度；对现代物流的认识不够，没有注意到个性化服务的重要性，仅仅停留在单纯运输的阶段。在超级食品有限公司的库存细项中，共有26种最终产品，142种相关需求物料。在26种最终产品中，其中8种产品的年销售额占公司总销售额的52.7%；在142种相关需求物料中，15种物料的年采购金额占公司全年采购金额的58%。从这些数据可以看出，对所有物料一视同仁，采用同样的管理标准显然是不合理的。无论是从定义的描述，还是从前文的叙述中，我们都可以发现，物料管理与需求计划管理的不足是造成供应链管理低效性的根本原因，对物料进行分类管理，有所侧重，据此确定不同的采购管理策略，既可以加强物料管理的力度，同样也加强了供应商的管理；改进需求计划的制订方法，在改善库存控制、加强订单管理的同时，也就减轻了供应商关系管理的压力，更容易确立一种新型的供应商管理模式。现代物流无论是理论还是实践都在飞速地发展，不能再仅仅停留在单纯运输服务的阶段，而是应该探讨如何更好地利用物流系统来为企业的经营发展服务，为客户提供更为优良的、更具个性化的服务。第三方物流的概念及服务实体的出现都为企业实现个性化服务提供了解决方案。

案例7.3

家乐福在物流选址及经营方面的特点及启示如下。

1. 选址一定建在十字路口

家乐福的落点注定是十字路口，因为“Carrefour”的法文意思就是十字路口，而家乐福的选址也不折不扣地体现这一个标准——所有的店都开在了路口。

2. 与周围环境的融合化

家乐福的选址与一般配送中心的选址是有所区别的，紧密地与周围环境条件结合是家乐福选址的一个突出特点。作为一个大型卖场，其选址要考虑其商圈人口的消费能力、顾客群体的构成以及所选区域的城市交通和周边商圈的竞争情况。

3. 商品结构的最优化

家乐福的运作注重优化商品的结构，商品的流转率也体现出商品物流运作顺畅程度。

4. 经营方式制度化

家乐福对具体营运的管理非常注重细节，发展出一套复杂的程序和规则，员工必须严格执行。

案例 7.4

Team Hanes 公司与零售商之间的供应商管理库存模式是近年来许多企业为了降低库存成本，整合供应链资源而尝试的一种新型的供应链管理模式。特别是在生产制造业(如本案例中的服装行业)和零售行业中运用最为广泛。零售商饱受牛鞭效应的苦恼，长期以来生产并销售某种产品，为了保证产品生产和销售的连续性，生产商可以为零售商独自管理产品库存，单独承担库存成本，为了保证自己在市场营销方面的核心竞争力和加强企业间合作程度，也为了能更好地掌握零售商产品的销售情况，同时降低成本，抑制牛鞭效应，重新整合企业资源，生产商与零售商共同决定实施供应商管理库存的供应链战略来进行企业之间的联盟。

本案例中的库存管理部分，其实是由消费需求预测(销售预测)和库存管理以及和 Team Hanes 公司的生产系统共同组成。因为实施了供应商管理库存之后，这几个部分的工作主要由生产商 Team Hanes 公司和零售商共同协调来完成，所以可以把它归为一种模块来处理。首先由零售商那里获得产品的销售数据，然后和当时的库存水平相结合及时传送给生产商，然后由生产商的库存管理系统做出决策：如果生产商现有的仓储系统能够满足库存管理系统做出决策所需要的产品数量，就直接由仓储与运输配送系统将产品直接及时配送给零售商；如果生产商现有的仓储系统不能够满足库存管理系统做出决策，就必须通知生产系统生产产品后再通过运输与配送系统及时将产品配送给零售商。其中，在正式订单生成前，还应该交由零售商核对，调整后再得出最后订单。

案例 7.5

提高物流管理水平是企业增加竞争力的重要手段，库存管理在企业的物流管理中起着至关重要的作用。现代库存管理的理论和方法很多，ABC 分类法就是其中的一个，并且在国际中被广泛地应用。

ABC 分类法是经济学中帕累托原理在库存管理上的一种应用，它将企业的产品按照销售额和客户的购买额分为 A、B、C 三类，对于不同类的产品、不同类的客户采用不同的管理方法。ABC 分类法是意大利经济学家帕累托首创的，1879 年，帕累托在研究个人收入的分布状态时，发现少数人的收入占全部人口收入的大部分，而多数人的收入只占一小部分。该方法的核心思想是在决定一个事物的众多因素中分清主次，识别出少数的但对事物起决定作用的关键因素和多数的但对事物影响较小的次要因素。“20-80”原则是 ABC 分类法的指导思想，所谓“20-80”原则简单地说就是 20％的因素带来 80％的结果。但是“20-80”原则也不是绝对的，可能是 25％～75％或者 16％和 84％等。总之，“20-80”原则作为一个统计规律，是指少数的因素起着关键作用。ABC 分类法正是在这个原则的指导下，试图对物料进行分类，以找出占用大量资金的少量物料，并加强对它们的控制与管理，对那些占用少量资金的大多数物料则实施宽松的控制和管理。一般来说，人们将占用了65%～80%价值的15%～20%的物品划分为A类，占用15%～20%价值的30%～40%的物品划分为B类，将占用5%～15%价值的40%～55%的物品划分为C类。不过这种划分也不是绝对的，要根据实际情况加以划分。ABC分类法不仅应用了上述理论，它还应用了数理统计、运筹学、系统工程的方面的知识，并结合库存的实际情况采用定性和定量相结合的分析方法进行库存管理。

通过安科公司的实例，我们可以看到将产品及客户分为ABC类后，再结合其他的库存管理方法(如连续检查法、定期检查法、供应商管理库存等)，就会收到很好的效果。

案例7.6

存货是企业在正常生产经营过程中持有的、以销售的产成品或商品，或为了出售仍然处于生产过程中的产品，或在生产过程、劳务过程中消耗的材料、物料等。它是反映企业流动资金运作情况的晴雨表，往往成为少数人用来调节利润、偷逃国家税费基金的调节器。因为它不仅在企业营运资本中占很大比重，而且又是流动性较差的流动资产。存货管理就是对企业的存货进行管理，主要包括存货的信息管理和在此基础上的决策分析，最后进行有效控制，达到存货管理的最终目的并提高经济效益。

企业置留存货的原因一方面是为了保证生产或销售的经营需要，另一方面是出自价格的考虑，零购物资的价格往往较高，而整批购买在价格上有优惠。但是，过多地存货要占用较多资金，并且会增加包括仓储费、保险费、维护费和管理人员工资在内的各项开支，因此，进行存货管理的目标就是尽力在各种成本与存货效益之间做出权衡，达到两者的最佳结合。

存货作为一项重要的流动资产，它的存在势必占用大量的流动资金。一般情况下，存货占工业企业总资产的30%左右，商业流通企业则更高，其管理利用情况如何，直接关系企业的资金占用水平以及资产运作效率。通过实施正确的存货管理方法来降低企业的平均资金占用水平，提高存货的流转速度和总资产周转率，这样才能最终提高企业的经济效益。

案例7.7

自动化立体仓库是现代物流系统中迅速发展的一个重要组成部分，它具有节约用地、减轻劳动强度、消除差错、提高仓储自动化水平及管理水平、提高管理和操作人员素质、提高物流效率等诸多优点。

自动化立体仓库的优越性是多方面的，对于企业来说，可从以下三个方面得到体现。

1. 提高空间利用率

早期立体仓库的构想，其基本出发点就是提高空间利用率，充分节约有限且宝贵的土地。在西方有些发达国家，提高空间利用率的观点已有更广泛深刻的含义，已与节约土地、节约能源、环境保护等更多的方面联系起来，有些甚至把空间的利用率作为系统合理性和先进性考核的重要指标来对待。

立体仓库的空间利用率与其规划紧密相连。一般来说，自动化高架仓库的空间利用率为普通平库的2～5倍，这是相当可观的。

2. 便于形成先进的物流系统，提高企业水平

传统仓库只是货物储存的场所，保存货物是其唯一的功能，是一种“静态储存”。自动化立体仓库采用先进的自动化物料搬运设备，不仅能使货物在仓库内按需要自动存取，而且可

以与仓库以外的生产环节进行有机的连接，并通过计算机管理系统和自动化物料搬运设备使仓库成为企业生产物流中的一个重要环节。企业外购件和自制生产件进入自动化仓库储存是整个生产的一个环节，短时储存是为了在指定的时间自动输出到下一道工序进行生产，从而形成一个自动化的物流系统，这是一种“动态储存”，也是当今自动化仓库发展的一个明显的技术趋势。

3. 现存问题的解决方案

对于建立体仓库的成本问题，可以通过向银行贷款或金融融资来解决问题，还可以通过与同类型企业的合作来降低成本与风险。事先充分考虑可能发生的情况与应对方案也能很好的回避因突发事件所带来的不良影响。至于库存弹性问题，可以通过与传统仓储相结合的方法来解决。

自动化立体仓库还是一个崭新的概念，在国内的发展才刚刚起步。随着技术的越来越成熟，自动化立体仓库无疑将成为仓库的发展趋势。

第8章

运输管理案例

案例 8.1 低迷行情下的“钢铁运输大军”①

目前，钢铁行业不景气，成交量下滑，不少钢材运输车队的日子也不好过。

一、老张的妥协

老张是个跑钢材运输的老司机，经历过钢材市场火爆年代的他突然感觉自己对现在的市场行情有点看不懂了，一向只走整车货物的老张现在也不得不开始妥协了。“以前长距离跑钢材运输，资源丰富，回货简单，根本不用担心回去的时候会空车。”老张颇有感慨地说，“那时候，似乎有运不完的钢材。可是现在完全不一样了，出发前就要给目的地的熟识客户打电话，问他们是否有货物需要返程运输。”

“以前都是满车货物我们才考虑运输，可是现在行情气候不一样了。”老张无奈地说，“半车或者十几吨货物我们同样会运输的。没办法，现在油费和其他费用加在一起的成本消耗太高了，这样起码能赚点油钱。空着跑回去实在太不划算了。”

在结束采访的时候，老张告诉《现代物流报》记者，他晚上就要回去了，因为几个老客户给他凑了一车货，刚好能回家。面对如此低迷的钢材市场需求，老张表示他自己也不清楚下次再来唐山会是什么时候。

老张是幸运的，但和他是同乡的刘师傅就没这样幸运了。“我是前天发了一批钢材到唐山来的，昨天在这等了一天，联系有没有顺路返程可以发的货物，可惜没有任何消息，今天又是一整天。”刘师傅告诉记者，“联系了部分老客户，可是目前行情不好，大家近期都没有发货的计划。”

“每天光住宿费就好几百元，再这样耗下去的话，我只能空车回去了，因为实在是耗不起了。”刘师傅无奈地说。

结束采访的时候，天色已经暗了下来，刘师傅依然在焦急地联络配送站和客户，希望能获得一个期待的答复。而期望与失落就这样一直在他的脸上交替着。

二、低迷行情成罪魁祸首

对于现在刘师傅和老张的困境，几乎成了一种普遍的现象，而罪魁祸首就是目前低迷的钢材市场行情。询价多于成交，有价无市是目前钢材市场的真实写照。而低迷的成交量自

① 周助：《低迷行情下的“钢铁运输大军”》，2012 年 5 月 28 日《现代物流报》，第 B14 版。

然意味着货车司机的生意清淡，跑空车的概率也就自然而然的变得多了起来。而在这方面体会最深的莫过于各种物流配送站，蔡嗣中就是其中的一位。

“由于目前钢材市场行情低迷，所以钢材运输市场整体呈现出一种货物资源少，运输费用低但费用消耗居高不下的局面。”唐山帮运物流的蔡嗣中告诉记者，“因为回货情况不乐观，不少发向东北和西北地区的运输车辆不同程度调高了运输价格。”

“但这也是无奈之举，毕竟谁也不愿意赔钱白跑一趟的。”蔡嗣中继续对记者解释说，“但并不是所有线路都调高运费，不同线路，大家应对钢材市场低迷行情的手段也不同。例如，京津、江浙、山东、内蒙古等地运价相反却下调了不少。”

“不管上调还是下调，大家的生意并不乐观。”蔡嗣中颇为无奈地说。

作为钢材的销售者——唐山臣兴物资经销处的张国臣也向记者证实了这一点。“以前钢材生意红火的时候，出货几乎要排好长时间的队。如果要想请吊装师傅早一些装自家货的时候，光好烟招待都很难解决问题的。”张国臣回忆往事，这样告诉记者，“有时候为了能尽早出货，给师傅一些钱都是再正常不过的事情。因为当时钢材市场的利润同样可观，这些‘小钱’几乎可以忽略。”

“吊装师傅的忙碌也意味着那时候车辆运输的红火，以吉祥钢材市场为例，那时候运输车辆的长龙要排到市场以外很远的地方。”张总告诉记者，“可是现在情况正好相反，钢材市场没有成交量，吊装师傅日子清闲，自然车老板的日子也不会好到哪里去。”

出人意料的是，尽管行情低迷，但目前中国的钢产量却创出历史新高。据统计数据，2012 年 4 月国内粗钢和钢材日均产量分别为 201.9 万吨和 270.2 万吨，双双创出历史新高。另据中钢协的最新统计，5 月上旬全国粗钢日均产量更是高达 204.53 万吨，再次刷新历史纪录。而据记者的了解，目前钢市的成交，以“纯刚需”为主，中间需求和抄底需求大多游离于场外，正在等待底部信号的进一步明朗，因此货运师傅们的日子要想再次好过，还需要漫长等待。

三、现代化物流模式或带来新生机

对于目前货运司机(特别是钢材货运司机)的困境，除了和目前钢材市场低迷行情萎缩的成交量有关系外，其实和目前我国的物流发展模式也有很大的关系。低端和分散的物流模式在行情好的时候可以说是“百花齐放”，但一旦“寒冬”到来，也只能是各自凋零各自神伤了。而现在“公路港”模式的现代化物流发展或许可以很好地解决这个问题。为此记者专门采访了唐山“公路港”物流项目负责人唐山天明房地产开发有限公司副总经理于大淮。“目前，钢材市场行情低迷是导致依附于它生存发展的‘钢铁运输大军’处境艰难的一个重要原因，但这并不是根本原因。”于总表示说，“这与前期钢材市场行情好时，物流运输队伍的盲目和无序扩张也有很大关系，只是当时钢材市场行情好，这种副作用没有体现出来而已。”

“而这正是目前我国钢铁物流‘小、散、弱、乱’发展生态的一种真实写照。缺乏必要的竞争实力，从事物流服务的企业规模和实力都比较小，网络化经营组织尚未形成，自然抵御风险的能力也相对较差。”于总继续解释说，“要想彻底改变这种不利局面，必须大力发展现代化物流，提高钢铁物流行业的信息化水平。”

“以唐山‘公路港’物流项目为例，项目的信息交易中心为物流基地核心功能模块，利用先进的云计算技术和物流管理理念，对来自工商企业、第三方物流企业、社会车辆以及全国物流节点的信息资源进行整合、处理，为物流供需双方提供便捷、安全、高效的交易通道，降低物流费用，提升物流营运效率。”于总对记者解释说，“而运输服务中心利用物联网技术建设智能配送的可视化管理网络。基于 GPS 卫星导航定位，对物流车辆配送进行实时的、可视化的在线调度，以实现物流作业的透明化、可视化管理。甚至可以做到车到即可配送装车发送，这无疑降低了司机师傅的等待时间，无形中也降低了他们的运营成本。”

相信在不久的将来，对于苦等货物返程的司机师傅们而言，唐山“公路港”模式成型之后，随着无缝化信息对接启动，也许刘师傅的眉头将不再是紧锁而是会变得舒展起来。

案例思考

1. 你认为造成老张和刘师傅无奈的原因是什么？
2. 根据案例 8.1，结合所学的知识，你认为我国的钢铁物流业如何才能健康发展？

案例 8.2 国内铁路运输面临的大变局①

铁路货物运输是现代运输的主要方式之一，也是构成陆上货物运输的两个基本运输方式之一。它在整个运输领域中占有重要的地位，并发挥着愈来愈重要的作用。

铁路运输由于受气候和自然条件的影响较小，且运输能力及单车装载量太大，在运输的经常性和低成本性占据了优势，再加上有多种类型的车辆，使它几乎能承运任何商品，几乎可以不受重量和容积的限制，而这些都是公路运输方式和航空运输方式所不能比拟的。

据前瞻产业研究院《2011—2015 年中国铁路运输行业深度调研与投资战略规划分析报告》显示，2009 年开始，我国铁路建设进入大规模发展阶段。2010 年，中国交通基建投资约为 2 万亿元，其中铁路投资额约为 7 000 亿元，占全行业的 35%。2010 年年底，全国铁路营业里程 9.1 万公里，居世界第二位；其中高铁运营里程达到 8 358 公里，在建里程 1.7 万公里，居世界第一；复线率和电气化率分别提高到 41%和 46%。依据规划，“十二五”期间新建高铁将占新建路线里程的 50%；到 2015 年，高速铁路达 1.6 万公里以上，铁路的投资将维持在 3.5 万亿元左右。

到 2015 年，全国铁路旅客发送量或将完成 30 亿人左右；到 2020 年，铁路客运量或达到 50 亿人。即“十二五”期间铁路客运量的年均增速为 12.35%，明显高于“九五”和“十五”期间 2.58%和 7.75%的年复合增长，铁路客运增速将达到一个相对的顶峰。

高铁开通新增的货运能力不可小觑，2010 年，全国铁路货物发送量累计完成 36.43 亿吨，同比增加 3.1 亿吨，增长 9.3%，其中部分因为高铁开通为既有线路腾出货运空间。数据表明，截至目前已开通运营的高铁 12 条，日均开行动车组近 1 200 列；仅京津、胶济、武广、郑西、沪宁 5 条高铁投入运营，就可使既有线路增加固定货物列车 83 对，年增加货物运输能力 2.3 亿吨。

① 刘瑞柏：《国内铁路运输面临大变局》，2012 年 6 月 18 日《现代物流报》，第 6 版。

2011 年 12 月 23 日全国铁路工作会议上，时任铁道部部长的盛光祖表示，根据“十二五”规划和资金情况，2012 年安排固定资产投资 5 000 亿元，其中基本建设投资 4 000 亿元，新建投产 6 366 公里；同时指出，要转变铁道部职能，解决政企分开、权力过于集中，企业市场主体缺位及经营机制不适应市场要求的问题。

前瞻产业研究院铁路运输行业分析师刘瑞柏认为，未来铁路改革的主要方向是，提高运价、发展多元化业务和推动运输主业的体制改革，国内将出现铁路运输企业格局的大转变。

案例思考

1. 铁路运输具有哪些特点？
2. 试分析铁路运输对一国经济的作用。

案例 8.3 零担物流怎么了①

台州的陈女士在淘宝上开了一家卖壁纸的店铺，由于她眼光独到，并有好的渠道进一些韩国壁纸，小店的生意一直不错。但最近陈女士碰到一件堵心的事：北京的姜女士在她的店里购买了 5 卷韩国进口壁纸，通过佳吉快运发到北京指定的佳吉网点。然而，当姜小姐去网点提货时，发现贴着自己订单号的货品根本不是壁纸，而是一箱皮带轮！随后，陈女士打电话给接收货品的台州佳吉物流站，得到的答复是订单贴错了。

据了解，像这样“张冠李戴”的事情在零担物流业(指一批货物的重量或容积不满一货车时，可与其他几批货物共用一辆货车装运)比比皆是。

随着家具这样的大件非标品越来越多出现在电子商务渠道中，零担物流成为运输大件非标品的主要承担者。然而，目前很多零担物流还做不到系统的实时查询，包装不规范，因此在实际的运输过程中，很难掌握运输和到达的情况，也难免会出现物品丢失和破损等问题。在中国快递网 CEO 徐勇看来，这些问题的频频出现，与这个行业长期以来低成本运营有着直接的关系。

一、混乱的零担物流商

在陈女士店里购买壁纸本来是次愉快的购物过程，可是自从与佳吉快运开始打交道，姜小姐先前的良好体验已经荡然无存。去物流点提货时发现货不对版，但是佳吉北京联想桥分站的工作人员非得让她把那箱皮带轮提走，声称那就是她的货。在姜小姐的坚持之下，佳吉工作人员很不情愿地拍了照片发回台州核对订单。

然而，麻烦并没有结束。陈女士每天往佳吉快运的 400 客服电话打电话，最初得到的答复是会帮忙找货。但接下来的两周时间，不同的客服的答复却完全不同。7 月 5 日，陈女士得到的客服答复是：7 月 2 日这件货已经在天津找到，正在发往北京；7 月 11 日，客服又告诉

---

① 赵正：《零担物流成大件非标品触网短板》，2012 年 7 月 23 日《中国经营报》，第 59 版。

她，这件货还没有从天津发出，并保证当晚一定会发出；7月12日陈女士再查时，依然没有从天津发出，客服依旧保证当晚发出。结果，客服于7月13日来电话说货丢失了。

陈女士彻底被激怒了。这5卷壁纸价值2 000多元，如果用户收不到货，按照淘宝的规定她需要全部退款给买家。后来，在陈女士向台州、天津、北京物流点多次查询，终于找到了货，但是在客服系统里这件货却丢失了。也就是说：佳吉快运的客服体系与线下物流点根本没有对接。

陈女士的经历并非个案。《中国经营报》记者在百度贴吧里看到，关于佳吉快运丢货、货损、迟缓的吐槽非常多。记者在联想桥的佳吉物流点也看到，各种不规则包装的货满地都是，没有任何秩序。许多包装甚至破烂不堪，货品都漏了出来。

由于"四通一达"等快递公司是做小件快递，并不擅长大件，最重要是的，"四通一达"按重量收费，价格比较贵，用户很难接受。据了解，在淘宝上销售的大件非标品，行规都是包物流。也就是由卖家承担发到买家当地的物流点的费用，由买家自提。

"佳吉快运的服务确实不好，但他们的物流点多，便于买家提货，因此只好选佳吉。但每发一单都很担心，生怕物流出问题，给买家造成不便，导致买家差评。"陈女士告诉记者。

据了解，目前淘宝上家具等品类的大件非标品主要依赖像佳吉快运这样的零担物流商，但零担物流商却成了这些经营大件非标品淘宝卖家发展的最大障碍。上述陈女士的查询过程所遇到的问题，就是典型的系统未对接造成的信息交互不畅。

二、低价竞争恶性循环

所有的零担物流企业的低成本运营都是靠减少服务、降低服务标准来维持的，这也导致在运输过程中物品丢失、包装破损严重，无法跟踪和查询货物的在途情况。

徐勇告诉记者，零担物流行业经过几十年的发展，目前行业里没有一家经营规模超过50亿元的大型企业，德邦物流的规模不到30亿元，佳吉物流年销售收入仅有十几亿元，而小的零担物流企业却多如牛毛，达几十万家，但是品牌企业却仅有几家，产业非常分散，企业整体缺乏竞争力。

"零担物流行业的竞争门槛很低，只要有一辆运输车就可以做零担物流业务，而且国家对这个行业也没有限制，准入门槛很低，这个行业多年来一直在低价竞争中徘徊。"佳吉快运原总经理汪易表示。也许是出于无奈，也许是出于失望，在这个行业做了十几年的汪易已经离开佳吉快运，也离开了物流行业。

零担物流行业有句著名的话：谁先涨价谁先死，谁不涨价谁等死，谁若降价谁必死。这句话基本概括了这个行业的竞争现状：行业一直维持着低价竞争，而维持低价是以牺牲员工的社保、福利，牺牲增加信息化系统，牺牲服务作为代价的。这些物流企业为了降低运营成本，不上信息化系统，不上自动化分拣系统，完全是非标准化作业。

"所有的零担物流企业的低成本运营都是靠减少服务、降低服务标准来维持的，这也导致在运输过程中物品丢失、包装破损严重，无法跟踪和查询货物的在途情况。"徐勇表示。

当然，零担物流企业所在的大环境也很恶劣。地方保护壁垒的存在，让跨区运输步履维艰，过路费过高，乱罚款乱收费、行车难停车难的问题非常严重，这些都给零担物流企业的发展雪上加霜。据了解，为了解决盈利问题，物流企业只能超载，而为了多拉货物，只能牺牲包装，这就造成了运输中破损问题难以解决。汪易给记者举了一个例子：如果按照国家正规的包装标准，一车可能只能拉 1 万件货品，但是非标准包装就可以做到拉 1.5 万件货品。

零担物流商的种种问题，使得用户在网上购买大件非标品的顾虑增多不少。而这种普遍存在的顾虑，也是线上大件非标品的销售增速慢于其他品类的重要原因。

案例思考

1. 根据案例 8.3，你认为零担物流行业目前面临的问题是什么？是由什么原因造成的？
2. 你认为零担物流行业应该如何解决案例中所描述的一系列问题？
3. 零担物流行业若要健康发展应该如何改进？

案例 8.4　宝华物流：打造危险品运输行业的标杆企业[①]

江苏省镇江市宝华物流有限公司（以下简称宝华物流公司）于 2006 年 3 月 28 日成立，这是华东地区新成立的重量级也是镇江市最大的专业危险品运输企业。

宝华物流公司与沃尔沃卡车公司及中集集团凭借各自的强项，基于共识，联手打造危险品运输行业的标杆企业。

沃尔沃卡车公司将提供其高品质的卡车及“全金程”全面物流解决方案，中集集团提供其先进的挂箱、罐体，宝华物流公司则既是高品质运输设备的拥有者、使用者，同时也是沃尔沃卡车公司“全金程”全面物流解决方案的实践者。

宝华物流公司将肩负社会和市场的双重使命，以高标准、高起点进入中国危险品运输市场。宝华物流公司旗下的业务包括物流规划、货物运输、分销配送、储存信息服务等一系列专业物流服务，公司的核心目标是致力发展成为国内危险品运输行业的标杆企业，而沃尔沃卡车公司和中集集团则是宝华物流公司滚滚向前的车之两轮。

一、高端配置确保运输高品质

危险物品运输对宝华物流公司是一个新的课题。危险品运输的特殊性，对车辆提出更高的要求。为此，宝华物流公司几乎考察了所有品牌的卡车经销商，几经比较，沃尔沃卡车公司的“全金程”全面物流解决方案吸引了宝华物流公司的目光。宝华物流公司购入了 30 台沃尔沃牵引车和 35 台挂车。

“好马配好鞍”，在物流行业中沃尔沃卡车公司和中集集团的合作堪称珠联璧合，基于此，宝华物流选中沃尔沃卡车作为运输主打车型后，便又将罐式集装箱合作之手伸向了国内集装箱生产企业的巨头——中集集团。装备精良的宝华物流公司已于 2006 年第一季度正式投入营运，二期新增 70 台沃尔沃牵引车和中集集团的 150 台挂车及罐式集装箱，于 2006 年第二季度全部投入营运。

---

① 牛龙鱼：《中国物流百强案例》，重庆：重庆大学出版社，2007 年版，第 135—137 页。

二、沃尔沃卡车拥有一流的配置

沃尔沃卡车公司的“全金程”全面物流解决方案最独特妙处在于能够针对不同行业提供不同的解决方案。危险品货物运输过程中存在着很高的风险性，基于此，“全金程”全面物流解决方案在运输设备保障、运输流程优化、运输管理等方面都有严格的保障体系：危险品运输行业为客户服务的特点是需要较高的准点率，沃尔沃卡车的精准性、高完好率能有效确保高效、准时、准点；危险品运输需要车辆具有超强的减震性能，沃尔沃卡车采用世界一流的空气悬挂技术，进一步提高了公路运输的安全性和稳定性。

为了加强运输途中的监控管理力度，沃尔沃卡车配置的GPS（全球定位系统）可以对所有在途车辆进行实时监控。为了更加安全、快捷地运输危险化学品，公司特配备有专用的应急车辆，为可能发生的一切事故提供应急救援和维修服务。公司设施齐全，场地设计合理，进一步确保了企业硬件方面的高安全性。

由于危险品运输大部分运输距离较长，针对物流车辆的售后服务的要求水准要求也非同一般。沃尔沃卡车“全动感”售后服务品牌凝聚了“八全”核能（全覆盖、全天候、全速度、全配件、全质量、全保鲜、全心意、全贵族），透视品牌核心可以发现，沃尔沃的4S店、移动服务车和GPS构建成一张巨大的、无缝隙的全覆盖服务网络；如果车辆在危险品运输过程中出现故障，将会增加公路以及周边环境的安全隐患，并将导致断货现象，沃尔沃卡车现代化智能装备的移动服务车的快速反应、Vcads Pro（电脑诊断系统）的准确判断、服务工程师的专业操作，能够确保在最短的时间内让客户的卡车正常运转，而且沃尔沃卡车的VOSP（预防性保养系统）针对车辆的运行条件和状况，量身定制了全面的保养方案，保障了沃尔沃卡车的高完好率。沃尔沃卡车的全动感体验中心，还将通过网络界面平台，连通全国各地的经销商，对全动感服务实行闭环跟踪、监督管理，全面保障沃尔沃卡车的正常运行。

三、实行科学管理让安全运输扣上双保险

危险品运输是特殊的物流系统，为确保运输安全，“全金程”全面物流解决方案为宝华物流公司制定了一套现代化的管理模式、科学的调度监控模式、规范化的运作模式、严格的人员培训考核和奖惩机制等，“全金程”要求不放过任何微小的安全隐患，从源头上杜绝意外事故的发生。根据“全金程”的要求，宝华物流公司对所有的管理人员、驾驶员和押运员都定期进行安全培训和演练，要求驾驶员必须掌握危险品运输的安全知识，经政府交通部门考核合格，取得上岗资格证，方可上岗作业；驾驶员必须了解所运载的危险物品的性质、危害特性、包装容器的使用特性和发生意外时的应急措施；运输危险物品，必须配备应急处理器材和防护用品。此外，“全金程”还为宝华物流公司制定了完善合理的应急处理预案，以确保快速、及时地避免一切安全事故。

市场和行业规范日益健全的危险品运输系统，沃尔沃卡车公司、中集集团将辅助宝华物流公司雄心勃勃地争做危险品运输行业的标杆企业。

案例思考

1. 结合案例8.4,请谈一谈你所了解的危险品运输行业?
2. 从事危险品运输必须要具备哪些资质?
3. 结合所学的知识,试说明危险品运输的注意事项。

案例8.5 日本大和运输公司运输管理①

日本大和运输公司是日本最大的,也是第二古老的从事商品运输、配送的专业公司,创立于1919年11月29日,公司总部位于日本东京都中央区的银座,现有资本金1 095亿日元,职工89 981人,营业所2 311处,此外,还有27家分公司以及15家海外分公司。

大和运输公司作为一个专业物流企业,主要从事面向住户和居民的"宅急便"和搬家等物流服务;面向团体用户的"宅急便"服务;海上商品的国际复合运输以及美术品等特殊用品的运输等。大和运输公司在"宅急便"服务规模方面一直是名列前茅,从整个市场占有率来看,目前大和运输公司在民间市场所占的份额为35.6%,也是日本最大的专业"宅急便"公司。从事业领域的经营情况和业绩看,大和运输公司一直是日本专业物流商中经营业绩最高的企业。

一、日本大和运输公司的物流战略

(一)配送服务的差别化战略

1."宅急便"配送服务与大和运输公司的转型

大和运输公司早期是从事陆地运输的专业运输公司,开始从事"宅急便"业务是在1976年,当时他们通过开展新型的配送服务,创造了"宅急便"这样一种物流服务品牌,之后,随着陆运物流服务的不断延伸和扩展,他们将这种陆地配送服务统称为"宅配便"。

"宅急便"是在对应新型社会和经济环境下的一种新型的专业物流服务,与原来的陆地运输最大的不同在于它构造了新物流服务的核心要素和本质内容。这种要素主要体现在"面向家庭的小单位个别配送"、"混合装载"和"广范围的网络运输"。面向家庭的小单位个别配送就意味着这种专业物流服务不是固定线路的货车运输,而是具有针对性、营销意味的配送服务,可以说这是专业运输公司应对时代变化和物流企业强化和推动物流管理的必然结果,所以,"宅急便"市场的形成也表明大和运输公司是一个真正意义上的专业物流服务提供商。

2.大和运输公司差别化战略背景

大和运输公司是为内外环境的变革和发展所推动的。首先,从外部环境来看,在日本高度经济成长时代,由于经济的不断发展,企业的商品运输量非常大,在这种背景下,从事陆地运输的企业不仅经济利益能得到保障,而且运输能力也大大提高。然而,石油危机的爆发,

---

① 宋华:《现代物流与供应链管理案例》,北京:经济管理出版社,2003年版,第220—228页。

导致了经济的萎缩，商品运输的急剧下降，这种状况沉重地打击了寻求不断扩张的专业运输企业。由于这些企业都拥有庞大的运输网络和货车，所以固定费用很大，这些环境要素对企业的发展形成了极大的挑战。作为专业运输企业，如果不能创造出差异化、新型的市场，那么就只能坐以待毙。另外，大和运输公司原来在从事陆地运输时，服务市场主要集中在日本首都圈附近，客户多是一些东京地区的大型百货店，但是，随着客户网络的不断拓展和延伸，大和运输公司的销售、运输网络明显落后。在这种状况下，一些大型客户中断了与大和运输公司的交易，使得大和运输公司面临着巨大的经营危机和压力，这样再在日本全国市场发展固定线路的运输网络显然非常困难，正是这种两难的处境迫使大和运输公司必须重新思考企业的发展战略。

3. 大和运输公司的差别化战略

从当时日本的运输配送市场看，面向个体顾客的小件商品配送服务只有邮包送递和铁路小型商品运输这两种公共运输服务，而且这两种服务的市场规模每年不到3亿日元。除了市场规模较为狭小外，面向个体顾客的“宅急便”服务由于波动性大，何时、何地发生、向什么地方配送等都很难预测，所以鲜有企业愿意从事这种面向个体顾客的物流服务。大和运输公司正是在这种条件下，决定独自开拓其他企业所不予重视的配送服务市场。

大和运输公司确立了一个独特的市场观念，是一种“彻底追求便利性”的差别化市场观念。大和运输公司的“宅急便”有几个特点：(1) 商品的长宽高总计在1米之内；(2) 包装物可以是箱子，也可以是布袋，不需要特别的包装和捆绑；(3) 可以在任何家庭、任何地方取货，并向任何地方配送；(4) 配送费用根据所划分的不同地带采用相同的费用；(5) 配送时间根据不同地区大约为1～2天。这些特点都是由邮包送递和铁路小型商品运输所不能比拟的。

（二）市场竞争的服务战略

1. 大和运输公司面临市场竞争

自从大和运输公司开发“宅急便”配送服务市场后，立刻引起了市场竞争，一些运营能力、经营规模和运输网络上都要强大的大型运输公司（如日本通运、西浓运输等公司）都相继推出了“宅急便”服务，对大和运输公司的发展形成了强有力的挑战。

2. 大和运输公司的竞争环境分析

大和运输公司经过进行企业内外环境的分析，决定全面转入“宅急便”的配送服务市场，成为一个专业“宅急便”服务公司。而主要竞争对手日本通运和西浓运输的战略重点仍然是工业运输和商业运输，“宅急便”配送服务只是整体业务组合中一个非战略部分。例如，日本通运作为当时最大的专业运输企业，主要业务是与日本国铁合作从事日本国铁终端的运输，不可能大规模地投入到与日本国铁经营的铁路小型商品运输有竞争的“宅急便”服务业务上。对于西浓运输来讲，他们的主要精力放在商业物流上，只是在固定线路上混载“宅急便”商品。

3. 大和运输公司的竞争服务战略

大和运输公司认识到要想在“宅急便”市场立足，真正成为日本最大的专业“宅急便”公司，就必须确立服务战略，在服务内容上下功夫，塑造自身的核心竞争力，以创造出更新、更大的市场需求和发展空间。即在原来单纯强调小批量配送方式的基础上，增加各种服务，以扩大“宅急便”利用的范围，拓展新的需求，包括运输方式、装卸方式、信息技术等方面。

大和运输公司在开展“宅急便”业务的初期就着力新技术和新服务的开发，他们将之称为“市场的自我增值”。这种自我增值系统，开始顾客只是将“宅急便”看做是一种简单的配送服务，但是，对其便利性的服务特点得到认识之后，顾客的需求就会转为主动的行为，并进一步享受“宅急便”配送服务的便利性，而且越来越多的人和企业开始成为“宅急便”市场的顾客群体。作为从事“宅急便”业务的企业，也进一步扩大服务领域和服务内容，从而又产生更好、更高的服务，反过来又强化了顾客关系的维系，如此往复，形成了一种良性循环。

例如，大和运输公司的滑雪板“宅急便”、高尔夫球“宅急便”等都是因顾客的需求而产生的，特别是产地直送业务，即直接从产业采购商品配送到顾客指定的地方，这些都是大和运输公司差别化服务的表现，而且得到了顾客的认同与欢迎，成为了大和运输公司在竞争中立于不败之地的杀手锏和新利益的增长点。

(三) 物流先导者战略

1. 成为“宅急便”配送服务的先导者

大和运输公司开创了“宅急便”这种小单位物流配送服务及其品牌。大和运输公司在激烈竞争的市场条件下，仍然位居首位，与其独创性的配送服务是分不开的。具体来讲，通常所理解的“宅急便”主要是针对从家庭到家庭的小件商品配送，但是，大和运输公司有效地拓展了服务领域，现在从企业用户的小型商品配送已占到了绝大部分，从而使“宅急便”成为多样化、小批量时代企业和家庭用户都不可或缺的物流服务。

2. 成为企业用户配送服务的先导者

企业对家庭用户的配送服务形式主要有：(1) 百货店的进货和面对家庭顾客的商品配送；(2) 通信销售业者的配送(即无店铺销售支援系统)；(3) 产地生产者的直接配送；(4) 专业店的订货配送；(5) 委托配送；(6) 书、杂志等的家庭配送等。还有企业对企业的配送，这种配送主要是针对小单位高附加价值的商品或零部件配送，主要形式有：仓库到工厂的配送；从批发商到零售商的配送；从办公室到办公室的文书配送等。

在大和运输公司的整个业务体系中，后两种业务(即企业对家庭用户、企业对企业的配送)所占的比重为80%，而家庭用户间的配送仅占20%。

3. 成为物流管理系统的先导者

大和运输公司积极采用先进的物流支持系统，得到众多企业的支持，从而大大发展“宅急便”市场。这种支持多样化配送服务体系的物流信息系统或机制就是LIMO-COP，所谓LIMO-COP就是针对B2B、B2C而开展的从订发货、查询到出库作业、商品保管、配送、运输等全过程的物流服务体系，各分公司或事业部之间通过构筑局域网，不同企业之间通过Web-EDI等标准化的联网实现所有参与者之间的信息共享，从而最大程度地降低物流费用，提高经营业绩。从LIMO-COP的主要特点看，由业务构成、物流管理系统、信息管理系统和经营服务系统等四个要素构成了大和运输公司有机的经营管理体系。

二、大和运输公司的经营业务体系

(一) 大和运输公司经营业务体系的构成

从总体上看，大和运输公司经营业务体系由三个系统构成，即B2B的商物分离体系、B2B的零部件输送体系以及B2C的无店铺销售支持系统。

（二）B2B 的商物分离体系

该系统主要是为企业间的业务交往服务，大和运输公司作为专业物流服务提供商，通过其发达的数据库处理系统和物流中心，提供从订货、发货到库存管理、商品保管、出货管理、配送管理等全套的物流服务，从而使客户企业能专职于经营活动，彻底从物流活动中解放出来，以便构筑商物分离体制。

具体流程是客户的总公司直接向商品生产商订货，大和运输公司作为生产商和客户的专业物流服务提供商，集中将商品纳入到物流中心进行物流作业，大和运输公司的数据库处理中心根据客户企业不同销售店铺的要求和指令，向商品管理中心发出配送指令，物流中心再根据数据库处理中心的指令，选择适当的运输方式，在指定的时间向顾客进行配送，而且顾客在整个业务流程的运转过程中随时可以通过互联网查询商品处理、配送的情况。

（三）B2B 零部件输送体系

该系统是大和运输公司充分利用集团的各种设施和网络，采用宅急便、航空运输、摩托车运输、船运、集中运输等最佳运输手段，对应日本全国各地市场的外部委托业务。这种配送服务的对象主要是计算机零部件和精密仪器的零部件，实行从零部件调入到运输全过程的紧急配送，而且这种服务全年 24 小时开展。

具体业务流程是客户的顾客服务中心接到顾客的供应零部件或维修请求后，一方面向大和运输公司的控制中心发出回收商品或供应零部件的指令；另一方面，通过总公司向商品生产商订购相应的零部件，大和运输公司在接到客户企业的信息后，在处理和确认相应信息的同时，直接从生产商处接纳零部件商品，随后根据控制中心的指令，采用最佳的运输方式，将所需零部件配送给客户企业指定的顾客或者将委托修理的商品回收，交给客户企业指定的服务中心进行修理，修理完毕后交还给大和运输公司的物流中心，再由他们配送给顾客。所以，业务完成后，控制中心将配送完毕的信息反馈给客户企业。

（四）B2C 无店铺销售支持系统

该系统是大和运输公司适应网络销售、电话销售等各种无店铺销售的发展趋势，为供应方（即卖方）提供从订货、发货到商品保管、配送以及带收货款等全套的物流经营服务。

具体业务流程是消费者通过互联网或电话、传真订购商品，大和运输公司的控制中心将订货信息及时传输给客户企业，客户企业据此向商品生产商订货，同时向印刷公司订购用于直邮的宣传、包装材料，这些商品和材料直接进入到大和运输公司的物流中心，物流中心根据控制中心的指令，将商品配送给消费者或者邮寄给消费者，同时代为结算货款，货款回收后按客户企业指定的账户入账，银行接到账款后，通知大和运输公司的控制中心，控制中心再向客户发出配送完毕的信息。

（五）B2C 和 C2C 配送服务

大和运输公司的经营业务还包括一般意义上的 B2C 和 C2C 配送服务。具体流程是发货方通过契约的形式委托大和运输公司配送商品，之后大和运输公司到发货方收货，收到商品后，先进入到大和运输公司发货地的营业网点，发货地营业网点通过计算机向受货地的营业网点发出商品配送信息，与此同时，用“宅急便”形式将商品配送到受货地营业网点，最后由受货地营业网点向受货方配送商品，商品配送到家后，代收货款，并将货款通过银行入到发货方的账户内。

三、大和运输公司的物流管理系统

（一）高效的物流管理系统

(1) 从网络布局上看，大和运输公司目前在日本共有25个物流中心，物流中心实行统一的出入库管理、流通加工、在库管理和配送管理，同时也对废弃物回收等循环物流实行统一管理，并且通过物流中心之间的网络化、标准化作业，为顾客提供最佳的物流配送服务。

(2) 大和运输公司建有各种形式的为特定生产商或企业服务的物流管理系统。诸如，获塞零部件中心是专门为富士通公司服务的专业物流中心，该中心与富士通公司通过EDI形式传输信息，并拥有专用定温仓库和特殊配送车辆，实行全天候、24小时配送。

(3) 整个物流管理系统强调的是低成本、快速响应和高质量。低成本物流管理主要是利用ABM系统对物流作业进行分析，以使物流成本管理明确化，另外根据商品出货的特性导入空场所管理系统、选择最佳配送方式和线路以及通过引进先进的设备实现装卸自动化。

快速响应也是大和运输公司物流管理所强调的一个重要方面，大和运输公司的服务要能迅速应对顾客的需求和市场的变化，就必须加强管理信息系统的建设，通过互联网、EDI和VAN缩短从订货到出货的前置时间，此外借助数码备货和导入条形码管理系统，压缩物流作业时间。

高质量管理是大和运输公司构筑先进物流管理系统的另一个重要组成部分，是体现其差异化物流服务最突出的一个方面，要实现高质量就需要在库存管理和信息管理上下功夫。大和运输公司在这方面主要是通过建立实需型的在库应答，实行最佳的库存管理，同时通过自身的数据库信息对客户企业的销售活动予以支持。

（二）先进的信息管理系统

(1) 大和运输公司完善的物流管理是靠发挥信息管理职能的控制中心来支持的。大和运输公司的控制中心主要是通过与物流中心相连接，建立起包括顾客信息、物流信息等的数据库，向顾客提供有关商品开发、生产、销售等各种信息服务。

(2) 从控制中心的职能看，主要有三种：一是订货职能，即通过互联网、电话、明信片等多种沟通手段，对应客户企业的订货服务；二是查询职能，帮助顾客随时查询商品的处理情况和配送情况；三是销售促进职能，即通过客户数据、商品在库数据、销售店铺别数据、市场调查数据等各种数据的处理与分析，对客户企业的经营予以支持。

(3) 从信息支持的具体形式看，主要有针对产地生产商的信息支持、针对通信销售等业务的信息支持和消费者个体的信息支持。

① 针对产地生产商的信息支持主要是通过构筑互联网或网上商店帮助客户企业应对消费者的需求，一方面协助客户企业接受顾客的订货，及时用电子邮件做出应答；另一方面加强对顾客信息的管理，通过数据的统计分析，帮助客户企业了解需求动向，并制订销售计划和经营战略。

② 针对通信销售等业务的信息支持是通过对从订货到配送全过程的顾客管理、商品管理、出货管理和收账管理等烦琐业务予以支持的顾客信息管理系统。

该系统的特点表现在输入顾客订货数据时，配送单、入账单等各种票据会自动生成。

在个别顾客购买日、购买频度、购买金额等数据的基础上自动形成不同商品、不同顾客群体的数据库，并根据这些数据做出销售分析。

在销售分析之后，针对不同顾客制作出形式多样的商品宣传单；系统还能代收货款。

③ 消费者个体的信息支持也是大和运输公司信息支持的一个重要方面，该系统是通过对消费者个人信息的蓄积、分析，对实现与消费者需求相吻合的销售活动予以支持，从而建立与顾客之间稳定的关系，并开展一对一营销的管理系统。

该系统实施的效果和机能表现在以下三个方面。

一是进一步强化了与顾客个体之间的沟通，利用该系统只有一次输入消费者的电话等信息，就能在很短的时间内判断客户是老顾客还是新顾客，并且迅速了解上次购买的情况，从而便于企业对消费者的购买行为做出对应和适应性的销售服务。

二是对消费者来讲，只要输入商品代码，就能看到商品的照片，了解商品特点、用途以及在库情况等。

三是该系统还能对顾客的意见、反馈信息等进行分析，以便于改进企业的经营活动。

（三）完善的经营服务系统

大和运输公司为使委托企业能有效地从事经营活动，提高他们的经营管理业绩，还开发有其他各种服务活动，以充分应对客户企业的需求。在服务活动中最典型的要数营业员的经营支持、CAD 服务和人力资源服务。

营业员的经营支持主要有两种形态：一是通过营业员所携带的便携式终端，对营业员的经营活动予以及时把握，并通过联网对营业员的活动及时进行指导，以实现对顾客的有效支持；二是通过营业员实现有效、快捷的订货，具体方法是营业员携带便携式终端到顾客处进行访问，顾客的订货及时输入到便携式终端中，并通过联网传输到大和运输公司的营业所及时进行处理，同时总部对顾客的数据进行相应的分析，从而使公司内部整个物流经营业务流程实现效率化。

CAD 服务是大和运输公司针对利用 CAD 设计的建筑业者和精密仪器生产使用者所提供的从利用 CAD 进行图纸设计到作业人员派遣等全过程的服务。具体来讲，CAD 服务的内容主要包括图纸设计、数据转换、数据保管和 CAD 操作人员的培训等。

人力资源服务也是大和运输公司经营服务系统中很具有特色的一个方面，即大和运输公司向急需各种经营人才的公司提供人力资源服务，以帮助客户企业能顺利、有效地从事经营，时间从一个月到一年不等。目前，人力资源服务的领域包括计算机系统设计、开发、运营管理（软件开发、办公自动化运作、办公自动化指导、办公自动化展示）、销售促进管理（电子营销、销售工程）以及日常业务运作（档案管理、财务管理等）。

四、大和运输公司的物流管理作业系统

（一）ABM 系统

这是大和运输公司实施物流成本管理的重要手段，主要是通过仓库内系统和业务系统的联动，测算与物流相关的费用，使物流成本明确化。即在物流业务的 ABC 管理基础上，根据不同的活动来控制成本，进行业务分析，从而改善作业流程。

ABM 的业务分析主要包括：是否存在物流作业时间上的不合理（即过于集中在某一段时间）；物流作业人员是否存在等待时间过长的现象；有没有物流作业与信息系统脱节的情况。如果发现了有上述情况的出现，则立即对物流作业流程进行改善，合理配置人员，最终实现作业的平准化、效率性和建立良好的作业环境。

（二）空场所管理系统

该系统是为提高出入库物流作业的效率化和平准化、提高商品检验的精度而实施的。空场所管理系统就是在很短的时间内对大量的商品进行分拣，在按照配送对象交叉堆垛的物流管理中心内，通过灵活运用条形码对商品的情况和检验的精度进行管理，出货频度最高的商品自动地安排最佳的场所。

空场所管理系统的机能主要表现在：

（1）系统的联动（根据顾客的信息系统，输入预定的场所信息）；

（2）场所的安排机能（根据场所的不同条件，自动安排与输入数据相应的场所）；

（3）单据制作机能（即在场所确定后做出保管清单的同时，制定出出货备货清单）；

（4）与便携式终端联网机能（场所确定后，入库保管指令和出货指令都可以传输给便携式终端）；

（5）查询机能（商品保管情况都可以按照不同的商品和场所进行查询）；

（6）场所安排条件的设定机能（可以改变场所安排的条件，以新的顺序进行商品保管）。

空场所管理系统实施的主要效果体现在以下三个方面。

（1）最佳场所的自动安排，即根据不同的商品、不同的出货频度和不同的配送对象，自动算出最佳的场所，从而提高商品出入团库的效率。

（2）削减出入库作业的误操作，由于该系统在商品入库之前就已经输入了配送信息，因此完全可以按照不同的配送对象对商品进行托盘或小单位备货，并安排好相应的场所，从而可以削减误备货、误检验、误配送。

（3）实现作业的平准化，由于所有商品的信息全部是通过条形码进行的，所以，对于任何操作人员，无论是熟练工还是新手都可以顺利、有序地进行保管、备货、分拣和检验等物流作业。

大和运输公司在物流中心的保管管理中，空场所管理系统又有了新的发展，就是将原来的空场所管理与ID卡和无人搬运机有机结合在一起，进一步提高了物流作业效率。即在箱式托盘上的上面贴附有可以读取商品在库信息的ID，同时灵活运用可以识别该数据的无人搬运机（AGV），从而对商品和场所信息实行有效管理。

改进后的空场所管理系统的作用体现在以下三个方面。

（1）在以箱为单位商品出入库较多的情况下，运用ID卡，使箱式托盘保管成为可能。

（2）在出入库作业的基础上，通过无人搬运机把握最新的场所信息。

（3）能够实现考虑最佳线路的备货作业，由于商品的保管是在考虑商品的订货和出入库频度的基础上而实行的箱式托盘保管，所以结合商品出库的ABC分析，可以在考虑最佳线路的基础上进行备货作业。

（4）提高整个物流作业的效率，由于无人搬运机作为导航器引导商品场所管理，这样使操作人员可以根据备货指令迅速正确地进行备货，从而大大提高了作业效率。

（5）通过在库信息的及时更新，实现循环货架周转的平准化。

（三）出货流程管理系统

这种先进的管理系统主要有B-CAT和E-CAT两种形式。

B-CAT主要是大和运输公司帮助客户强化出货管理，从而简化自身的物流作业，迅速应对客户的配送需要，并提高物流效率的一种出货管理方式。

具体运作方式是大和运输公司向客户企业提供 B-CAT 软件，客户企业利用该软件，在需要配送商品时，输入配送对象的号码（一次可以有 12 个配送对象）和需要运输商品的件数，然后客户企业的激光打印机能自动打出配送的单据，客户企业可自行将单据贴附在所配送的商品上。

与此同时，客户企业利用 B-CAT 可以很方便地制作出日配送明细单（A4 纸张大小），据此企业可以核查配送任务是否正确，如果完全正确，则将所有的数据贮存在磁盘中，交给大和运输公司。

大和运输公司将该数据与本中心的出货数据进行对照，如果相符，表明商品已经配送完毕，则消除磁盘上的数据。B-CAT 软件的上述所有流程和作业方法（包括数据传递的限制等）都可以在帮助机能中查到。

E-CAT 是 B-CAT 的发展，能对应多样化物流的需求，其主要特点如下。

(1) 能充分利用 EDI 等现代信息工具，对商品流作业实行更为效率化的管理。具体来看，这表现在客户企业在做好商品配送计划后，制定配送清单，并且同时方便地算出配送费用，将配送单据贴附在商品上后，交给大和运输公司代为提供相应的物流服务，大和运输公司提供的物流服务数据通过 Web 或 VAN 传输给客户企业，随时供客户企业对商品的处理情况进行查询。

(2) E-CAT 还能印制出“宅急便”的配送单据，以贴附在商品上交给大和运输公司为其提供物流服务，扩展了服务领域。从 E-CAT 的配置与构成看，主要有计算机、ISDN 用的终端输入输出系统、激光打印机和票据打印机以及支持装置构成。

案例思考

1. 专业的运输服务与综合的运输服务应确立什么样的发展战略?
2. 一个运输企业如何确定和协调市场、服务、技术、管理和竞争等多个因素组成的有机体系?
3. 如何统一运输作业的技术性和环节多样性?
4. 如何处理联运的利益分配机制与联运企业的发展关系?
5. 运输创造价值的重点会转移到什么方向?
6. 一个企业只提供运输服务会有生命力吗?

案例 8.6 盛辉物流实施甩挂运输①

2011 年 6 月 24 日，中国物流与采购联合会在合肥隆重召开“A 级物流企业授牌大会”，福建盛辉物流集团有限公司（以下简称盛辉物流）被正式授予“全国 AAAAA 级物流企业”牌匾，成为福建省第一家获评 5A 级的民营物流企业。

---

① 巫舒静，庄娜芬：《盛辉：布局全国 力拓零担运输模式》，2011 年 7 月 26 日《晋江经济报》，第 4 版。

图 8-1 为福建盛辉物流集团有限公司。

图 8-1　福建盛辉物流集团有限公司

盛辉物流晋江公司总经理陈建华告诉记者，获评 5A 将有利于更进一步推动盛辉物流甩挂运输的发展。据悉，去年全国甩挂运输试点工作现场会在盛辉物流召开，福建省被确定为甩挂运输试点省份，盛辉物流也被推荐为全国首批试点单位之一，福建省内仅有两家物流企业被纳入试点单位。

“实施甩挂运输是转变传统物流发展方式的重要举措，它为传统物流行业的发展提供了新思路，是传统物流实现向现代物流跨越的重要渠道。”陈建华表示。

一、推行多式联运甩挂运输

“其实，早在 2007 年，我们就已经意识到普通单车的传统运输组织方式存在实载率低、车辆运营效率低等诸多问题，我们与厦门、福州等依托港口和大型生产企业开展短途甩挂运输作业的运输企业展开交流和探讨，在经过深入的调查研究后，决定在货源比较充足的线路上开始推行甩挂运输。”陈建华告诉记者。

陈建华介绍，虽然 2007 年的外部环境并不是特别有利于开展甩挂运输，但盛辉物流还是购置了沃尔沃、斯堪尼亚等一批吨位大、运载能力强、能源消耗低的牵引车和挂车，在福州至广州、广州至上海的线路上开始试行甩挂运输。

图 8-2 为盛辉物流甩挂运输专用车。

图 8-2　盛辉物流甩挂运输专用车

“甩挂运输试行后就取得了初步的成功经验，随后我们开始扩大甩挂运输规模。”陈建华介绍，2009 年以来，盛辉物流建立了以福州、上海、无锡、广州和东莞五个一级公司为单位，辐射长三角、珠三角、海西经济区三大片区的分公司网点，开辟了 33 条甩挂线路。

据悉，推行甩挂运输后，盛辉物流的几项指标都比单车运输方式明显提升，包括提高了运输速度和实载率，加大了车辆的周转率，减轻了劳动强度等。

陈建华举例说，采用单车运输时，为了尽量提高车辆的运行效率，减少装卸等待时间，实载率一般多在 70%～75%左右，而采用甩挂运输方式后，车辆的实载率有了较大的提高，基本能达到 90%以上。另外，采用单车运输方式，一般情况在站场的装卸等待时间为 2～6 小时，而采用甩挂运输方式，车辆只是在站内进行简单的趟检、加油以及单证交接，时间一般在 2 小时以内。

在推进甩挂运输上，盛辉物流有自己的思路：选择福州、厦门、漳州和三明四个货源充足的城市作为福建省内开展甩挂运输的作业基地，在福州、厦门、漳州和三明 4 个点、5 条线路上进行甩挂试点。“同时，我们还将在更多线路上采用甩挂运输方式，加大力度建设好东莞和上海甩挂运输基地，并向北京、郑州和成都等物流干线延伸扩展甩挂运输作业。”陈建华表示。

据悉，目前盛辉正在厦门、福州和南京等港口进行物流园区的选址工作，分别建设现代化陆海联运物流基地，进行公铁联运、陆海联运的甩挂运输，发挥各种运输方式的优势，积极推行多式联运甩挂运输。

二、零担运输优势明显

据陈建华介绍，盛辉物流目前拥有运输车 1 300 多辆，以福州为中心，在珠三角、长三角、环渤海和中西部等经济区建立了物流分中心，旗下有分公司、办事处 240 多家，开通了 60 多条省际特快直达专线。“正是因为有这么密集的全国经营网络，公司在车辆及货物管控上都具备了一定的优势，这也利于我们开拓零担货物运输模式。”

据悉，多数晋江的物流企业都是以接大品牌公司的单为主，因为这些品牌公司能够保障充足的货源，盛辉物流晋江公司却与它们不同，“我们的客户源非常多，接的单也比较散，除了接亲亲、雅克、好彩头等食品行业，柒牌、花花公子等服装行业的单，我们还与当地五金、拉链、鞋帽、模具、陶瓷、机械等企业展开零担合作。”陈建华表示，因为较强的管控能力，盛辉物流的零担运输已经深受许多企业的喜爱。

“我们还为百事可乐做仓储和二级配送服务，先将百事可乐的货物运送到我们的 DC 库(分拣中心)，再在晋江进行门店配送。”陈建华介绍，例如要将百事可乐配送到沃尔玛，还需要根据沃尔玛的规划，与他们预约入库时间，然后装卸、分类入库。

此外，因为装配有现代电子信息系统，盛辉物流实行对车辆跟踪、监控等现代通信管理方式，司机由公司车管部统一调派管理，并对车辆实施趟检、定期维修保养，保持车况良好并在全国开通了 32 条特快专线，实行班次化管理，各方面运输综合能力强，也比较安全便捷。

在盛辉物流晋江公司的电子信息系统上，记者看到，只要将单号输入，经过运单审核后，立马就能从网络上查到该单号货车的装车、发车、中转、换班、到达签收等情况。

陈建华表示，随着铁路、港口建设的飞速发展，生产企业物流外包业务的激增，不少客户对物流企业都提出了多功能服务。“凭借良好的管控和规划能力，盛辉物流将在现有基础上，不断为客户提供各种‘个性化服务’，真正做到全方位服务客户，推动盛辉物流向现代物流跨越。”

案例思考

1. 盛辉物流为何要推行甩挂运输？又是如何推行的？
2. 盛辉物流为何选择开展零担运输？其具备什么优势？

案例简析

案例 8.1

中国钢铁生产发展规模大、速度快，多年来一直是世界上最大的产钢国和钢消费国，国内粗钢产量超过世界总产量的1/3。中国钢铁工业的迅速发展也带动了钢铁物流的快速发展。近年来，中国钢铁物流业发展迅猛，物流基础设施和装备条件比以前有较大的发展和改善。随着我国钢铁工业的快速发展，钢铁物流产业也发展迅速。目前，全国各省(直辖市、自治区)都拥有大量的钢铁经销商，几大中心城市还建立了钢铁物流工业园，一些大型钢铁企业也在各地设立销售公司，有的建立钢材加工配送中心，国外的物流企业也正在向国内市场渗透。目前，全国钢铁产品经销商超过15万家。中国正致力于现代化钢铁物流加工配送服务体系的建设，由钢材市场延伸的钢铁物流基地正向着大型化、专业化、网络化方向发展。现代物流产业作为中国经济新的增长点正迅速崛起并蓬勃发展起来，钢铁业的现代物流建设也随之得到长足进展。另外，钢铁企业在发展物流建设上的积极性也使得钢材加工延伸产业得到了有力推动，钢铁企业出于自身发展需要和对物流业发展的乐观态度，投资物流的积极性高涨。

根据案例中记者所报道的内容来看，2012年我国钢铁行业正遭受着世界性的经济危机影响，钢铁产量的下降直接影响钢铁运输的交易，国内大大小小以运输钢材为主营业务的运输企业及个人因此面临前所未有的经营问题。从这个表象能反映出我国钢铁物流产业存在的更深层次的问题：一是企业规模普遍偏小，以中小企业居多，经营方式粗放落后，经营成本较高，旺季运力不足，淡季运力空耗，抗风险能力差；二是钢铁物流企业的数量过多，产业集中度过低，经营比较分散，导致钢铁产品不合理流动，增大了物流成本，提高了钢材加价率。而与此形成鲜明对比的是，在日本，大的一级钢材经销商不超过10家，二级、三级经销商不超过100家；欧洲有的大型钢材经销企业，年销售钢材1 600万吨，而我国就连年销售钢材500万吨的经销商也没有几家。因此，我们必须加强对钢材流通的治理整顿，提高我国钢材流通产业的集中度，努力构筑专业化、现代化的钢铁产品交易平台，以满足国民经济各部门、各行业的用钢需求，提高钢铁物流企业自身的经济效益，促进我国钢铁物流企业的健康快速发展。

虽然中国钢铁物流业发展迅速，但与钢铁强国相比，距离真正意义上的现代物流仍存在较大差距，主要表现为物流企业内部管理模式粗放，标准化程度低、信息技术应用水平较低，物流信息系统建设滞后，物流中心和配送中心的建设在规模上和发展速度上都还不适应现代物流的要求。因此，中国钢铁物流业要持续快速发展就应该重视探索现代化的物流管理模式、建立优秀的物流人才队伍、开发和应用先进的电子信息技术和建设现代化的钢铁物流体系。中国经济的强劲稳定增长，重化工业的快速发展，重大基础设施和住宅的大规模建设，这些拉动了中国钢铁生产和消费大幅增长，给中国钢铁物流业带来重大发展机遇。由于中国钢铁物流明显滞后于钢铁生产，因此存在很大的发展空间。近年来出现的钢铁热使钢铁企业遍地开花，全国现有钢铁企业数千家，每家钢铁企业的周围都相继出现了一定规模的物流企业群，随着钢铁业的发展，中国钢铁物流市场还将扩大，前景十分广阔。

案例 8.2

铁路作为国家重要的基础设施、国民经济的大动脉和大众化的交通工具，在现代运输体系中发挥更为重要的作用，绝对是运输行业中的中流砥柱。

相比其他多种交通运输方式，铁路具有显而易见的优势：

(1) 铁路运输具有安全的巨大优势，安全系数远高于公路；

(2) 铁路运输受气候影响非常小，一年四季可以不分昼夜地进行定期的、有规律的运转；

(3) 铁路运输的速度越来越快，随着高铁时代的全面到来，铁路有着陆地航空的美称；

(4) 铁路运输量巨大，一列货物列车一般能运送 5 000 吨货物，一列旅客列车能搭乘旅客几千人，远远高于航空运输和汽车运输；

(5) 铁路运输的能源消耗较低。铁路运输耗油约是汽车运输的 1/20。

随着国家经济的发展、能源的紧缺，铁路的发展也愈发重要。铁路运输系统作为社会经济系统的一个重要组成部分，与社会经济的发展相互促进、相互依存。一方面，铁路运输由社会经济发展的需求而产生、发展；另一方面，铁路运输的发展使社会流通加快，从而推动社会经济的发展。不同的经济发展阶段对铁路运输产生不同的需求，要求铁路运输在满足这一需求时，必须与经济发展相协调，提供与经济发展阶段相适应的运输供给。因此，铁路运输与经济的发展是一个相互结合、共同推动的互动过程。

近日，原铁道部印发《国家铁路"十二五"发展规划》。该规划提出，"十二五"铁路发展的目标是：到 2015 年全国铁路营业里程达 12 万公里左右，其中西部地区铁路 5 万公里左右，基本建成规模超 4 万公里的快速铁路网，复线率和电化率分别达到 50%和 60%左右。在该规划中，还突出了加快西部铁路发展精神，明确西部铁路将由 2010 年的 3.6 万公里提高到 2015 年的 5 万公里左右。

《国家铁路"十二五"发展规划》的出台对于我国铁路乃至全国运输网的发展具有重大的现实意义。

造成我国路网不发达的主要原因在于长期以来铁路投资比重偏低，与国民经济发展的需求很不适应。当一个国家进入经济起飞阶段时，不应采用平推式资本投入，而应首先形成一个社会先行资本投入期。所谓社会先行资本，是指某些产业具有很高的感应度与带动度，其他产业的生长与发展在很大程度上由这些产业来支持。如果这些产业不足以支持其他产业的存在和发展，整个国民经济增长的极限值会降低。在时间序列上应优先对这些高感应度与带动度的产业进行资本投入，这种投入的资本即为社会先行资本。铁路作为国家重要的基础设施，是社会先行资本的重要组成部分之一。世界各国经济发展的一个共同规律是，当一个国家处于经济起飞阶段时，铁路对于经济增长往往具有先导性的带动作用，铁路在历史上都有过明显的大发展时期。德国和美国是发达国家的后来者，它们之所以能在19世纪末20世纪初后来居上，一个很重要的原因是它们在当时对作为社会先行资本的铁路进行高投入，从而带动和支持了其他产业的大幅度发展，促进了经济的快速增长。历史经验充分证明了铁路超前发展战略对这些国家经济增长起了强有力的带动作用。

案例 8.3

在我国，零担物流行业的市场前景是巨大的，是一块大蛋糕，但是这块蛋糕却不好啃。案例中所描述发生在陈女士身上的事件其实是中国当前零担物流行业一个普遍存在的现象。

零担物流最重要的特点就是以低成本、高效率和诚信经营为根本立足点，才能赢得更多的市场。当物流这个"大市场"被逐步瓜分完毕时，那些分散到千家万户的家庭和中小企业的小型物流、散客物流和零星物流便成为物流企业抢占市场和扩大份额最主要的领域。零担物流就处在这样宽敞的夹缝中——快递业务与整车运输业务中间的空白，客观上存在着巨大发展潜力，却没有真正进入管理部门的视野之中，成了广大物流企业眼中一块好吃却难啃的"蛋糕"。

当前我国零担物流企业约有几十万家，位列三甲的零担物流企业，其市场份额加起来也不到整个市场的2%。可见，中国的零担物流市场还存在着广阔的发展空间。

中国市场现有的很多从事零担物流的企业都是由超市配送的背景延伸过来，而超市配送显然把零担物流的范围狭窄化了，因为超市配送的服务面也仅是货架到铺面。现在零担物流实际可以发展到社区，包括消费社区、娱乐社区、生活社区和文化社区等，这些社区都需要消耗物资，这就会构成零担物流的需求。

零担物流的发展也正是遵循市场规律的结果。市场的分割方式随着现代物流业的技术水平和配套水平的提高会出现小型化和大型化同步推进、专业化和标准化不断深化的趋势，也将会有越来越多的物流企业参与到小件、零担业务中来，从而使物流业不断成长和成熟。各类物流企业在发展的过程中，最终都有可能关注、重视和参与到小件及零担物流业务的开发中去，甚至会出现更加细分、更专业的专业物流配送企业。

案例 8.4

危险品运输是特种运输的一种，是指专门组织或技术人员对非常规物品使用特殊车辆进行的运输。一般只有经过国家相关职能部门严格审核，并且拥有能保证安全运输危险货物的相应设施设备才能有资格进行危险品运输。

随着国民经济建设的不断发展和对能源需求的快速增长，我国危险化学品的公路运输量急剧增加。我国危险化学品道路运输安全事故多发有六大原因：

(1) 危险化学品运输车辆严重超载；

(2) 车辆和槽罐质量状况差，带病运营；

(3) 运输单位从业人员素质不高，缺乏必要的危险化学品安全常识，遇紧急情况时不能及时有效地处置；

(4) 承运单位不具备相应的资质,违规运输;

(5) 液氯等生产、充装企业违规违章;

(6) 道路运输安全监管不严,路面控制措施不力。

与竞争对手相比,宝华物流公司在销售和营销方面的优势在于提供更加安全、更加规范、更加全面、更加符合大型规范企业的采购要求的服务,以及通过为客户量身定做符合其需求的物流解决方案与客户达成战略合作的伙伴关系。宝华物流公司在成立以来没有发生过一次重大恶性事故,没有因自身安全问题给客户带来任何损失,在行业内具有极高的知名度和美誉度。

宝华物流公司以高标准、高起点进入中国危险品运输市场,其核心目标是致力发展成为国内危险品运输行业的标杆企业,为此,将责任关怀理念融入运营管理全过程,并制定了相应的方针和政策。其质量方针是:遵纪守法,交优良服务;信守合同,让业主满意;坚持改进,达行业先进。宝华物流公司在危险品运输领域之所以如此出色,还在于以下两点。

第一,高标准运输装备奠定高安全标准基础。

危险品运输的特殊性,对车辆提出更高的要求,宝华物流公司坚持采用符合世界最高安全标准 ADR 配置的运输装备。在选定世界知名品牌沃尔沃卡车作为运输主打车型后,又将罐式集装箱合作之手伸向了国内集装箱生产企业的巨头——中集集团。宝华物流公司一次性购入了 70 台沃尔沃牵引车和中集集团的 150 台挂车及罐式集装箱,并于 2006 年第二季度全部投入营运。

宝华物流运输装备的精准性、高完好率能有效确保高效、准时、准点。危险品运输需要车辆具有超强的减震性能,宝华物流公司的运输车均采用世界一流的空气悬挂技术,进一步提高了公路运输的安全性和稳定性。为了加强货物运输途中的监控管理力度,宝华物流公司的运输车辆均配置了 GPS 全球定位系统和行驶记录仪,可全天候对所有在途车辆进行实时监控。

为了更加安全、快捷地运输危险化学品,公司还配备有专用的应急车辆,为可能发生的一切事故提供应急救援和维修服务。此外,公司内还设有修理厂及安全检测线,对运输车辆定时进行全面检修,保障每台运输车辆都处于最佳运营状态,确保了生产安全。

第二,体系制度建设。

为了确保运输安全,宝华物流公司制定了一套现代化的管理模式、科学的调度监控模式、规范化的运作模式、严格的人员培训考核和奖惩机制等。宝华物流公司要求管理人员不放过任何微小的安全隐患,从源头上杜绝意外事故的发生。宝华物流公司坚持对所有的管理人员、驾驶员和押运员都定期进行安全培训和演练,要求驾驶员必须掌握危险品运输的安全知识,经政府交通部门考核合格,取得上岗资格证,方可上岗作业;驾驶员必须了解所运载的危险物品的性质、危害特性、包装容器的使用特性和发生意外时的应急措施;运输危险物品,必须配备应急处理器材和防护用品。此外,该公司还制定了完善合理的应急处理预案,以确保快速、及时地避免一切安全事故。宝华物流公司拥有专业从事危险品运输工作的驾驶员(押运员)180 余人,安全驾龄均在 8 年以上,平均年龄 35 岁,全部经过安监、运营、交管、化工、消防、环保和车辆等多方面专业系统培训和考核,形成了一支高素质、专业化、规范化的运输队伍。

案例 8.5

日本大和运输公司运作与管理的特点和启示如下。

(1) 高度重视物流发展战略的分析、研究和确立。该公司在激烈的运输市场竞争环境中，能够冷静地分析企业的优势、竞争对手的不足，形成科学的物流发展战略，并积极地推行和实施，终于取得辉煌的经营业绩。

(2) 不断进行物流运作与服务的创新。该公司的发展生动地证明：企业的竞争力就来自企业的创新。该公司不仅创新了市场需求，创造出一个巨大的“宅急便”配送服务市场，而且还不断创新物流服务观念、服务方式和服务内容，还创新物流运作管理的技术体系。该公司正是在不断的创新中稳步发展的。

(3) 先进的物流作业技术支持企业的经营发展。一个企业在现代科技飞速发展的时代，没有先进的技术支持，就不能有效地实现企业经营目标。

(4) 围绕顾客服务这个核心开展企业物流经营活动。该公司处处把顾客的需要放在第一位，在各种作业和管理的具体方式上都体现对顾客需求的理解，对顾客服务的系统设计和质量追求。

案例 8.6

1. 甩挂运输的概念

甩挂运输就是带有动力的机动车将随车拖带的承载装置，包括半挂车、全挂车甚至货车底盘上的货箱甩留在目的地后，再拖带其他装满货物的装置返回原地或者驶向新的地点。这种一辆带有动力的主车，连续拖带两个以上承载装置的运输方式被称为甩挂运输。

2. 甩挂运输的作用

(1) 甩挂运输增加了牵引车的有效运行时间，提高了单车利用率，提高了车辆运输产率。

(2) 完成同等运输量，可以减少牵引车的数量，降低牵引车的购置费用和运行费用，同时减少了车辆对道路的占用，减轻了交通压力，降低能源消耗，减少汽车排放污染。

(3) 企业可以尽可能减少雇佣驾驶员的数量，节约相应的支出。

(4) 可以促进汽车运输与铁路运输、水路运输多式联运的发展，实现以汽车甩挂运输为基础的铁路驮背运输、水运滚装等方式的联合运输，充分发挥各种运输方式的技术经济优势，减少货物装卸作业，提高铁路车辆和轮船的装卸效率。

(5) 合理协调货物运输与装卸作业时间，提高运输效率。

(6) 可以促进物流配送中心和货物站场物流节点的建设与发展，促进汽运行业实脱网络化经营，不断提高物流服务能力与水平。

3. 甩挂运输的类型

(1) 整批货物的甩挂运输

在道路运输中，整批货物是指一次托运量在3吨以上或者虽然不足3吨但其性质决定需要一辆整车运输的货物。一般情况下，对于货源稳定、货运量较大、装卸货地点比较固定、运输距离较短的“一线两点”之间的整批货物运输，适宜在装货点和卸货点两端都进行甩挂作业。对于整批货物的长途运输和短途零散客户的货物运输一般不适宜采用甩挂运输。

(2) 零担和快件货物的甩挂运输

零担和快件货物运输属于网络化运输组织形式，其组织化程度较高，运输站场等节点设施较齐全，适宜采用甩挂运输。零担和快件运输一般是按地理位置和物流吞吐量将运输点分成不同级别。大城市和重要枢纽位置的一级站点，一般物流吞吐量较大，站点与站点之间多为高等级干线公路连接，适宜采用甩挂运输。零担和快件运输的支线运输，由于运输量较小、道路条件较差，一般不适宜采用甩挂运输。

(3) 道路集装箱运输是最适宜采用甩挂运输的一种运输形式

因为道路集装箱大多是承接和转运海运集装箱，为港口和铁路车站进行集装箱货物集散运输，运输距离一般较短，而集装箱在货主一端的装货和卸货点大多需要进行就车装货或拆箱卸货，装卸作业时间较长，采用甩挂运输可以大大提高牵引车周转速度。另外，集装箱大多利用专用集装箱半挂车运输开展甩挂运输，不需占用牵引车装卸作业时间，而且集装箱半挂车结构简单，购置费用、使用费用均较低，因此，开展集装箱甩挂运输具有显著的经济优势。对于特种运输和各类专业运输，一般由于运输量较小运距较远，不适宜采用甩挂运输。

4. 甩挂运输的适用条件

在相同的运输条件下，汽车运输生产效率的提高取决于汽车的载重量、平均技术速度和装卸停歇时间三个主要因素。甩挂运输把汽车运输列车化，可以相应提高车辆每运次的载重量，从而提高运输生产效率。推行甩挂运输，货源、公路网络、车辆和场地等因素一个都不能少；采用甩挂运输的关键，是要在装卸货现场配备足够数量的周转挂车，在汽车列车运行期间，装卸工人预先装(卸)好甩下的挂车，列车到达装(卸)货地点后先甩下挂车，装卸人员集中力量装(卸)主车货物，主车装(卸)货完毕即挂上预先装(卸)完货物的挂车继续运行。根据以上特点，甩挂运输一般适用于装卸能力不足、装卸时间占运行时间比重较大的运输条件，并且只有大规模的物流企业才能使甩挂成为可能。规模越大，网点越多，甩挂运输的优势越明显。

5. 推行甩挂运输的意义

作为提高道路货运和物流效率的重要手段，甩挂运输早已成为欧美和日本等发达国家和地区的主流运输方式。要发展甩挂运输，就需要把其作为系统工程来建设，进一步针对问题，理清思路，制定更加大胆的鼓励政策和措施，逐步形成支持甩挂运输发展的长效机制和良好发展环境。近年来，随着国家一系列政策的出台，物流行业迎来了新的发展契机，甩挂运输日益进入人们的视野。交通运输部把推进公路甩挂运输列入道路运输业“十二五”发展规划，国家也在车购税资金中列专项资金支持甩挂运输发展。2012 年 3 月，交通运输部第一批公路甩挂运输推荐车型已经正式公布。这些措施将改善我国的物流运输结构，最终推动我国综合运输体系的发展。

第9章

配送管理案例

案例9.1 雅芳公司的“直达配送”①

雅芳公司的多元化销售模式使其销售业绩持续攀升。但是，雅芳产品从各地分公司到专卖店、专柜的过程中却常常发生问题。

究其原因，雅芳公司发现是经销商的满意度发生了偏移，而这种偏移主要是物流不畅导致的。雅芳公司规定经销商必须到各地分公司取货，但由于经销商分布很广，取货时，有的经销商常常要坐一整天车才能到达分公司的仓库，有些没车的经销商拿到货物后还要租车运回、自行装卸，这给他们造成了很大的困难。

这样的取货方式，不仅经销商感到吃力，雅芳公司也感到运作成本太高。雅芳公司采用这种方式通过长途陆运或空运将货物从广州工厂运到各地分公司的仓库，然后通知经销商到各分公司提货，要配合这种物流模式，雅芳在中国的75家分公司就要建75个大大小小的仓库，分散的库存导致信息的不畅通，雅芳公司的销售额流失巨大。加上多个环节操作使雅芳公司不得不投入大量的人力成本，这种消耗大、速度慢、管理难的物流模式严重阻碍了雅芳公司的发展。

为了解决这一问题，2001年年初，雅芳公司决心重组在中国的供应链体系。

经过将近一年的考察、研究，雅芳公司最终拿出了一套叫做“直达配送”的物流解决方案。雅芳公司在北京、上海、广州、重庆、沈阳、郑州、西安和武汉等城市共设立了8个物流中心，取消了原来在各分公司设立的几十个大大小小的仓库。雅芳公司生产出的货物直接运输到8个物流中心，各地经销商、专卖店通过上网直接向雅芳公司的总部订购货物，然后由总部将这些订货信息发到所分管的物流中心，物流中心据此将经销商所订货物分拣出来整理好，在规定的时间内送到经销商手中。

这其中涉及的运输、仓库管理、配送服务，雅芳公司全部交给专业的第三方物流企业去打理。

“直达配送”项目确定以后，雅芳公司还通过招标方式选择了中国邮政物流和大通国际运输为公司提供第三方物流服务。

2002年3月，雅芳公司首先与大通国际运输在广州试点，随后又逐步覆盖广东其他城市，再到福建、广西、海南。2002年5月，中国邮政物流开始为雅芳公司提供以北京为中心的华北地区直达配送业务，并逐步渗透到东北、西南等地。中国邮政物流重组了雅芳产品销售

① http://www.chinawuliu.com.cn/xsyj/200902/09/140545.shtml。

物流体系，并与雅芳公司实现了信息系统对接，还开通了网上代收货款服务。到目前为止，共速达与心盟物流也都成为雅芳公司的第三方物流提供商。

另外，在中国邮政物流与雅芳公司前期成功合作的基础上，国家邮政总局委托重庆市邮政管理局为雅芳产品在重庆市的指定专卖店、分公司所属专柜、经销商管理专柜进行“门对门”的产品配送服务，市邮政管理局指定邮区中心局全面负责并实施雅芳产品在“重庆分拨中心”的配送任务。这不仅仅是一次为邮政企业创造经济效益的绝好机会，也是邮政物流一次难得的锻炼机遇。中心局精心策划，周密安排，出台了一系列雅芳产品运输、配送、仓储及服务方案：改造整修 1 100 平方米仓储库房，提供特殊产品恒温保存空间；选派经验丰富、业务素质好的司押人员担负配送任务；制订多种配送流程方案支持雅芳配送时限等。

中心局在运输、仓储、配送、信息服务和资金收付结算等物流环节均制定了科学、完善的操作规程和监管制度，确保在每个环节注入“精益意识”，以优质服务和良好信誉打造精益物流品牌。在雅芳一体化物流体系中，该局还指定专人负责网上数据信息管理，实现了数据信息管理的网络化。经过 3 个多月的初期运作，雅芳产品配送服务得到了国家邮政总局的肯定和雅芳公司的认可，配送准时率 99%，物品完好率 100%，信息反馈率 98%，客户满意率 99%，均达到国家邮政总局的要求。

目前，雅芳产品配送业务已辐射至四川省和贵州省，重庆邮政作为西南地区雅芳产品配送分拨中心的服务范围已覆盖川、黔、渝两省一市。近期，雅芳产品配送将辐射至云南，从而实现重庆邮政一体化物流向西南地区的顺利延伸。

可以说，大通国际运输和中国邮政物流已为雅芳公司提供了包括干线运输、仓储、配送、退货处理、信息服务和代收货款等多项服务，雅芳公司的供应链开始变得紧凑起来。重新调整物流系统给雅芳公司带来的最明显的变化是：过去 70 多家分公司仓库减少为 8 个区域分拨中心后；物流操作人员由过去的 600 人减少到 182 人，降低了物流成本和物流资产占用。

而且，在配送时间上，实行直达配送前，如果厦门的一家经销商要货，必须先通过雅芳厦门分公司订货，由分公司统计好各经销商的订单后给总部下订单，再由广州工厂将货物运到厦门分公司，分公司通知经销商自提。这样的过程通常需要 5～10 天左右。实行直达配送以后，从经销商上网订货到送达只需要 2～3 天时间，降低了缺货损失。

事实上，在将物流外包到物流公司以后，雅芳公司开始专注于企业产品的生产和销售方面的业务，各分公司也从过去的烦琐事务当中摆脱出来，专注于市场开拓，一年间产品销售量平均提高了 45%，北京地区达到 70%，市场份额不断扩大。通过雅芳物流转换的成功可以看出物流对于企业，尤其是对于跨国企业的重要性。

案例思考

1. 是什么原因使雅芳公司决心重组在中国的供应链体系？

2. 雅芳公司为什么要实施“直达配送”？

3. 雅芳公司是如何实施“直达配送”的？

4. “直达配送”给雅芳公司带来了哪些变化和影响？它又将面临什么挑战？应该如何应对？

5. 案例 9.1 给我们带来什么启示？

案例 9.2 华联超市的物流配送体系[①]

华联超市成立于1992年9月,多年来,华联超市以连锁经营为特征,以开拓全国市场为目标,不断提高集约化水平和自我滚动发展的扩张能力。2000年10月,上海华联超市公司借壳上市,更名为华联超市股份有限公司,成为中国第一家上市的连锁超市公司。目前,公司拥有连锁门店1 000余家,并辐射上海、北京、江苏、浙江、安徽、江西、河南、山东和辽宁等十多个省市,在中国超市行业遥遥领先。

连锁超市的成功,关键在于连锁经营方式实行的统一采购、统一配送、统一价格、统一品牌的社会效应,并且有实现这一职能的高效的商品配送中心,从而从根本上实现了决策权向连锁超市总部集中,物流活动向商品配送中心集中,达到集中采购、统一物流。就连锁经营的精髓来看,实行商品供货的配送中心化,即有了配送中心,才可能实现统一采购、集中库存、统一配送、各店分销的连锁经营方式,才可能实现直接的产销衔接,从而增强对市场需求的反馈能力;从企业信息化的角度来看,配送中心信息化实现了商品统一结算和信息的自动化处理,实现了物流、资金流乃至整个企业的管理科学化,也促进了生产、满足了消费、降低了资源配置成本,以便于企业享受较高的价格折扣,降低流通成本和销售价格。由于将商品集中保管、流通加工,按各门店的需求配货,统一配送,实现了"最少环节、最短运距、最低费用、最高效率",从而大大提高了经济效益。

一、构筑合理的物流配送体系

作为中国连锁超市的"领头羊",华联超市在近20年内取得了超常的发展,而华联超市的连锁物流配送体系是支撑这种超常发展的重要因素。

华联超市在超常规发展的过程中,非常注重配送中心的建设和配送体系的构筑。华联超市认为物流系统构筑的目的,就是提供能使门店(或客户)满意的物流服务。而影响客户满意度的要素主要有商品结构与库存服务、配送过程如何确保商品质量、门店紧急追加减货的弹性、根据实际确定配送时间安排、缺品率控制、退货问题、流通加工中的拆零工作、配送中心的服务半径、废弃物的处理与回收、建立客户服务窗口等方面。

二、合理规划物流配送的流程

合理规划物流配送的流程是构筑配送体系的重要前提。华联超市根据经营商品进销的不同情况和商品的ABC分析,按以下三种类型的物流来运作。

(一) 储存型物流

这类商品进销频繁,整批采购、保管,经过拣选、配货、分拣,配送到门店。

(二) 中转达型物流

这类商品通过计算机网络系统,汇总各门店的订货信息,然后整批采购,不经存储,直接在配送中心进行拣选、组配和分拣,再配送到门店。

---

① http://www.chinawuliu.com/information/200407/20/15360.shtml。

（三）直送型物流

这类商品由供货商不经过配送中心，直接组织货源送往超市门店，而配货、配送信息由配送中心集中处理。

三、注重配送中心的建设，健全物流配送网络

华联超市在配送中心的选设、规模和功能上都具有独到的眼光，例如，位于上海桃浦镇的物流中心可向周边的几十家门店配货，其智能化、无纸化、机械化程度在国内首屈一指。考虑到超市业的竞争焦点之一就是加强大副食、生鲜食品的经营，华联超市在上海、北京等地都成立了自己的生鲜食品加工配送中心，随着特许经营网络的扩展，还兴建了4个大型配货中心。根据公司全力开拓北京大市场的战略，华联超市又在北京选址，与中国第三方物流"大哥大"——中远集装箱运输有限公司共同开发了华联超市的北京配送中心。

四、制定系列措施，提高配送的服务水平

本着让客户满意的宗旨，华联超市作了大量工作，如采用机械化作业与合理规划，减少搬运次数，防止商品保管与配送中的损伤；通过计算机控制等手段控制商品保质期；通过调查，制定门店追加减货条件，增加配送系统"紧急加减货功能"；根据商场的销售实绩、门店的要货截止时间、门店的交通状况、门店的规模大小以及节假日来确定配送时间等；采用"电子标签拆零商品拣选设备"，进一步扩大拆零商品的品种数，提高拆零商品的拣选速度和准确率，以满足加盟店的需要；以配送中心最佳服务半径250千米为基础，研究如何构筑华联超市配送网络体系等。

五、依靠管理创新，提高配送中心运作质量

（一）零库存管理创新

根据供应链管理理论，零库存是商品流通中各个环节在高度信息化的条件下，实行合作而产生的一种新型的经销方式，零库存使零售环节或批发环节减少了因库存而产生的各种费用，是流通企业提升效率的重要途径。华联超市在全国各门店实施零库存管理，配送中心实行24小时的即时配销制度。推行"零仓经营"后，各门店因取消了店内小仓库，全公司因此增加了5 000平方米的营业面积，相当于新开了16家300平方米的门店，销售额随之上升，并降低了库存资金占用额，减少了商品周转天数，提高了资金周转率。

（二）物流成本管理创新

降低总成本是华联超市力推的战略，有着一套有效和严密的体系，运用计算机从"有效控制管理费用"和"有效控制营业费用"两方面着手，注意抓配送中心"配送商品破损率"和"配送准点率"。

为了降低商品的破损率，公司广泛深入地进行调查研究，找到了一整套有效的解决方法。例如，加强对配送过程的全面控制，做到事前控制、事中控制和门店及时反馈后的推货处理。通过层层把关、步步设防、责任到人，终于使配送商品的破损率降低到行业的最低水平。

为了提高配送水平的准点率，公司对配送中心的人力资源、运输总量进行了统计分析，并结合配送信息，对运载方式和时段进行合理调整，加强了准点率的考核力度，规定货车抵

达门店的数据与车队调度通知门店的“到店时间”,误差在 15 分钟以内。门店在收货的签收单上,注明收到商品的时间,总协办根据记录,每月对配送中心的准点率进行考核。经过这些措施,华联超市自 2000 年 5 月以来的 10 年内配送商品的准点率一直保持在 97%以上。

六、运用现代物流技术,提高配送中心作业效率

(一) 仓储立体化、装卸搬运机械化

华联超市的配送中心采用高层次立体货架和拆零商品拣选货架相结合的仓储系统,大大提高了仓库空间的利用率。在整托盘(或整箱)水平存储区补货,在拆零商品补货区,拆零商品上放置 2 500 种已打开物流包装箱的商品,供拆零商品拣选用。配送中心采用前移式蓄电池叉车、电动搬运车、电动拣选车和托盘,实现装卸运作机械化。

(二) 拆零商品配送电子化

近年来,连锁超市对商品的“拆零”作业需求越来越强烈,国外同行业配送中心拣货、拆零的劳动已占整个配送中心劳动力的 70%。华联超市配送中心拆零商品的配送作业已全部采用了电子标签拣货系统。电子标签拣货系统大大提高了商品处理速度,减轻了工人的作业强度,并大幅度降低了差错率。此外,华联超市采用无线通信的计算机终端,开发了条码技术,从收货验货、入库到拆零、配货,全面实现了无纸化。

案例思考

1. 连锁超市应该如何构筑适合自身发展的配送体系?
2. 连锁超市的配送中心应该具备什么样的功能?
3. 连锁超市提高配送服务水平应该包含哪些方面的内容?

案例 9.3 联华生鲜食品加工配送中心运作①

上海联华生鲜食品加工配送中心有限公司(以下简称联华生鲜食品加工配送中心)是联华超市股份有限公司(以下简称联华公司)的下属公司,于 1999 年 12 月在上海市闸北区合资注册成立,注册资本 500 万元(如图 9-1 所示),主营生鲜食品的加工、配送和贸易,拥有资产近 3 亿元,是具有国内一流水平的现代化的生鲜加工配送企业。公司总占地面积 2.25 万平方米,包括生产车间、冷库、配送场地、待发库、仓库(地下室)、办公楼等。联华生鲜食品加工配送中心是我国国内目前设备最先进、规模最大的生鲜食品加工配送中心。

联华生鲜食品加工配送中心总投资 6 000 万元,建筑面积 3.5 万平方米,年生产能力 2 万吨,其中肉制品 1.5 万吨,生鲜盆菜、调理半成品 3 000 吨,西式熟食制品 2 000 吨,产品结构分为 15 大类约 1 200 种生鲜食品。在生产加工的同时,该配送中心还从事水果、冷冻品以及南北货的配送任务。联华生鲜食品加工配送中心的配送范围覆盖联华标超、快客便利、世

---

① http://www.kesun.com/Article/ltcyyj/lsyyj/psyj/200605/19261.html。

图 9-1　上海联华生鲜食品加工配送中心

纪联华、华联吉卖盛、联华电子商务(联华 OK 网)等 2 000 余家门店,为企业的快速发展奠定基础。

图 9-2 为联华生鲜食品加工配送中心生鲜食品的加工过程。

图 9-2　联华生鲜食品的加工过程

连锁经营的利润源重点在物流,物流系统好坏的评判主要是物流服务水平和物流成本。因此,拥有快速物流配送的能力和超低的物流成本是一家现代连锁商业企业取得竞争优势的关键,也是企业的核心竞争力。在降低配送成本方面,联华超市曾对外界发布过一个引以为豪的数字——联华物流的配送费率(即配送一定价值商品所需的物流配送成本),一直被控制在 2%以内,甚至低于沃尔玛 4.5%的水平。

生鲜食品一般是指肉类、水产、果蔬、面包和熟食等商品种类,这些商品是超市最重要的商品经营品种。生鲜食品加工配送由于其商品的特殊性,是物流系统中复杂程度最高、管理最难同时服务水平也要求最高的。生鲜商品大部分需要冷藏,所以其物流流转周期必须很短才能节约成本;生鲜商品保值期很短,客户对其新鲜度要求很高,所以在物流过程中需要快速流转。联华生鲜食品加工配送中心在生鲜食品的配送上所实现的就是“快”和“准确”,具体说来就是依靠精细的订单管理和合理的物流计划来实现的。

一、订单管理

门店的要货订单通过联华数据通信平台，实时地传输到生鲜配送中心，在订单上标明各商品的数量和相应的到货日期。联华生鲜食品配送中心接收到门店的要货数据后，立即生成到系统中生成门店要货订单，此时可对订单进行综合的查询，在生成完成后对订单按到货日期进行汇总处理，系统按不同的商品物流类型进行不同的处理。

（一）储存型的商品

系统计算当前的有效库存，比对门店的要货需求以及日均配货量和相应的供应商送货周期自动生成各储存型商品的建议补货订单，采购人员根据此订单和实际的情况作一些修改即可形成正式的供应商订单。

（二）中转型商品

此种商品没有库存，直进直出，系统根据门店的需求汇总按到货日期直接生成供应商的订单。

（三）直送型商品

此类商品不进配送中心，由供应商直接送到各相关需求的门店。系统根据到货日期，分配各门店直送经营的供应商，直接生成供应商直送订单，并通过 EDI 系统直接发送到供应商。

（四）加工型商品

系统按日期汇总门店要货，根据各产成品/半成品的 BOM 表计算物料耗用，比对当前有效的库存，系统生成加工原料的建议订单，生产计划员根据实际需求做调整，发送采购部生成供应商原料订单。

各种不同的订单在生成完成或手工创建后，通过系统中的供应商服务系统自动发送给各供应商，时间间隔在 10 分钟内。供应商收到订单后会立即组织货源，安排生产或做其他的物流计划。

二、物流计划

在得到门店的订单并汇总后，物流计划部根据第二天的收货、配送和生产任务制订物流计划。计划包括线路计划、人员安排、车辆安排、批次计划、生产计划和配货计划等。

（一）线路计划

根据各线路上门店的订货数量和品种，做线路的调整，保证运输效率。上海联华公司按照“合理规划、统一标准、经济实用、综合配套”和“优质、高效、低成本”的要求，以物流标准化管理为重点，以注重效率为导向，优化送货线路，提升物流配送水平。线路优化调度最终目标是实现物流中心操作流程改造，真正实现访送分离。改造后的操作流程通过在公司的数据处理中心进行处理，充分掌握了每辆送货车、每条送货线路的送货量、往返时间、送货户数、送货里程、油耗等信息，并根据电子排单系统，生成优化后的送货清单，改变了原有按访销线路定送货线路的缺陷，加快了运输效率，减少了不必要的重复运输，而减少运输费用。

（二）人员安排

拣货配货人员、加工包装人员、司机及押运人员的安排，根据实际上班人员数将订单任务及时分配到位，从而减少不必要的支出，降低配送成本，提高配送效率。

（三）车辆安排

通过合理安排车辆出车的时间表调配车辆，安排车辆使用数及到场装运时间。如果车辆不足则及时向外租用车辆，并根据客户的不同要求和货物不同的特性安排相应车辆，以满足客户个性化的需求和保证货物的质量，而提高公司的服务水平，也可以为公司节省部分费用。公司对所有配送门店维护送货路线，系统提供自动排车功能，同时也允许人工调整排车结果，每天的配车时间约1小时即可完成。排车信息通过OA（Office Automation，办公自动化）公布给门店，让门店及时了解到货量、送货时间、车牌、司机等信息。司机出车、回车通过刷卡登记，为司机的考核提供了有效手段。

（四）批次计划

根据总量和车辆人员情况设定加工和配送的批次，实现循环使用资源，提高效率；在批次计划中，将各线路分别分配到各批次中。

（五）生产计划

根据批次计划，制订生产计划，将量大的商品分批投料加工，设定各线路的加工顺序，保证和配送运输协调。

（六）配货计划

联华生鲜食品加工配送中心的产品销售网络覆盖联华标超、快客便利、世纪联华、华联吉卖盛、联华电子商务（联华OK网）等2 000余家门店，每天都要处理大量的订单，配送1 000多种货物，如果没有很好的计划，其后果可想而知。根据批次计划，结合场地及物流设备的情况，做好配货的安排。如针对门店类型的配货限量控制；针对业务类型的配货限量控制，如正常配货、批发配货；同时启动标签拣货，而且系统可以实现拣货差错、串位、破损落实到人。实行提前一天预约锁定库存，最大限度利用库存资源，预安排库存、拣货员等资源。而且是车到凭行驶证当场配货，解决了因配货场地有限而导致的瓶颈问题。

物流计划设定完成后，各部门需按照物流计划安排人员设备等，所有的业务运作都按该计划执行，不得更改。在产生特殊需求时，系统安排新的物流计划，新的计划和老的计划并行执行，互不影响。

物流计划的优与劣关乎企业是否可以竞争中站稳脚跟，联华生鲜食品加工配送中心通过优化物流计划从而实现以下目标：(1) 进一步降低了物流成本，提高了整体运行效率，以提升物流服务水平，提高客户满意度；(2) 实现物流资源的优化配置，从而降低资源空闲，以实现利润的最大化。

案例思考

1. 联华生鲜食品加工配送中心的订单管理具有什么特点？

2. 联华生鲜食品加工配送中心生鲜食品的加工配送方式对其他连锁超市的经营管理有何启示？

案例 9.4 易初莲花的物流配送[1]

2008 年 6 月 20 日起汽油、柴油价格每吨提高 1 000 元，7 月 1 日开始，北京限制黄标车的行驶，7 月 20 日北京开始施行两个月的单双号限行……一系列的政策让零售企业不得不面对物流难的现实，不过，这也是对零售业物流配送的一场大考。

“运输的车辆受到限制，白天货车禁行，夜间卸货又存在扰民问题，所以我们采用了甩挂运输方式，从根本上缓解了这些问题。”易初莲花物流配送中心副总经理刘海峰在接受《中国商贸》记者采访时如是说。

一、搭建供应商与卖场的中转平台

对于大型零售企业的这种较强的“抗风险”能力，刘海峰认为与企业对物流配送的重视程度有很大关系，完备的物流配送体系是经得起“风浪”的。

作为一家跨国零售企业，易初莲花在中国发展迅速。截至 2007 年年底，易初莲花已经在中国开设了 75 家卖场，销售额以每年 20%以上的速度增长。易初莲花的业务之所以能迅速增长，很大的原因是在节省成本以及在物流配送、配送系统方面有所成就。

“与其他竞争者相比，易初莲花能够给客户提供更好的价值，这是因为易初莲花把注意力放在物流运输和配送系统方面。”刘海峰表示，“物流和配送在公司的地位非常重要。”

刘海峰告诉记者：“卖场配送中心是在供应商和卖场之间搭建的一个中转平台，目的是减少整个供应链的运作成本及保证商品能快速、及时地运送到卖场进行销售。在整个供应链环节中配送中心是一个很重要的组成部分。”

据介绍，易初莲花先后在上海、广州和北京建立了三个大型干货配送中心及一家生鲜配送中心负责对全国的卖场进行商品配送，目前易初莲花卖场的绝大部分商品是通过这四家配送中心进行配送的。

易初莲花北京配送中心位于北京城南的大兴区，是一座面积为 1 万平方米的货架式立体仓库，可存放 7 000 个标准托盘的商品，每天进出货量约 2 万箱，目前只负责干货的配送。另外，易初莲花在上海和广州各设立有一个干货配送中心，面积分别是 4.8 万平方米和 1.8 万平方米。

“易初莲花的配送中心为划区域配送，即每个配送中心只负责配送本区域内的易初莲花卖场，但三个配送中心之间也会有商品的配送，是区域间的商品调拨。”刘海峰表示。

二、低成本与高效率

在有着比较完善的系统支持下，易初莲花的物流以配送为主，仓储为辅，呈现出商品周转快的特征。配送的职能就是将商品集中起来，配送给门店，同时可以储存部分促销商品。

“就配送中心而言，我们是通过采购和门店订货，有专门的订单管理部门向供应商发出订单，供应商接到订单后，按照订单的要求备货，并将商品直接送到配送中心，不用去配送到每个门店，这样既节省了供应商的配送费用又加强了我们对商品的掌控力度，可以保证商品

---

[1] 刘星：《易初莲花之配送“心经”》，载《中国商贸》2008 年第 8 期，第 108 页。

及时到店，减少商品的缺货概率，这一点是没有配送中心的零售企业无可比拟的。”刘海峰表示。

刘海峰向记者介绍了整个配送的流程：顾客到易初莲花的卖场时，他们买了一些产品，比如毛巾被。如果物流循环是比较成功的，那么在他买了之后，系统就开始自动进行供货。这个系统当中的可变性使得这些卖方和买方（工厂与商场）可以对于这些顾客所买的东西和订单能够及时地补货。

“不过，易初莲花真正的挑战是能够提供顾客所需要的服务。”刘海峰表示，“物流业务要求比较复杂，如有的时候可能会有一些产品出现破损，因此在包装方面就需要有一些对产品特别的运销能力。因此，对易初莲花来说，能够提供的产品的种类与质量是非常重要的，不过，我们已经能够寻求到这种高质量与多品种结合，而且对于商场来说，它的成本也是最低的。”

三、无缝的补货系统

易初莲花物流配送的成功，是因为它有一个补货系统，每一个卖场都有这样的系统。这使得易初莲花在任何一个时间点都可以知道，现在这个商店当中有多少货品，有多少货品正在运输过程当中，有多少是在配送中心等。

与此同时，易初莲花也可以了解某种货品上周卖了多少，去年卖了多少，而且可以预测易初莲花将来可以卖多少这种货品。

“易初莲花所有的货品都有一个统一的产品代码，这是非常重要的。因为可以对它进行扫描，可以对它进行阅读。”刘海峰表示，“这个自动补货系统，可以自动向商场经理来订货，这样就可以非常及时地对商场进行帮助。经理们在商场当中走一走，然后看一看这些商品，选到其中一种商品，对它扫描一下，就知道现在商场当中有多少这种货品，有多少订货，而且知道有多少这种产品正在运输到商店的过程当中，会在什么时间到，所有关于这种商品的信息都可以通过扫描这种产品代码得到，不需要其他的人再进行任何复杂的汇报。”

另外，作为易初莲花的供货商，他们也可以进入易初莲花的零售链接当中，可以了解他们的商品卖得如何。通过零售链接，供货商们就可以了解卖的情况来决定生产的状况，根据易初莲花每天卖的情况，他们可以对将来卖货进行预测，以决定他们的生产情况，这样他们产品的成本也可以降低，从而使整个过程是一个无缝的过程。

四、“精准”是硬道理

在易初莲花的物流当中有一点非常重要，易初莲花必须要确保卖场所得到的产品是与发货单上完全一致的产品，因此易初莲花整个的物流配送过程都要确保是精确的，没有任何错误的。

“做好这一步，将为我们节省很多时间和成本。”刘海峰介绍，“卖场把整车的货品卸下来就好了，不用再逐一去检查每个产品，因为他们相信配送过来的产品是没有任何问题的。”

精准的良好传统让易初莲花赢得消费者的心，也为他们赢得了大量的时间和金钱。这些货品直接可以摆上货架，并让消费者满意。

“当消费者买了某产品的时候，系统会精准地设定需要补货的情况，所以整个物流配送是个循环的过程，每个环节都是做到精准。”刘海峰表示，“我们还追求消费者对产品需求的精准化配送，这是比较难的一件事，因为你知道各地的消费习惯不同导致卖场配送什么样的产品要经过调研。比如，燕京啤酒在北京销售得非常好，但是到了其他城市它的销售可能就不如北京好。易初莲花已经考虑到了这方面的问题，并针对这种问题也作了相应的变通，比如增加地方采购等。”

案例思考

1. 根据案例 9.4，为什么刘海峰经理把卖场配送中心称作供应商和卖场之间的中转平台？

2. 易初莲花配送中心是如何开展配送的？其配送经营理念对其他的连锁企业有何启示？

案例 9.5　日本的三种配送中心发展①

尽管配送中心建设始于欧美，但日本却在近些年成为这一方面的“后起之秀”，正是从这一意义上来说，深入解析日本的配送中心建设情况，对于目前也处于“赶超”阶段的我国具有十分重要的意义。

一、日本配送中心的主要类型

随着连锁超市业经营发展的不断深入，对物流配送业务的要求也越来越高，物流配送中心的运作类型也不断地调整和组合。其总体发展趋势是：系统内的“自有自方便”的配送中心逐步缩小；而商品配送社会化、物流设施共同享用、物流配送共同化的趋势正在迅速发展。

目前，日本的配送中心大致有以下三种类型。

（一）大型商业企业自设的配送中心

这种配送中心一般由资金雄厚的商业销售公司或连锁超市公司投资建设，主要为本系统的零售店配送，同时也受理社会中小零售店的商品配送业务，这部分为社会配送的业务正在发展扩大。例如，设立在日本东京都立川市的菱食立川物流中心，拥有冷冻仓库、恒温仓库、常温仓库约 1.1 万平方米，其中冷库约 7 000 平方米，主要配送食品、酒类、冰淇淋等。配送商品品种数为冷冻食品 1 500 种、酒类 1 000 种、冰淇淋 200 种、食品材料 650 种。一般储存商品、酒类和食品材料 2.5 万箱，冷藏商品 7 万箱。每天配送数量：冷冻食品 1.8 万箱；冰淇淋 5 000 箱；酒类 1 000 箱。主要配送到关东地区的 12 个配送中心，然后由 12 个分中心再配送到各零售店铺。这 12 个分中心分为两种类型，一种是“通过中心”（如川口、桐生、市川、山犁等），另一种是“在库型通过中心”（如湘南、桶川、静、极木、茨城等）。通过中心是指收到

① http://www.56885.net/news/20073301/17705.html。

商品，经分拣后再配送到中小超市，不保持库存；在库型通过中心是指对 A 级商品有一定的库存量，其他商品分拣后直接配送出去。

系统内的店铺和系统外的食品店或超市，通过 EOS 系统向菱食情报中心订货，由立川中心承担物流配送。

（二）批发商投资，小型零售商加盟组建的配送中心

这种以批发商为龙头，由零售商加盟的配送中心，实际经营的是社会化的商品配送。这样的配送形式，既可以解决小型零售商因规模小、资金少而难以实现低成本经营的问题，也提高了批发商自身的市场占有率，同时实现了物流设施充分利用的社会效益。如由批发商 CGC 投资的枥木集配中心即属此类。CGC 总部设在东京新宿，在关东地区由其投资建设了 8 个这样的配送中心（枥木中心是其中规模最小的一个），加盟合作对象是一些小型零售商店和连锁超市。在日本，由 300 多家小公司和 3 000 多个门店组成的小公司群体为了能与大型连锁超市公司竞争就自愿组合起来，由 CGC 集中进货和配送，这样就能和大公司一样集中进货和配送，一方面便于工厂送货，工厂愿意让利给集配中心几个百分点；另一方面小公司不必自己再设物流配送设备。枥木集配中心负责配送周围 30 公里以内的 7 个株式会社的 37 家店铺，其中每天供配的有 5 个株式会社的 19 家店铺，这些店铺的 25％商品由该中心配送。

（三）物流企业接受委托，为连锁超市服务的配送中心

如西友座间物流中心，由西友总部投资建造，该中心除了为本系统的店铺配送商品外，主要配送对象是便利店。在日本全国有便利店 4 137 家，关东地区 2 384 家，座间物流中心负责配送关东地区的 239 家（最远 50 公里，平均 25～30 公里）。座间物流中心向西友总部承包经营，专门从事物流配送业务。西友总部、座间物流中心和便利店三者之间以合同为约束手段，开展稳定的业务合作。

以上三种类型的配送中心，实际上都不同程度地承担着社会配送功能，并且还有进一步扩大的趋势。

二、日本配送中心的主要特点

日本的配送中心，由于大都实现了比较成熟的物流信息化管理，建立了严格的规章制度和配备了比较先进的物流设施，确保了商品在配送过程中的准确、及时、新鲜，确实起到了降低流通成本、加速流转速度、提高经济效益的作用。

（一）运用信息系统，配送及时准确

日本的配送中心大都有相当成熟的信息系统平台，从商品订货进入 EOS 系统开始，信息进入中央信息中心后，立即传输到配送中心。由于采用信息系统平台订货、记账、分拣、配货等，使得整个物流过程衔接紧密、准确、合理，零售门店的货架存量压缩到最小限度，直接为零售店服务的配送中心基本上做到零库存，大大降低了缺货率，缩短了要货周期，加速了商品周转，给企业带来了可观的经济效益。

（二）规章制度严格，真正优质服务

日本的配送中心大都有一整套严格的规章制度，各个环节的作业安排严格按规定时间完成，并且都有严格的作业记录。例如，菱食立川物流中心主要配送的商品是冷藏食品，如冰淇淋对送货的时间和途中冷藏车的温度要求很严格，所以他们在送货的冷藏车上安装了

自己研制的检测器，冷藏车司机送货到各个点都严格按电脑编排的计划执行，并且每到一个点都必须按规定按一下记录仪按钮，例如某货车配送 5 个门店，从上午 6 时开始到下午 16 时 42 分回来，共运送 94 箱商品，价值 640 914 日元，整个过程运输时间 4 小时 46 分，卸货时间 4 小时 47 分，休息 1 小时 06 分，还有温度的记录和最高时速的记录。仅从这一辆车一个司机一天的作业过程就足见执行制度的严格程度。西友物流部为便利店配送商品，送货到达时间一般不超过 15 小时，如因意外不能准时到达，必须马上与总部联系，总部采取紧急措施，确保履行合同。

（三）物流设施先进，变动成本较低

日本的物流设施一般都比较先进。例如，在卡世美物流中心，笼车在规定的运行线路上可随时插入埋设在地下的自动链条中，将各笼车商品从卸车点自行运送到各集配点，卸完笼车也可自行返回。又如，商品储存点已不用货垛卡人工记录，而用与电脑联网的电子记录仪。收货发货，按相应电钮，电脑会自动记录，并将信息分送各有关部门（如统计结算、配车等部门）。再如，在东京青果株式会社的大田批发市场，用一张面积大小与一般托盘相仿的厚度约 2～3 毫米的塑料薄片，取代传统的木质托盘，用专用的叉车与之配套操作，在水泥地面使用十分方便，大大节约了木制托盘的成本。

案例思考

1. 日本三种类型的物流配送中心各自具有什么特点？
2. 日本物流配送业的经验对我国的物流业有何启示？

案例 9.6　国内外物流配送业的发展与对比①

一、美国现代物流配送的发展状况

从 20 世纪 60 年代起，货物配送的合理化在美国普遍得到重视。为了在流通领域产生效益，美国企业采取了以下措施：一是将老式的仓库改为配送中心；二是引进电脑管理网络，对装卸、搬运、保管实行标准化操作，提高作业效率；三是连锁店共同组建配送中心，促进连锁店效益的增长。美国连锁店的配送中心有多种，主要有批发型、零售型和仓储型三种类型。首先是批发型，该类型配送中心主要靠计算机管理，业务部通过计算机获取会员店的订货信息，及时向生产厂家和储运部发出订货指示单。其次是零售型，以美国沃尔玛的配送中心为典型。该类型配送中心一般为某零售商独资兴建，专为本公司的连锁店按时提供商品，确保各店稳定经营。第三是仓储型，美国福来明公司的食品配送中心是典型的仓储式配送中心，它的主要任务是接受独立杂货商联盟的委托业务，为该联盟在该地区的若干家加盟店负责货物配送。

① http://miit.ccidnet.com/art/18437/20060508/546853_1.html。

二、日本现代物流配送的发展状况

在日本,零售业是首先建立先进物流系统的行业之一。便利店作为一种新的零售业迅速成长,现已遍及日本,正影响着日本其他的零售商业形式。这种新的零售业需要利用新的物流技术,以保证店内各种货物的供应顺畅。因此,日本的物流配送具有以下特点。第一,分销渠道发达。许多日本批发商过去常常把自己定位为某特定制造商的专门代理商,只允许经营一家制造商的产品。为了保证有效地供应商品,日本许多的物流企业不得不对旧有的分销渠道进行合理化改造,更好地做到与上游公司或下游公司的分销一体化。第二,频繁、小批量进货。日本的物流配送企业的很大一部分服务需求来自便利店,便利店依靠的是小批量的频繁进货,只有利用先进的物流系统才有可能发展连锁便利店,因为它使小批量的频繁进货得以实现。第三,物流配送体现出共同化、混载化的趋势。共同化、混载化的货物配送使原来按照不同生产厂、不同商品种类划分开来的分散的商品物流转变为将不同厂家的产品和不同种类的商品混合起来配送的聚合商品物流,从而得以发挥商品物流的批量效益,大大提高了配送车辆的装载率。第四,合作型物流配送。在日本,生产企业、零售企业与综合商社、综合物流公司之间基本上都存在一种长期的物流合作关系。并且这种合作关系还随着日本工业生产的国际化延伸到国外。第五,政府规划在现代物流配送发展过程中具有重要作用。

三、欧洲现代物流配送的发展状况

在欧洲诸国,尤其是德国,物流配送是指按照用户的订货要求,在物流据点进行分货、配货以后,将配好的货物送交收货人的活动。德国的物流配送产业是第二次世界大战以后,随着现代科技的兴起和经济的高速发展而逐步发展起来的。特别是近 10 年来,德国的物流配送已经摈弃了商品从产地到销地的传统配送模式,基本形成了商品从产地到集散中心、从集散中心(有时通过不只一个集散中心)到达最终客户的现代模式。走遍德国,可以说德国的物流配送已经形成了以最终需求为导向,以现代化交通和高科技信息网络为桥梁,以合理分布的配送中心为枢纽的完备的运行系统。在总结德国零售业发展的经验时可以看出,德国是十分重视按照连锁经营的规模和特点来规划配送中心的,往往是在建店的同时就考虑到了配送中心的建设布局。

发达国家物流配送业发展较快的主要原因如下。

第一,以高科技为依托。

发达国家的配送在运输技术、储存保管技术、装卸搬运技术、货物检验技术、包装技术、流通加工技术以及与物流各环节都密切相关的信息处理技术等方面,都建立在先进的物流技术基础上,配送中心完全采用计算机管理。仓库内从货物入库时的分拣、刷码到进入指定的库房里待装配送车辆,全部是自动化操作。有些配送中心的所有环节包括存货、处理订单和配送商品都由以卫星通信为载体的电脑网络跟踪控制。如美国的沃尔玛是美国最大的连锁公司,公司配有专业化的人员和自动化程度较高的配送设备,它代表了美国目前物流管理与技术的最高水平。日本的配送中心机械化、自动化水平比较高,完全用计算机控制分拣系统。

第二，以规模效益为核心。

配送是一种规模经济运动，配送的生命在于规模。发达国家的实践告诉我们，规模经营产生规模效益，以统一进货、统一配货、统一管理的规模经营取得规模效益，可以享受批量折扣，降低流通费用和社会交易成本，低于社会平均价格出售商品，获得合理的商业利润而赢得竞争实力。发达国家的配送之所以能够在全社会范围内顺利推行，配送中心的实力雄厚是一个十分重要的原因。以配送业比较发达的日本为例，日本的连锁企业一个配送中心负责配送 70 个店铺以上，菱食公司是日本最大的加工食品批发商，拥有 46 个营业所、53 个配送中心，其中的 7 个为区域配送中心，拥有大规模的专为流通加工服务的设施。

第三，以灵活多样的形式为基础。

配送为发达国家大多数行业所采纳，形式日趋完善。如瑞典轴承商的“用户无忧运转方式”、日本钢铁商的“看板”无库存供货方式等。如美国主要有如下三种不同类型的货物配送模式：(1) 以零售业为主的物流配送模式；(2) 以仓储运输业为主的物流配送模式；(3) 以批发商为主的共同配送模式。

四、国内物流配送业发展整体概况

20 世纪 70 年代以前，我国经济研究中几乎没有使用过“物流”一词，但物流各环节的运作很早就存在于国民经济的各个领域。自从 20 世纪 80 年代开始，物流在我国逐渐得到了关注和重视。20 世纪 90 年代以来的流通实践证明了配送是一种较好的物流方式，我国很多城市的物资部门都设立了配送中心，配送得到了很大的发展。这样，彻底改变了传统的流通模式和流通方式。实行上门送货为生产企业配送急需的产品，通过构筑代理、配送、连锁相结合的新的流通方式，提高了流通的效率，为用户提供了更为快捷、方便的服务。

随着物流热的逐渐升温，城市物流配送业也日益得到了重视和发展。近年来，我国的许多大中城市都开始兴建物流中心、配送中心，物流基础设施逐渐得到改善，整体物流技术水平也开始得到提高。例如，深圳物流的总体布局涵盖六个物流产业园区，其中为国际物流提供服务的有盐田港区物流园区、西部港区物流园区、机场航空物流园区；为区域物流服务的有华南国际物流中心、平湖物流园区、深圳邮政分驳转运中心；以城市配送服务为主的有笋岗——清水河物流园区，同时已经有 UPS、TNT、MAIZRSK、佐川急便、台湾东源等跨国公司落户园区中。然而由于我国历史原因，长期以来形成了重生产、轻流通，重商流、轻物流的思想，配送的发展在现阶段还很不成熟，存在的问题也不少，突出表现在以下两个方面。

(一) 配送的服务核心作用难以发挥

配送的核心作用是服务，现阶段的配送方式基本上是以单兵作战的分散型配送为主，配送调度中心还没有发挥出组织、协调、平衡、管理等综合作用。由于物流配送主要是由各专业公司独自进行，而现行物流企业的经营外围较窄(如深圳盐田港物流中心只提供国内货物出口的中转、存储功能，而几乎不涉及市内配送业务)，可提供物流配送服务的内容较少，满足不了用户的多种服务需求。

(二) 配送操作过程现代化程度低

目前，我国配送操作中计算机的应用程度较低，仅限于日常事务管理，而对于物流中的许多重要决策问题，如配送中心的选址、货物组配方案、运输的最佳路径、最优库存控制等方面，仍处于半人工化决策状态，适应具体操作的物流信息系统的开发滞后。

综上所述,我国现在的物流配送业的发展还处于起步阶段,与国外先进水平还有较大差距,需要我们结合国情,努力迎头赶上,融入国际经济、贸易、物流大发展的潮流中去,只有这样,我国物流业的国际竞争力才有望真正提高。

案例思考

1. 美国、日本和欧洲的物流配送业各自具有什么特点?
2. 我国和发达国家在物流配送业的发展上有何差距? 应该如何追赶?
3. 试分析当前我国物流配送业存在什么样的发展机遇?

案例 9.7 神户生协鸣尾浜配送中心运作①

神户生活协同组合(以下简称神户生协)是日本消费者合作社中规模最大的连锁商业企业。它拥有会员约 123 万户,年销售总额 3 840 亿日元(折合人民币 300 亿元),销售商品以食品为主(占 72%)。神户生协拥有超市连锁门店 171 个,每天购货达 35 万人次。对于那些会员少,尚不具备开设门店的地区,则建立无店铺销售网,设送货地点 22 万多个,服务对象近 33 万户家庭。面对供应面广、品种多、数量大的供配货需求,神户生协建造了鸣尾浜配送中心,承担了全部销售商品的配送任务。

在规划这座配送中心时,神户生协认为,首先应有利于提高对客户(商场)的服务水平,根据商品多品种、小批量、多批次要货的特点,做到能在指定的时间里将需要的商品、按所需的数量送到客户手中,以促进提高销售额、削减商场库存、提高商店作业效率,减少流通过程的物流成本,增强企业的竞争力。

一、神户生协鸣尾浜配送中心的具体规划及实践

(一) 进行合理的配送中心规划

神户生协鸣尾浜配送中心在进行配送中心的规划时,考虑到了配送中心的选址、规模、布局和建筑结构等方面。

1. 配送中心的选址

配送中心的选址是一项至关重要的工作。神户生协把配送中心选在神户西宫市鸣尾浜地区,其理由是:第一,日本关西商业经营的重心在大阪,配送中心必须能迅速调运商品;第二,根据神户生协超市公司发展区域点多面广的特点,尽可能利用附近的 43 号国道和大阪海岸公路;第三,大量车辆出入配送中心,产生较大的噪声,必须择地在准工业地域。

2. 配送中心的规模

鸣尾浜地区全部是填海造地而成的,配送中心基地面积 3.8 万平方米,宽 190 米,长 200 米,呈长方形,四周为宽 12 米和 20 米的公路。配送中心建筑平面呈 L 形,大部分为两层建

① 尹立新:《物流与配送实务》,北京:人民邮电出版社,2007 年版,第 63—65 页。

筑，南端三层为生活办公用房。配送中心总建筑面积 33 805 平方米，其中用于配送作业的面积为 27 907 平方米。

3. 配送中心的布局

为了合理组织车流，基地设两个出入大门，东门出，西门进，各宽 15 米。建筑东西两翼各有一条卡车坡道，宽 6.5 米（包括 1 米宽人行道），坡度为 15%。卡车由西坡道上楼卸货，由东坡道下楼，单向行驶。

4. 配送中心的建筑结构

配送中心是现浇钢筋混凝土结构的建筑物，柱网尺寸为 12 米× 9 米，底层层高 7.5 米，二层为 6 米；屋盖为钢结构，衍架梁，金属瓦楞板屋面。建筑物底层为分拣系统及发货场地、站台，二楼为收货场地、站台、储存货架及拣货作业场。上下两层站台总长 460 米，拥有停靠车位 147 个（其中收货 58 个、发货 89 个）。在合理的物流流程和运作方面，配送中心根据经营商品进销的不同情况和商品 ABC 分析将物流分成三路：一路（库存型物流），指进销频繁的商品，整批采购、保管，经过拣选、配货、分拣，配送到超市门店和无店铺销售的进货点；二路（中转型物流），通过计算机联机系统和商品信息订购的商品，整批采购，不经储存，通过配送中心进行拣选、组配和分拣，再配遇到销售门店和无店铺销售点；三路（直送型物流），商品不经过配送中心，从供货单位，直接组织货源进往销售店。

（二）具备顺畅、高效的作业流程

1. 收货

供货商将商品送至配送中心二楼收货站台，人工卸车，包装均为统一规格系列的纸箱。一路整批商品由人工堆码托盘，叉车搬运；二路商品由人工卸至辊道输送机，进行验收，再经合流后进入 3 条主输送带。

2. 储存、搬运

大部分商品储存在二楼，一路整批商品以托盘为储存单元，由叉车送入普通货架；需要开箱拆零的单元，由叉车送入普通货架；需要开箱拆零的商品，从储存货架上取出，搬入轻型重力式货架，再人工拣选。普通货架和轻型重力式货架相对平行布置，货架分上下两层，每层三格，高 4.5 米。货架的走道中间设置以胶带输送机为主体的传送搬运系统，总长 5 200 米。进销频繁的商品则以托盘为单元，存放在底层站台的货场。配送中心全部储存容量为 3 500 托盘、17 万箱。

3. 拣选

鸣尾浜配送中心在建设过程中，反复研究总结了日本不少配送中心成功与失败的经验，结合超市销售量大、利薄的特点，认为对于批量零星而进出频繁的商品，不宜采用立体仓库、巷道拣选机，故配送中心决定采用普通货架、人工拣选的方式，以适应多种销售形式。

对于整箱销售的商品，以托盘为单元，货架存放。发货时由工人按订货单；从货架搬入两侧的输送带传送系统。二路属中转的商品，收货后暂存辊道输送机上，经人工粘贴发货条形码后，直接送主输送带，进入分拣系统。

对于开箱拆零商品，以纸箱为单元，存放在轻型重力式货架上。发货时由人工开箱拆零拣货，另行组配拼箱，进入传送系统。拼箱用的空纸箱则利用回收的旧纸箱，由悬吊式链条输送机（置于胶带输送机的上空）传送。对于特别零星的商品，则采用计算机控制的数字显示拣选系统。

4. 分拣

在进行分拣作业时，全部发运商品的纸箱上均粘贴印有条形码的发运标签(内容包括销售店名称、商品名称、数量等)，该标签由计算机打印。这些商品从各条拣选渠道汇集到3条主输送带，从二楼传入底楼，最后合流至分拣系统。分拣信息由激光扫描器读取纸箱上的条形码信息，进行自动分拣。分拣系统采用高速胶带传动斜轮分拣机，分拣作业线总长160米，分拣道口41条，道口间距3米，传送速度100米/分钟，分拣能力为6 000箱/小时。分拣的纸箱允许的最大长度为0.9米，最大重量25千克；超重时，分拣机自动停止运转。

5. 配送

整个配送的流程大约如下：从分拣道口的斜滑道滑下的商品，由人工装入笼车等集装单元化运载工具，并送至发货站台待运。尔后，商品按编排的配送路线，分别装入各辆厢式送货卡车，配送到各超市连锁店。笼车回空时可折叠起来，节省车容。由于采用了笼车，大大减少了中间的装卸环节，有效地改善了从配送中心的储存货架起，一直到商场里的商品陈列货架为止的整个物流过程的装卸搬运作业，加快了运输车辆的周转。配送中心的卡车只需一名司机，兼作装卸工，便可完成全部装卸搬运作业，非常经济实用。

二、神户生协鸣尾浜配送中心具有的重要功能

(一) 强化了供货枢纽

根据物流集约化原则，神户生协在规划鸣尾浜配送中心时，强调了强化供货枢纽的战略功能，体现如下。

(1) 商品出货单位要小，以满足商场越来越强的拆零要求。

(2) 将原来由商场承担的工作量大、耗时多的贴标签、改包装等流通加工业，放到配送中心里完成，以满足小型超市商场运营的需要。

(3) 扩大库存商品的品种，以强化配送中心的供货能力，降低商品的缺货率；特别是采用了与POS系统联网的EOS电子订货系统来处理连锁店的订货，并根据库存信息，预测总订货量，向供货商发出订货单。

(4) 扩大分拣功能，根据对中转型商品的集约化作业，改善零售店收货和搬运作业。

(5) 除一部分特殊商品(如日配品)外，畅销商品全部由配送中心供货，为实现向商场配送计划化奠定基础。

(6) 满足无店铺定点销售物流的需求。

(7) 开发支撑配送中心高效运转的信息处理系统。

(二) 抑制物流成本

配送中心拥有不少先进的物流设备和设施，为了保证正常运转，必须做好日常的维修保养工作，以降低物流成本，包括加强人事管理、配送中心运营费用的预算和外托合同企业(如运输公司)的联系等。

(三) 增强配送中心的应变能力

由于配送中心的物流量随经营规模的发展在不断扩大，必须确保配送中心能在一段较长的时间内能满足企业发展的需要。配送中心的设计以10年的周、日处理量的变化作为最大值、平均值，故具有满足此后数年的处理能力。另外，要做到今后有扩建的余地。

鸣尾浜配送中心建成后，充分发挥了促进和扩大商品流通的作用。它配合零售店，辅助供应工作，提供各种服务，如拆零发货，代贴价格标签，采用计算机联网订货、记账等。由于采用了计算机库存管理，大大降低了缺货率，缩短了要货期；加快了发货，原来每周订货两次，现在做到当天订货，当天或隔天即可送到零售门店，大大压缩了商场的库存，加速了商品的周转，给企业带来了极可观的经济效益。

案例思考

1. 根据案例 9.7，分析配送中心选址时需要考虑的非技术因素应包括哪些内容？
2. 鸣尾浜配送中心在供货枢纽和物流设施方面的特点有哪些？

案例简析

案例 9.1

雅芳公司“直达配送”的物流解决方案，其实质是商流物流的分离，即取消 75 个大大小小的分公司仓库，成立区域物流中心，经销商的订货直接由总部安排区域物流中心向其配送。雅芳公司重新进行了物流网络规划，并借助 IT 来支撑。

“直达配送”，即“商物分离”给雅芳公司带来变化和影响有如下四点：(1) 使雅芳公司的物流网络结构优化；(2) 使雅芳公司的管理更现代化，他们使用先进的 IT 系统支撑；(3) 使雅芳公司的组织结构更职能化，更专业化；(4) 使雅芳公司的流程再造，使业务流程更具体。

总体上“直达配送”使得雅芳公司的内部结构更加精简，人员各司其职，库存成本和运输成本大大降低，信息系统更加完善，能够及时了解市场信息，并做出及时的预测和执行指令，保证了物流服务的时效性与准确性。雅芳公司的销售业绩大大提高，得到消费者更多的青睐。它所面临的挑战包括有一些不法分子的非法投机，买空卖空，坐地起价，投机倒把。对此，雅芳公司应该加强各环节的管理，特别是网上订购环节，要谨防以上事件的发生。

案例 9.2

华联物流配送服务的宗旨是让门店(客户)满意，华联超市非常注重配送中心的建设和配送体系的构筑。从华联超市多年来的实践证明，把配送中心建成多功能、集约化、低成本的供货枢纽，以及运用信息技术来重组和提升超市的供应链管理，这是超市连锁经营的核心战略，也是支撑连锁超市超常规发展的重要条件。把配送中心建成连锁超市多功能集约化的供货枢纽，实现商品供货的配送中心化，才能实现直接的产销衔接，增强商业对市场信息需求的反馈能力，实现在商品配送中心内统一结算和商品信息的自动化处理；实现物流、财务乃至整个连锁企业管理的科学化，降低流通成本和销售价格。

案例 9.3

生鲜商品的物流配送备受关注的原因是多方面的。一方面，随着零售市场的竞争加剧，居民生活水平提高，人们对快速食品、生鲜半成品和冷冻食品的需求增加；另一方面，由于生鲜加工配送不同于普通商品配送，要求有相应的保鲜条件并有不菲的投入，配送半径有限，相对经营风险较大，使得多数连锁超市不敢贸然介入。因此，从这个角度来说，联华生鲜食品加工配送中心的建立极其成功的运作经验有着相当重要的标杆作用。对于规模化生鲜经营的大型连锁超市集团来说，生鲜加工配送的良性运作十分重要，它将为整合和优化生鲜供应链各方面资源，为连锁超市的标准化管理奠定良好的基础，为超市生鲜经营积蓄充足的后续发展能力和竞争优势。

案例 9.4

易初莲花面对的是竞争性的市场，既有沃尔玛、家乐福等跨国商业巨头和华联、华普等国内民族连锁精英的围追堵截，又有各种业态的侵吞蚕食，它只有具备某种或某些竞争优势，才能在获取市场份额和实现利润方面比对手做得更好。易初莲花通过快速迅捷的配送，使得各分店很少出现断货的现象，它的鲜活食品也总是保持最新鲜的状态，有力地配合了易初莲花对顾客“保证满意”的承诺。

物流配送作为连锁经营的关键环节之一，是易初莲花的核心竞争力所在。物流配送能力的强弱直接决定着易初莲花经营成本的高低，影响易初莲花的营利能力。为了提高自身竞争力，降低运作成本，提高对店铺的反应速度，易初莲花在物流配送上加大了投入，配送中心在技术、规模和运作模式等方面不断创新。

“简单是宝，执行是金”，易初莲花在配送领域的诸多变革和创新都应紧紧围绕提升企业的竞争优势的核心来进行。否则，这种变革和创新就没有任何意义。这种变革和创新所形成的比竞争对手优越的核心能力正是构筑企业竞争优势的基础。易初莲花所采取的低成本高效率的配送、运用无缝补货系统、开展精准配送等措施，便是要从“第三利润源”的角度将企业的资源效应发挥到最大，从而保持易初莲花持续的竞争优势。

案例 9.5

日本的物流配送实践可以说走在了世界的前列，有许多的经验值得我们学习与借鉴。具体来说，日本物流配送的实践经验主要体现在以下四个方面。

1. 日本政府和企业界有比较开明的物流观，为物流的发展奠定了扎实的基础

日本政府和企业界都对物流非常重视和关注。例如，日本仓库业自 1877 年作为独立企业而存在，经历了漫长的低速发展阶段，并曾一度遭受毁灭性的打击。自从物流是“第三利润源泉”的观点发表之后，引起了日本政府和企业界的格外重视。日本政府和企业界所作的反应如下。

(1) 日本政府先后拟定了有关仓库的规定和法令，诸如《仓库业法》和《商法》、《民法》中关于仓库的消防法及其他的一系列规定和法令。

(2) 作为改革国家经济结构进程重要的一环，日本出台了《综合物流施策大纲》，并提出了“综合物流管理”这一新的观点，即将生产以及生产以前的物理性的流通过程设定为一个系统程度进行综合管理。这一举措是从全社会的物流一体化、全球化战略出发，进一步有效地控制和降低成本，在竞争中最大限度地获取“第三利润源泉”。

2. 现代化的物流设施和合理的物流流程

日本大多数的流通中心有一个共同的特点，即这些流通中心的机械化、自动化程度相对于美国的物流企业来说要求更高、设备更先进。土地资源十分紧张昂贵、劳动力成本相对于

美国更高的日本，其流通中心多采用楼库，中心内的设施更多采用自动化、半自动化，配以巷道拣选机等先进设施。

3. 政府统一规划和扶持物流基地的建设

日本在政府的统一规划下推进物流据点集中化，以加强物流的合理化，解决随着日本经济的发展同时出现的城市交通拥挤、阻塞状况，改善城市交通环境。

4. 以先进的物流设备和物流技术武装物流业，使其具备了高起点的发展战略

当前的日本非常重视物流设施的现代化建设，并积极推进物流技术的发展，日本的物流配送中心基本上都能满足厂商和销售商对物流全过程提出的高速化、高效化的要求，具备了从收货、验货、储存、装卸、配货、流通加工、分拣、发货、配送、结算到信息处理等多种功能，实现了物流一体化。

案例 9.6

国外物流配送业的发展对我国物流配送业的启示如下。

1. 物流社会化需要在政府的支持下进行大力推进

结合国外发达国家的物流配送业的发展，针对我国的物流发展现状，可以看出：我国是一个中小企业众多的国家，连锁企业也刚刚起步，规模小，资金有限；对这些连锁企业来说，如何构筑好配送中心是成败的关键。企业的经营者要力克“小而全”、条块分割、各自为政的陈旧观念，树立起社会分工细化的观念，在政府的支持下进行规划与实施。

2. 实施第三方物流

我们要认识到，在连锁企业发展之时，如何利用现有的专业物流企业实施第三方物流，使连锁企业摆脱物流环节中的诸多业务纠葛，走物流社会化的道路，集中精力和资金开设门店，从而提高工作效率，这才是切实可行的好方法。

3. 建设区域性的物流中心、配送中心，并以人才为本

我国一些属于经济中心的城市，一定要有几个大型物流基地和若干个区域性的物流中心、配送中心相配套。同时应该看到建设一个配送中心是一项十分艰巨的工作，它不但需要巨额的投资，而且需要大片的土地、昂贵的设备设施，更重要的是需要有一大批有丰富实践经验的专业管理人才。

4. 政府要将物流作为城市总体规划的一个有机组成部分，统一规划，统一运筹。

物流中心、配送中心有多种多样的发展形式，要根据我国的具体情况，以现有物流企业为基础，逐步发展大型物流中心与区域性配送中心相配套、综合性物流中心与专业性配送中心相结合，建立以社会化共同物流配送中心为主体的完善的物流配送体系。

在规划和建设物流基地方面，要借鉴美国和日本成功的经验。虽然有些设施分属于各个系统，但应提倡在统一规划的前提下实行联合。逐步加以改造和利用，使之构筑起具有一定规模的物流基地。美国、日本建设物流基地的经验说明，物流是一个投资大、回收期长、社会效率显著的特殊产业。因此，在税收、贷款利率等方面要给予优惠和扶持，并在政策上、舆论导向上要积极引导中小企业进入物流基地实施共同物流。

5. 现代化配送中心要实现商流、物流、信息流和资金流的一体化运作

国外的经验表明，现代化商品配送中心集商流、物流、信息流和资金流于一体，一头连接生产，一头连接市场，将广大中小企业组织起来，这是降低流通成本、提高效率的有效途径。

我们要在深化商业体制改革中，认真借鉴国外成功的物流经验，把改造传统的储运企业，建设现代化的物流网络同完善商品配送中心的集货、分货、仓储、运输、包装、咨询等服务功能结合起来。商业的深化改革要在创新物流新技术与配送中心网络的建立结合点上真正做到突破，才能实现新的飞跃。

案例 9.7

配送中心是一个集商品加工、理货、送货等多种功能为一体的作业场所，承担着商品的周转中心、分拣中心、商品保管中心、商品在库管理中心及流通加工中心的作用。因此，其规划与设计相当复杂，连锁商业企业在建立配送中心之前就必须做出详尽的规划，不仅要明确配送中心建设的动因，还必须收集大量的数据与资料来促使商品配送中心的顺利建设。

1. 明确建设的目的

(1) 为了调整大量供应和大量消费的时间差而进行的保管。

(2) 为了调整供应和消费波动而进行的保管。

(3) 为了以经济地运输批量发货和进货而进行的储备。

(4) 把分散保管的商品汇集在一起，并提高包括保管、装卸在内的效率。

(5) 从各个方面把多种供应商品集中，或者为向消费者计划运输而将商品集中起来。

(6) 为了提高对顾客的配送服务水平而在靠近消费地区保管。

(7) 为了维持对顾客的服务水平，平时保持合理的库存。

(8) 为了降低运输成本，组织批量运输或者设置货物集结点向终端用户配送。

(9) 商流和物流活动分开，以提高效率。

(10) 为了提高运输效率，在消费地点进行装配和加工等。

2. 做好规划前的研究

由于配送中心是集约化、多功能的物流据点，系统极为复杂，各子系统间的协调尤为重要。所以，单凭一个人进行规划是非常困难的，必须把物流、信息、建筑设计以及其他各个方面的专家会聚起来，形成一个开发班子，研究大量的实质性问题，为配送中心的决策提供依据。研究内容如以下所列各项：

(1) 如何根据连锁商业企业经营规模发展的近期、中期规划，建立企业的物流系统和网络体系；

(2) 确定建造具备哪些功能的配送中心；

(3) 选址在何处，其优点和不足之处如何；

(4) 如何改善作业环境，减轻装卸作业劳动强度，实现机械化；

(5) 如何实现100%的质量保证；

(6) 如何保证误配送为零；

(7) 如何减少单据，实现无纸化；

(8) 如何提高结算能力；

(9) 如何使配送中心的物流流程更合理、更科学；

(10) 如何降低物流成本；

(11) 如何增强配送中心的适应能力和应变能力；

(12) 如何满足配送中心规模进一步拓展的需要。

在规划时规划工作应定量化，是保证上述要求、目标实现的关键。同时，对各项目标都应按照不同的需求程序排列起来，对那些可能是相互矛盾的目标不可能百分之百地全部满足，这就需要优化目标，从而选定最佳方案。

其次，要切实研究新建配送中心在整个物流系统中处于什么样的位置，对实现各项功能所采取的手段和措施予以比较、选择。

最后，投资计划的确定。应从物流成本的角度来确定配送中心的投资规模是否合理。例如，要根据企业经营的总销售额发展指标，研究与之相应的建设投资规模的范围。同时，还要测算配送中心启动后的维持费用究竟需要多少，这个费用占整个物流成本的百分比为多少，对企业经营和效益带来的影响如何，企业是否能够长期承受。

总之，配送中心规划建设前的分析研究是企业特别是连锁商业企业的经营战略决策的重要组成部分。

3．收集规划数据

为了更好地运用配送中心的规划方法，尽可能地收集必要的数据，能定量的最好定量，实在没有量化数据的，例如企业环境、服务水平等，也要设定一定的尺度进行规划。基本的分析数据分为以下六项：

(1) 商品的种类及品种数；

(2) 商品数量大小，目标年度的处理量、价格；

(3) 商品的流通渠道流经生产商、配送中心、顾客等；

(4) 服务水平；

(5) 各时间段(年、月、天、小时)作业量的变化特性；

(6) 物流成本。

4．掌握规划的内容

配送中心规划的内容分为基本规划、详细计划和运营要领等一系列内容，要根据各个阶段进行各种调查、分析的结果，采用与此相适应的技术方法，以编制出整体最优的建设计划。因为配送中心一旦建成是不容易变更的，即使效率差也必须照样使用，别无变更的措施。另外，规划时要选择最好的规划方案，因为运营后再修正将产生极不适宜的浪费。

(1) 基本规划的内容

① 前提条件

进行基本规划前，作为前提条件必须掌握：物流过程及其作用；配送地点的位置及数量；配送中心的位置及规模；配送地所需商品及其库存基准；配送地点的进货处；在配送中心应进行的作业。另外，必须决定并掌握经营商品的特性、外形尺寸、重量、品种、包装、形态、单件进发货量(最大、最小及平均)、平均每天进发货量、配送时间、接受订货频率、成本及其顾客服务。为了满足用户，配送中心的位置及配送中心的规模是最重要、最基本的条件。配送中心最基本的规划是中心的特性、选址、规划、所采用物流设备的特性和物流技术等。

② 基本计划

根据前提条件决定配送中心占地、建筑物形式、结构及搬运保管方式、作业流程等基本计划。首先从配送中心的特性和内部作业流程开始，在各种搬运方式和保管方式的组合中决定最有效的设施及其相配套的机械设备的选用。另外，配送中心的特性决定车辆的种类、数量、停车场及其他作业场地，根据设备的选择、作业流程、设施的配置规划出与此相适应的布局，决定建筑物的形式、规模、结构、占地面积。在此之前必须调研与此相关的建筑、消防、环保等有关法规，勘探调查周边的建筑条件。规划整体方案时，在各规划阶段，必须同时准备多个方案备选，从服务水平、作业成本和所需资金三个方面进行综合评价，选出最佳方案。

(2) 详细计划的内容

详细计划是在基本规划方案的基础上对各部分进一步进行更加详细的论证分析。作为详细计划的内容应包括下列事项：① 搬运等作业的容器外形尺寸及形状；② 保管、搬运等作业的机械设备规格型号；③ 保管、搬运等作业的辅助设备；④ 车辆的特殊规格型号；⑤ 车辆装、卸的辅助设备；⑥ 配送中心内部作业场的详细布局；⑦ 机械设备的配置及布局；⑧ 办公及信息处理等设施的规格型号及数量；⑨ 流通加工机械设备。

(3) 经营方案的内容

经营方案是配送中心建成后所制订的运营方案，必须包括以下七项内容：① 作业程序；② 作业的基本要求；③ 管理方法及管理规则；④ 作业力量的措施规划；⑤ 向新的配送系统过渡的方法与措施；⑥ 设备保养与维护的措施；⑦ 各种管理票据。

第10章

物流信息化案例

案例 10.1 华宝空调物流信息系统应用①

华宝空调器厂是生产空调器的专业厂家之一，工厂现有员工 1 600 多人，技术人员 370 人，生产分体式、窗式、柜式等 18 个系列 52 种型号的空调器。空调器是当今一种普及型的家用电器。它的生产方式是“小制造，大装配”型，与机械制造系统“大制造，小装配”的生产组织方式有很大的差别。华宝生产的主要特点：产品属于预先设计型的，设计周期一般按月计算；面向“存储型”生产，通常是大批量大规模生产方式，年总生产能力为 100 万台，每种产品的年产量为 1 万～10 万台；主生产计划以预测为主，总装生产计划按日生产量排产，部件生产计划是按批生产量排产的；采用自动化物流系统生产线，加工节拍以秒为计算单位。

一、华宝空调器厂物流信息系统改造背景

华宝自动化物流系统的投产激化了以前生产流水线作业管理中大批量生产与信息滞后的矛盾，高科技应用的环境对生产系统提出了新的挑战。在新的环境下，如何使用维护智能设备、如何安排生产计划、如何调度物流、如何组织总装与部件的生产，又如何让外协厂的物料自动地输入到立体仓库等随着物流的启动一起冒了出来，一个环节出了问题都会引起全线停工。

为了保证生产线的正常运作，生产系统一方面加大了物料管理工作量，另一方面还加大了库存量。自动化物流系统提出了一道新的课题，需要尽快地建立一个适合本企业的制造运作模式。

二、华宝空调器厂建立 MRP-II 运行环境

华宝空调器厂的 MRP-II 启动是从物流管理开始的。加强物料管理，减少成本是实施的第一个目标。物料管理包括对加工单工作流程的管理以及采购单工作流程的管理，主要包括以下两个方面。

(一) 规范物料管理，优化生产过程

规范物料管理，对 50 多种产品采用条形码管理、7 000 多零部件采用物料编码规范管理，一举改变了长期未能解决的一物多名的无序物料管理状态。

---

① http://www.china-b.com/kaoshi/wmks/20090312/835602_1.html。

简化物料统计工作，做好车间与仓库之间、各车间之间、车间与生产部之间和生产系统与财务之间的接口设计，避免冗余信息的出现。

规范生产过程，设立工艺技术小组，推行工艺设计与现场管理相结合的管理制度和生产物料清单管理制度。

严格库存管理，推行物料采购计划，仓库按采购单收货；车间零库存管理制度，要求车间实行“日清日结”管理。所有的生产物料在确定的地点和确定的时间进行量化的管理。

实现定置管理，在车间推行定岗、定位、定加工中心管理，调整了部分工艺路线，疏通了车间与车间之间的物流通道。

（二）转变生产系统运作机制

原生产系统管理是以统计管理为中心的事后处理模式，现在要求以生产计划管理为核心，以计划驱动部件加工和材料采购。

改变管理意识，将生产部门管理工作从过去的仅重视成品生产量导入到重视物料管理、重视生产计划交货期和掌握库存控制技术、搞好质量管理和现场管理的意识上来。

规范生产计划制度，加大力度推行年度生产计划、季度生产计划和月生产计划的落实，并根据工厂的实际情况制订了“三天固定九天滚动”生产计划制度。

实施各项管理制度，车间实行生产计划管理和物料管理制度，并建立了 MRP-II 管理规范和操作规范，要求生产系统管理人员随时监控计算机里的数据正确与否，同时又要求制定可行的订货原则、安全库存量、物料消耗指标，生产能力指标等管理数据，使各车间的加工处于受控制状态。

实现生产系统信息集成，华宝空调器厂的 MRP-II 是运行在计算机集成制造系统 CIMS 环境下的，MRP-II 的实施必须考虑与 CIMS 的集成。

三、华宝空调器厂的物流信息系统

一个制造企业的生产过程实质上是一个物流的过程。生产计划实际上是一个物料流动的计划，计划执行的结果要通过对物料的监控来考核。华宝空调器厂以物流结构作为管理模式建构起管理信息系统。

（一）基础数据

物料主文件关联着物料、库存、计划和资金的属性，定义了物料的生产提前期、采购提前期等信息。

系统还设置了库存状态、工艺路线等基础数据。华宝空调器厂现有物料主文件近 7 000 个，生产物料清单近 120 个。系统共设有 50 多个库位和 30 多个信息采集点（包括所有的材料仓库、车间的产成品、半成品及在制品）。

（二）产品结构

产品结构是物流的运动路线，由物流延伸出的物料制造信息实时、准确地反映了物料当前的状态，连接着工厂所有的制造车间、质量检验部门、供应商和销售部等。

（三）工厂的物流过程

工厂生产系统下设生产部、5 个生产车间和 10 多个材料仓库。产品的物流过程是将外购件制作成部件存放在各车间的半成品仓库中，又将部件、外购件和外协件总装成产成品存放在成品仓库待销售。

（四）物流管理技术

系统为每一个仓库设定了多个库位，又为每一个物料设定了一个或多个库位。采用库位管理物料的方法是：每当发生一次加工领料时就会产生一次物料的移动，相对应的库位就会发生一次变化。

某一个加工单下达时，物流系统自动地从立体仓库取料发放给总装线，总装完工后自动地入成品仓库，对应的成品库位自动地递增，而由该成品消耗掉的物料来自立体库位，这些库位自动递减。库位的变化一方面反馈到物料需求功能模块上，另一方面又可以作为物料管理的监控点。不难看出物流设计给企业管理提供了极大的方便。

四、华宝空调器厂信息流规律与应用

物料的采集、传递和加工处理的过程，就是信息的形成过程。

（一）信息与物料的关系

信息是对物料状态的描述，信息流是物流过程的流动影像，物流是信息流的载体。特点是：通常在操作层（车间）物流是透明的；而在管理层（部门）物流是隐蔽的而信息流是透明的。信息流伴随物流产生又反过来控制和调节物流，当信息流与物流同步时才可以实现管理层对操作层的透明管理。

（二）信息流的特点

信息流分采集、传递和加工处理三个过程。采集通常由操作层完成，传递由管理人员按管理结构层层传达，加工处理由统计人员按管理结构层层进行统计分析。MRP-II 将信息采集、传递和加工处理分为两个过程，即采集由操作层完成，传递和加工处理由 MRP-II 系统和计算机网络完成。

（三）人工管理中信息流的特点

(1) 由于信息的采集与传递方式的影响，信息流滞后于物流。

(2) 信息加工通常在部门与部门交接处存在着重复加工处理的情况。

(3) 信息在层层传递中通常存在着失真的现象。

(4) 滞后和失真的信息达不到有效地控制和调节物流的效果。

(5) 企业决策层仅了解结果，而不了解过程。

（四）MRP-II 管理信息流的特点

(1) 信息流的采集与物流的过程同时发生。

(2) 信息采用计算机集中储存，统一加工处理，消除了部门与部门交接处的冗余加工处理。

(3) 用计算机传递、加工处理信息及时、准确。

(4) 快速反馈信息能够控制和调节物流。

(5) 决策层不仅了解结果，而且也了解过程，实现信息的可追溯性，能做出准确的判断和实时的决策。

五、华宝空调器厂物流信息系统的应用

（一）应用流程

当加工单下达时，总装材料员打印好三联领料单后到仓库领料，领料后发放到班组加工。

三联单的处理，第一联交财务作为对账凭证，第二联交仓库作为材料日记凭证，第三联留车间作为领料凭证。

信息采集点 A 自动在 6004 库位记收入账，此时采集到了总装领料的信息。

当车间统计员将总装“班组生产日报表”完工汇报时，信息采集点 B 自动冲减 6004 库位和 6000 库位的发出账，8000 库位自动记成品收入账，这时又采集到了成品的完工信息及材料消耗信息。

信息采集点 A 和 B 反映了人的行为，库位是信息监视点，如果查询某个库位可以考核到车间的完工量、物料消耗情况，谁做的，做得怎样。

在 MRP-II 运行的环境下，管理层采用计算机辅助管理每天处理成千上万条信息，并及时地提供给全厂各个职能部门，由此引申出对信息分析、模拟、预测能力的需求，从而实现以人为本进行知识管理的应用技术。

（二）应用效果

MRP-II 的运行不仅解决了“小制造，大装配”在传统生产方式中物流与信息流阻塞的困惑，而且管理模式与智能设备完全是相匹配的。在推行 MRP-II 应用的同时不断地健全各种管理规范，使应用起到了实际的效果。

(1) 全厂 5 个制造车间、十几个仓库以及外协厂也通过产品结构与生产部连接在一起实现集中管理。

(2) 车间乃至班组实施加工单生命周期管理。

(3) 仓库实施采购单生命周期管理。

(4) 生产部细化了物料的管理，提供了物料在线监控管理的功能。

运用 MPR-II，随时可追踪到每一物料的状态，例如某一代号的物料的状态，在车间工位上有多少，供应商还有多少没送货，又有多少正在待检，出现了多少废品。

运用 MPR-II，可根据库存状态调整生产计划，完成生产物料的配套供应，杜绝了停工待料的现象；同时及时地掌握加工进度并能动态地控制物料的消耗量，最终按生产计划做物料需求计划使车间和仓库的库存量减少了 30%以上。

总之，MPR-II 与自动化物流集成运行，提高了工厂的现场管理水平。

案例思考

1. 企业信息系统应包含什么内容？其核心内容是什么？
2. 企业生产流程的优化与物流信息化是什么关系？如何处理？
3. 生产企业应根据哪些要素来选择适用有效的信息系统技术？
4. 如何建成具有本企业特色的物流信息系统？
5. 如何处理和协调企业员工质素与信息系统运行机制之间的关系？
6. 生产企业物流信息系统的发展趋势是什么？
7. 在一个更大的供应链系统中，生产企业物流信息系统的运行动力在哪里？

案例 10.2　信息系统管理助苏宁物流升级①

几年前，苏宁电器每年的开店速度在50家左右，但从2009年开始每年开新店超过200家。这样的高速度扩张有点类似于麦当劳的模式，但是对于体量更为巨大的家电零售商来说，面临着远比快餐企业更为复杂的问题，比如新店面前期投资巨大、顾客初期购买率低、物流建设与配送成本高等都是不可回避的现实问题。如今苏宁电器在不断的探索过程中实现了信息化管理系统在物流配送中的应用，这也推动了苏宁电器现代化物流的升级。

2009年年报显示，苏宁电器2009年实现营业总收入583亿元，较上年同期增长16.84%，归属于母公司净利润达28.90亿元，增长33.17%。在实现店面快速扩张的同时，利润也实现了同步增长。这与零售业中，连锁销售企业的规模与利润率成反比的普遍现象形成了较大的反差。对此，中国连锁经营协会会长郭戈平认为，最重要的原因是苏宁电器基于后台信息平台系统的建设为内部管理带来一系列变革性的影响。

一、来自沃尔玛的启示

沃尔玛给苏宁电器的最大启示，不是全球的布点、每年2 000亿美元的营业额，而是它用于全球连锁管理的信息和物流配送系统。“在顾客付款的那一刻，相关产品的销售信息就已经传送至苏宁的ERP系统——即便身在苏宁的南京总部，只要权限足够，随时可以查询苏宁电器在全国任一座城市任一个店铺的实时销售状态。同时，苏宁的ERP系统已经与一些上游供应商实现了B2B对接，供应商可以随时掌握商品的销售与库存的状态，获知用户信息。与此同时，苏宁客服系统立刻启动自动排程、自动配载等程序并传递至北京苏宁的物流基地，物流基地的工作人员就着手进行着包括商品分类、排车等一系列发货准备，这一切都是依靠苏宁的信息化来实现的。”苏宁电器华北地区管理总部执行总裁范志军介绍道。

苏宁电器是国内家电连锁企业中着力信息化建设最早的企业，这主要得益于苏宁电器董事长张近东对连锁商业未来的判断。“沃尔玛给苏宁的最大启示，不是全球的布点、每年2 000亿美元的营业额，而是它用于全球连锁管理的信息和物流配送系统。”张近东说。

而要实现这一目标，张近东意识到，在专注零售业务发展的同时，应当将企业IT应用与企业经营管理的整合能力提升到战略高度来看待，必须与能够将管理咨询和IT服务整合运用的最具实力的咨询服务公司进行紧密合作。最终，苏宁电器选择了IBM咨询作为自己在信息化开发方面的合作伙伴。2004—2010年，苏宁电器与IBM咨询一直保持着战略合作伙伴关系，花费3亿元进行整个系统的优化管理和提高IT应用水平，实施多媒体监控指挥中心建设工程，建立了一个基于多维控制的信息平台。

张近东表示，苏宁电器旨在建立“E连锁”(ERP系统管理)模式，以实现与供应商和市场信息的对接，在进货、销售、库存、售后服务等环节实现以客户为中心的协同效应。

此外，苏宁电器还提出在3年内建成包括15个物流基地在内的“3515”计划，兴建大型物流基地，实现营销业务、采购业务和物流业务等的集中运作。根据苏宁电器的测算，一个区域物流基地的投入平均在2亿～3亿元，实施这一计划，苏宁电器的整体投资将超过120

① http://jt.china.com.cn/wl/2012-09-08/6100.html。

亿元。当然，全国性的现代化物流系统建成后，也将为苏宁电器的后续发展奠定非常坚实的基础。国家目前对物流建设出台了相关振兴政策，土地成本、建设成本也在不断下降，这也为选址带来了便利，因此也是苏宁电器加快和加大建设的一个好机会。

二、厂商之间的 B2B 对接

三星、海尔等供应商可以随时进入苏宁电器的 ERP 系统查看自己产品的销售进度和库存情况，同时，利用苏宁电器与消费者直接接触得来的市场信息，供应商可以更快地清除库存，生产适销对路的产品。

苏宁电器的 ERP 信息平台的建设不仅针对内部，也对供应商开放。苏宁电器目前有 900 多家零售终端门店，供应商数量 1 万多家，供应链运作相当复杂。对于下游业务，苏宁电器需要通过分布在全国的门店，将商品销售给最终消费者；对于上游业务，苏宁电器同时从商品、采购计划、订单、收发货、结算对账、信息交流等多方面需要和供应商进行沟通，包含物流、资金流、信息流等交叉作业。因此，供应链上的每一环节增值与否、增值的大小都会成为影响苏宁电器以及上游供应商各自的竞争能力。“最初，苏宁与三星分别拥有各自独立的信息化系统，当时的合作模式是：三星根据苏宁的订单供货，至于销售的情况只能在月度或季度对账时才能了解。这样造成的直接结果是，热销的产品缺货时往往不能及时补货，而滞销的产品只能在库房中慢慢贬值。”一位三星彩电市场负责人向记者介绍。

为了弥补上述的缺陷，苏宁电器通过 B2B 信息化技术直接与供应商进行对接。据苏宁电器信息部何丹涛介绍，三星、海尔、摩托罗拉是最早与苏宁电器进行 B2B 对接的供应商，这些供应商可以随时进入苏宁电器的 ERP 系统（通过苏宁电器的一个公共平台实现双方 ERP 系统的对接）查看自己产品的销售进度和库存情况，减少业务沟通成本和劳动强度。同时，利用苏宁电器与消费者直接接触得来的市场信息，供应商可以更快地清除库存，生产适销对路的产品，供应链在这种循环当中得到完善。

正因如此，LG、三星的客服在第一时间就掌握了其商品用户的信息，可以及时按照各自品牌的要求对用户进行回访，更好地完善售后服务环节。

三、物流基地的流程优化

根据客户所要求送货的地点，苏宁电器的信息系统可以计算出车队应该如何设计路线才能节省更多的汽油。

物流配送网络是零售企业的核心能力之一，同时也是零售企业成本开支中仅次于物业成本的第二大成本开支。位于北京通州的苏宁北京物流的二期基地已经动工，这是范志军非常重视的项目之一。因为这意味着华北区更多分散的后台服务体系将纳入集中管理的体系，货物销售的速度及资金的流转速度都将大大提高。

苏宁电器 2009 年财报显示，在物流基地建设方面，苏宁电器沈阳、北京（二期）、成都、无锡、天津等多个地区物流基地进入施工阶段；全年完成 10 家物流基地的选址工作，累计完成选址近 20 家。2009 年，苏宁全国零售配送能力较 2008 年增长了 30%，日最高配送能力较 2008 年增长了 25%。

在苏宁北京物流基地（一期）仓库里记者看到，一台夹抱机正在紧张地忙碌着。冰箱、彩电从送货厂家的货车上被搬了下来，贴上苏宁自己编制的条形码，然后成批放在货物托盘上入库。为了确保产品不损毁，每个托盘都会用绳子固定。必要的时候，一些商品还被抽检，开箱验机。据介绍，常规的情况下，偌大的仓库只有三五个员工，物流基地的工作人员告诉记者，大部分工作都是通过计算机系统完成的。

据该人员介绍，经过流程优化之后，这样的送货流程 5 分钟就可以搞定。优化的过程其实很简单，就是加了一个预约环节：送货之前进行预约，到送货时间，只需要在系统上打一个内项交货单，就可以清楚地知道送货车应该停在哪个月台、哪个收货门。因为采用了机械化作业，效率提高了很多。以前卸一批货，8 个人要紧赶慢赶 40 分钟，现在一个拣货、一个卸，只需要 20 分钟。

此外，根据订户所要求送货的地点，苏宁电器的信息系统还可以计算出车队应该如何设计路线才能节省更多的汽油。当然，这项功能在一定基础上对电子地图的要求非常高，因此只在重点大城市使用，但成效看上去不错：以前可能要花 4 个人、3 个小时去做的排程工作，现在只需要几秒钟就可以出结果。更重要的是，根据经验来估算，预计将来在全国都实施这套自动排程系统后，苏宁电器的运输总里程将下降 40%。

案例思考

1. 根据案例 10.2，你认为沃尔玛给苏宁电器带来什么启示？

2. 结合所学知识，请思考苏宁电器为何选择 IBM 咨询作为自己在信息化开发方面的合作伙伴？

3. 苏宁电器在厂商之间的 B2B 对接是出于什么目的？

案例 10.3　一汽大众应用物流信息系统实现“零库存”①

一汽大众汽车有限公司（以下简称一汽大众）是由中国第一汽车集团公司和德国大众汽车股份公司、奥迪汽车股份公司及大众汽车（中国）投资有限公司合资经营的大型轿车生产企业，是我国第一个按经济规模起步建设的现代化轿车工业基地。一汽大众目前仅捷达车就有七八十个品种、十七八种颜色，而每辆车都有 2 000 多种零部件需要外购。2011 年，一汽大众全年完成产量 1 018 888 辆，同比增长 15.5%。全年销售 1 000 188 辆（不含进口车），其中大众品牌 755 938 辆，市场兑现率高达 95%～97%。与这些令人心跳的数字形成鲜明对比的是公司零部件居然基于处于“零库存”状态，而制造这一巨大反差的就是一整套较为完善的物流控制系统。

一、车间里只有“入口”，没有仓库

一个占地 9 万多平方米，可同时生产三种不同品牌的、亚洲最大的整车车间，不知情的人一定以为它的仓库也一定壮观非常，可在这里的工作人认为他们那里没有仓库，只有入口。

---

① 杨平安：《现代物流国际通用管理与成功案例典范》，北京：新华出版社，2002 年版，第 1580—1581 页。

二、进货的"零库存"处理流程

下面来结合具体的操作实例来看看进货"零库存"的处理流程。

我们只要走进一汽大众的一个标有"整车捷达入口处"牌子的房子，只见在上千平方米的房间内零零星星地摆着几箱汽车玻璃和小零件，四五个工作人员在有条不紊地用电动叉车往整车车间磅零件。在入口处旁边的一个小亭子里，一位小伙子正坐在电脑前用扫描枪扫描着一张张纸单上的条形码——他正在把订货单发往供货厂。

一辆满载着保险杠的货车开了进来，两个工作人员见状立即开着叉车跟了上去。几分钟后，这批保险杠就被陆续送进了车间。据保管员讲，一汽大众的零部件的送货形式有以下三种。

第一种是电子看板，即公司每月把生产信息用扫描的方式通过电脑网络传递送到各供货厂，对方根据这一信息安排自己的生产，然后公司按照生产情况发出供货信息，对方则马上用自备车辆将零部件送到公司各车间的入口处，再由入口处分配到车间的工位上。刚才看到的保险杠就采取这种形式。

第二种叫作"准时化"(JIT)，即公司按过车顺序把配货单传送到供货厂，对方也按顺序装货直接把零部件送到工位上，从而取消了中间仓库环节。

第三种是批量进货，供货厂每月对于那些不影响大局又没有变化的小零部件分批量地送一到两次。

过去这是整车车间的仓库，当时库里堆放着大量的零部件，货架之间只有供叉车勉强往来的过道，大货车根本开不进来。不仅每天上架、下架、维护、倒运需要消耗大量的人力、物力和财力，而且储存、运送过程中总要造成一定的货损货差。现在每天平均两个小时要一次货，零部件放在这里的时间一般不超过一天。订货、生产零件、运送、组装等全过程都处于小批量、多批次的有序流动当中。公司原先有一个车队专门在各车间送货，现在车队已经解散了。

三、在制品的"零库存"管理

一汽大众很注重在制品的"零库存"管理，从以下的运作中可以看得出来。

在一汽大众流行着这样一句话：在制品是万恶之源，用以形容大量库存带来的种种弊端。在生产初期，捷达车的品种比较单一，颜色也只有蓝、白、红三种。公司的生产全靠大量的库存来保证。随着市场需求的日益多样化，传统的生产组织方式面临着严峻的挑战。

早在 1997 年，一汽大众考虑到应用德方的系统不仅要一次性投入 1 500 万美元，每年的咨询和维护费用也需要数百万美元，中方决定自己组织技术人员和外国专家进行物流管理系统的研究开发。第二年年初，公司开发的物流控制系统获得成功并正式投入使用。如今，这不仅用了不足 300 万元人民币的系统已经受住了百万辆车的考验。在整车车间，记者看到生产线上每辆车的车身上都贴着一张生产指令表，零部件的种类及组装顺序一目了然。计划部门控装车顺序通过电脑网络向各供货厂下计划，供货厂按照顺序生产、装货、生产线上的工人按顺序组装，一伸手拿到的零部件保证就是他正在操作的车上的。物流管理就这样使原本复杂的生产变成了简单而高效物"傻子工程"。令人称奇的是，整车车间的一条生产线过去只生产一种车型，其生产现场尚且拥挤不堪，而如今在一条生产线同时组装 2～3 种车型的混流生产方式下，不仅做到了及时、准确，而且生产现场比原先节约了近 10%。此外，零部件的存储减少了，公司每年因此节约的成本达六七亿元人民币。同时，供货厂也减少了30%～50%的在制品及成品储备。先进的管理带来了实实在在的效益，也引发了一场深刻的管理革命。

透过“零库存”，我们看到，对于一个企业来说，进行物流管理，领导者的超前意识、一批兢兢业业的专业技术人员和企业较强的开发能力是必不可少的前提。

案例思考

1. 公司的决策层应该怎样看待引进物流信息系统的作用?
2. 怎样结合自己企业的实际开发或引进最恰当的物流信息系统?
3. 引进物流信息系统要注意哪些因素?
4. 试指出物流信息的引进开发与物流业务流程再选的关系。
5. 现代企业物流业务流程再造的方法及程序应是怎样?

案例10.4　UPS的核心竞争优势：现代物流信息技术[①]

成立于1907年的UPS是世界上最大的快递承运商与包裹递送公司，同时也是运输、物流、资本与电子商务服务的领导性的提供者。2011年，UPS全年收入接近531亿美元，净收入38亿美元，较2010年33.4亿美元净利润上升了14%。UPS向制造商、批发商、零售商、服务公司以及个人提供各种范围的陆路和空运的包裹和单证的递送服务以及大量的增值服务。每年运送包裹和单证流量大约35亿件，平均每天向遍布全球200个国家和地区的顾客递送1 320万件包裹。表面上UPS的核心竞争优势来源于其由15.25万辆卡车和560架飞机组成的运输队伍，而实际上UPS今天的成就并非仅仅如此。2012年3月，UPS收购了欧洲快递巨头TNT，成为以营收计全球第一大快递公司。

20世纪80年代初，UPS以其大型的棕色卡车车队和及时的递送服务，控制了美国路面和陆路的包裹速递市场。然而，到了80年代后期，随着竞争对手利用不同的定价策略以及跟踪和开单的创新技术对UPS的市场进行蚕食，UPS的收入开始下滑。许多大型的托运人希望通过单一服务来源提供全程的配送服务，进一步，顾客们希望通过掌握更多的物流信息，以利于自身控制成本和提高效率。随着竞争的白热化，这种服务需求变得愈来愈迫切。正是基于这种服务需求UPS从90年代初开始了致力于物流信息技术的广泛利用和不断升级。今天，提供全面物流信息服务已经成为包裹速递业务中的一个至关重要的核心竞争要素。

一、UPS通过应用三项以物流信息技术为基础的服务提高了竞争能力

第一，条形码和扫描仪使UPS能够有选择地每周7天、每天24小时地跟踪和报告装运状况，顾客只需拨个免费电话号码，即可获得“地面跟踪”和航空递送这样的增值服务。

① 张平：《现代物流信息技术构筑UPS核心竞争优势》，载《中国物资流通》2001年第14期，第27页。

第二，UPS 的递送驾驶员现在携带着以数控技术为基础的笔记本电脑到排好顺序的线路上收集递送信息。这种笔记本电脑使驾驶员能够用数字记录装运接收者的签字，以提供收货核实。通过电脑协调驾驶员信息，减少了差错，加快了递送速度。

第三，UPS 最先进的信息技术应用，是创建于 1993 年的一个全美无线通信网络，该网络使用了 55 个蜂窝状载波电话。蜂窝状载波电话技术使驾驶员能够把适时跟踪的信息从卡车上传送到 UPS 的中央电脑。无线移动技术和系统能够提供电子数据储存，并能恢复跟踪公司在全球范围内的数百万笔递送业务。通过安装卫星地面站和扩大系统，到 1997 年适时包裹跟踪成为了现实。

以 UPS 为代表的企业应用和推广的物流信息技术是现代物流的核心，是物流现代化的标志。尤其是飞速发展的计算机网络技术的应用使物流信息技术达到新的水平，物流信息技术也是物流技术中发展最快的领域，从数据采集的条形码系统到办公自动化系统中的微机、互联网，各种终端设备等硬件以及计算机软件等都在日新月异地发展。同时，随着物流信息技术的不断发展，产生了一系列新的物流理念和新的物流经营方式，推进了物流的变革。今天来看，物流信息技术主要由通信、软件、面向行业的业务管理系统三大部分组成，包括基于各种通信方式基础上的移动通信手段、全球定位技术、地理信息系统（Geographi Information System，GIS）技术、计算机网络技术、自动化仓库管理技术、智能标签技术、条形码及射频技术、信息交换技术等现代尖端科技。在这些尖端技术的支撑下，形成以移动通信、资源管理、监控调度管理、自动化仓储管理、业务管理、客户服务管理、财务处理等多种信息技术集成的一体化现代物流管理体系。譬如，运用卫星定位技术，用户可以随时“看到”自己的货物状态，包括运输货物车辆所在的位置（某座城市的某条道路上）、货物名称、数量、重量等，不仅大大提高了监控的“透明度”，降低了货物的空载率做到资源的最佳配置；而且有利于顾客通过掌握更多的物流信息，以控制成本和提高效率。

二、UPS 通过在三方面推广物流信息技术发挥了核心竞争优势

在信息技术上，UPS 已经配备了第三代速递资料收集器 III 型 DIAD，这是业界最先进的手提式计算机，可几乎同时收集和传输实时包裹传递信息，也可以让客户及时了解包裹的传送现状。这台 DIAD 配置了一个内部无线装置，可在所有的传递信息输入后立即向 UPS 数据中心发送信息。司机只需扫描包裹上的条形码，获得收件人的签字，输入收件人的姓名，并按动一个键，就可同时完成交易并送出数据。III 型 DIAD 的内部无线装置还在送货车司机和发货人之间建立了双向文本通信。专门负责某个办公大楼或商业中心的司机可缩短约 30 分钟的上门收货时间。每当接收到一个信息，DIAD 角上的指示灯就会闪动，提醒司机注意。这对消费者来说，不仅意味着所寄送的物品能很快发送，还可以随时“跟踪”到包裹的行踪。通过这一过程速递业真正实现了从点到点、户对户的单一速递模式，向除为客户提供传统速递服务外，还包括库房、运输及守候服务等全方位物流服务的发展，从而大大地拓展了传统物流概念。

在信息系统上，UPS 将应用在美国国内运输货物的物流信息系统扩展到了所有国际运输货物上。这些物流信息系统包括署名追踪系统及比率运算系统等，其解决方案包括自动仓库、指纹扫描、光拣技术、产品跟踪和决策软件工具等。这些解决方案从商品原起点流向市场或者最终消费者的供应链上帮助客户改进了业绩，真正实现了双赢。

在信息管理上，最典型的应用是UPS在美国国家半导体公司位于新加坡仓库的物流信息管理系统，该系统有效地减少了仓储量及节省货品运送时间。今天我们可以看到，在UPS物流管理体系中的美国国家半导体公司新加坡仓库，一位管理员像挥动树枝一样将一台扫描仪扫过一箱新制造的电脑芯片。随着这个简单的举动，他启动了高效和自动化，几乎像魔术般的送货程序。这座巨大仓库是由UPS的运输奇才们设计建造的。UPS的物流信息管理系统将这箱芯片发往码头，而后送上卡车和飞机，接着又是卡车，在短短的12小时内，这些芯片就会送到国家半导体公司的客户——远在万里之外硅谷的个人电脑制造商手中。在整个途中，芯片中嵌入的电子标签将让客户以高达3英尺的精确度跟踪订货。

由此可见，物流信息技术通过切入物流企业的业务流程来实现对物流企业各生产要素（车辆、仓库、驾驶员等）进行合理组合与高效利用，降低了经营成本，直接产生了明显的经营效益。它有效地把各种零散数据变为商业智慧，赋予了物流企业新型的生产要素——信息，大大提高了物流企业的业务预测和管理能力，通过“点、线、面”的立体式综合管理，实现了物流企业内部一体化和外部供应链的统一管理，有效地帮助物流企业提高了服务素质，提升了物流企业的整体效益。具体地说，它有效地为物流企业解决了单点管理和网络化业务之间的矛盾、成本和客户服务质量之间的矛盾，有限的静态资源和动态市场之间的矛盾，现在和未来预测之间的矛盾等。

案例思考

1. UPS的包裹跟踪系统的输入、处理、输出分别是什么？

2. UPS采用了什么技术？这些技术同UPS的经营战略是怎样相联系的？假如这些技术不存在，情况又会怎样？

3. 结合所学知识，试分析物流信息技术在当今快递行业中的作用体现在哪些方面。

案例10.5　联邦快递利用信息技术获取竞争优势[①]

联邦快递是全球最具规模的快递运输公司，为全球超过235个国家及地区提供快捷、可靠的快递服务。联邦快递设有环球航空及陆运网络，通常只需1～2个工作日，就能迅速运送时限紧迫的货件，而且确保准时送达。联邦快递笃信“信誉是企业的生命”，为了履行对客户的承诺“绝对肯定地隔夜送达”，联邦快递在服务方面做到了服务周到、信用可靠、精益求精、无孔不入。从公司刚刚成立的时候起，他们就已经意识到服务质量的好坏是企业在激烈的市场竞争中成败的关键，他们尽量简便客户托运货物的手续，并以准确、快速、可靠的服务赢得客户的信任。正像一位客户指出的：“人们不常看到非常良好的服务，一旦看到了便趋之若鹜。”

联邦快递的种种举动有力地提高了自己的形象，人们更加喜欢这个公司，所以联邦快递

① http://www.bokee.net/company/weblog_viewEntry/12303627.html。

的生意越来越好，其年收入高达320亿美元。联邦快递之所以取得如此成就，得益于其在专递服务、货运追踪、FedEx网站和跨国托运四个方面利用信息技术而获取的竞争优势。

一、专递服务

联邦快递是第一个推出中午到次日上午10∶30限时专递服务，第一个承诺不满意退款。公司变得越来越兴旺，后来放宽了对包裹重量的限制，从70磅到120磅，再到150磅，最后干脆取消这一限制，包裹无论大小、轻重，都可以成为他们服务的对象。在联邦快递提供的服务类型中，有一项专递服务，是指保证次日上午8时前送达客户手中，除此，还有周日快递服务。联邦快递将他们的盈利不断投入经营规模的扩大，比如采用更先进的设备和飞机等。与此同时，他们也很注重对员工的培训及待遇，对于能圆满完成任务的员工及时予以嘉奖。

二、货运追踪

联邦快递的信使前来接送包裹时，会用一个叫Super Tracker(超级追踪)的扫描仪扫描条形码标签。客户可以用包含在FedEx Ship软件中的FedEx POWERSHIP 2自动货运系统生成这种条形码，用以标定投递目的地、服务投递类别以及投递时限。这些信息用于精确识别各个包裹以及从始发地到目的地的即定路线。投递信息还可以立即由客户查询。

DADS(数字辅助递送系统)是一个全国的电子投递网络，它随时听候客户的投递要求。Super-Tracker扫描完包裹后，数据被放进DADS发送器，再由DADS发送器通过人造地球通信卫星，向公司的中央大型机系统上传送这些必要的数据。数据随时存入COSMOS(客户操控服务主控在线系统)，在这个系统中，当货运在关键投放地点得到扫描后，数据会定期得到更新。COSMOS是一个复杂的电子网络，包含了与每件托运物品目前所处位置有关的重要信息。COSMOS将包裹的物理性处理以及相关信息连接至联邦快递的主控数据系统，接下来，再连接至客户和员工手中。

三、FedEx网站

1994年1月，联邦快递启动了自己的网站(http://www.fedex.com/)。之后不久，公司引进了FedEx Internet Ship服务，这是网上第一套投入实际运营的自动货运交易系统。客户们完全能在该网站完成全部托运过程，其中包括：准备所有的在线文件；用任何一部激光打印机印下包裹的条形码标签；安排中途接货的信使；自动上载账单资料等。在其网站提供的服务中，最富创意的是FedEx Ship Alert(FedEx托运提醒)服务。当用FedEx Internet Ship准备包裹时，托运人可以向收件人或其他人发送电子邮件，提醒他们有包裹即将送到。两年后，联邦快递引入了Virtual Order(虚拟订购)系统，允许中小型公司发布自己的Web页，使联邦快递的托运及跟踪系统与在线订购合二为一。Virtual Order可帮助中小型公司在激烈的市场竞争中多一分胜算。

四、跨国托运

随着用户对快速、可靠的跨国托运提出越来越高的要求，联邦快递也做出了积极的响应。FedEx系统中一个重要的环节就是Express Clear Electronic Customs Clearance(电子化快速关税兑付)。也就是说，它采用了一套自动化的提前报关系统，精简了跨国托运的手续。托运物品还在途中,Express Clear 系统就已经通过先进的计算机技术为其迅速办理好了入关手续,从而赢得了宝贵的时间,尽可能地避免了延误,确保托运物品如期到达。Express Clear 采用了两大高科技系统:一个是电子数据交换(EDI),利用计算机通信使联邦快递能向世界各地的经纪人及政府机构在线通报托运情况;另一个是成像技术,当需要附加文档时,原始文件扫描进联邦快递的计算机通信系统以传递出去。由于能及时访问与托运有关的信息(从始发地到目的地),用户从中得到了极大的好处。对那些联邦快递提供服务的所有国家,由联邦快递自行开发的一个数据库都能为其提供服务,此外,任何目的地都能立刻查询到需要托运费是多少。

案例思考

1. 说明 FedEx 系统如何对寄送的包裹进行追踪?
2. 联邦快递的 Web 站点都提供了哪些服务?
3. 假如你是联邦快递的高层领导,你将如何应对 UPS 的竞争?
4. 你认为中国的快递公司在信息技术应用方面应该向联邦快递学习哪些东西?

案例 10.6　美国推进物流信息化的启示①

物流信息化需要物流信息技术的支撑,同时,物流信息化的发展也带动了物流信息服务业的发展。目前,美国推进物流信息化大致有以下三个特征。

一、服务是物流信息化的核心

物流信息化已成为美国工商企业降低物流成本、改进客户服务、提高企业竞争力的基本手段,更成为物流企业提供第三方物流服务的前提条件。因此,美国企业都是以满足客户服务需求为物流信息系统建设的出发点,通过采用先进的信息技术实现供应链伙伴相互之间的信息沟通与共享;特别是物流企业,更是将为客户提供的信息服务内容作为信息系统建设的重要依据。而我国企业大都没有把物流信息化放在战略高度来认识,往往是以满足企业内部管理为出发点建设物流信息系统,忽视对客户物流信息服务的建设,这种观念上的差距严重影响了物流信息系统的投入力度和实施效果。因此,必须将服务作为物流信息化的核心,围绕提供客户服务水平来改造物流管理模式与运作流程,并以此为业务需求来建设合格的物流信息系统。

二、标准是物流信息化的基础

物流活动包括运输、仓储、包装、配送和流通加工等多个环节,在运输方面涉及铁路、公路、航空、海运和国际运输等多种模式,在服务方面涉及电子、汽车、药品、日用消费品等众多

① 吴欣:《美国推进物流信息化的启示》,2008 年 6 月 11 日《现代物流报》,第 B02 版。

行业，需要物流信息系统像纽带一样把供应链上的各个伙伴、各个环节联结成一个整体。这就需要在编码、文件格式、数据接口、EDI 和 GPS 等相关代码方面实现标准化，以消除不同企业之间的信息沟通障碍。美国行业协会在物流标准的制定方面发挥了重要作用，在条形码、信息交换接口等方面建立了一套比较实用的标准，使物流企业与客户、分包方、供应商更便于沟通和服务，物流软件也融入了格式、流程等方面的行业标准，为企业物流信息系统的建设创造了良好的环境。而我国由于缺乏信息的基础标准，不同信息系统的接口成为制约信息化发展的瓶颈，物流企业在处理订单时，有时数据交换要面向七八种不同的模式。因此，加快我国物流标准化特别是物流信息标准化步伐是推进我国物流信息化的基础。

三、应用是物流信息化的关键

美国物流信息化的最大特点是将先进的信息技术有效地应用于实际的物流业务之中。第一，广泛应用互联网建设物流信息平台，互联网的发展和规范管理，特别是安全软件和技术设备的发展，为物流信息系统的建设提供了良好环境。第二，将优化的物流运作流程融入软件，形成了比较成熟的标准化、模块化的物流与供应链软件产品，为物流信息系统的建设提供了技术保障。第三，公共物流信息平台的发展，为企业间的信息沟通和采用应用服务(ASP)模式降低信息化成本创造了条件。

案例思考

1. 从案例 10.6 中，你了解到美国的物流行业主要采用了哪些先进的物流信息技术？
2. 美国物流企业在物流信息化应用方面实施了哪些措施？
3. 对比我国的企业物流信息化状况，美国的物流信息化可以给我们什么启示？

案例 10.7 日本化妆品物流交易中的 EDI 应用①

在日本，长期以来化妆品的流通环节都是相当复杂的，并且物流效率很低。制造商和零售商之间夹杂着贸易公司、分店、批发商等各种名目的组织机构，每个组织机构中都在各自重复着发货、收货、装卸、库存、点验货等物流作业。尤其是在百货店、化妆品专营店中销售的制度品(生产商直接向百货店、化妆品专营店等设有该品牌化妆品专柜和专职销售人员的店铺，按照合约内容供应的化妆品)物流作业效率低的现象更为明显。

长期以来，在百货店制度品的物流环节中，在商品送达百货店、化妆品专营店前往往要在不同的组织机构中反复点验货。零售店和生产厂之间存在着物流中转站、百货店物流中心等各种物流中心，它们都各自独立地对商品进行验货、点货等工作。生产商在发货时也会进行点验货，而零售商在收货时同样也进行点验货。这就使商品起码需要进行 4 次点验货手续才能在零售店中上架。

① 朱晓培：《浅析日本化妆品物流交易中 EDI 应用》，载《中国科学美容》2008 年第 12 期，第 98 页。

另外，重复烦琐的点验货手续也会耗费产销商大量的人力资源。以某著名百货店为例，该店每个月约会从某化妆品生产商进150箱货。一箱货所需的点验货时间约需50分钟。这就是说，该百货店每个月在点验一个化妆品生产商的货品上就要耗费125小时。这些点验货作业同时最终会消耗了导购员的工作时间。据统计，该百货店化妆品部的导购员，平均每月要花费总劳动时间的3%用于协助商场点验货。

这种耗费导购员工作时间的制度，越来越让生产商和零售商感到切肤之痛。因为导购人员是化妆品销售的前线人员，通过为顾客提供导购服务来提高顾客的购买欲，从而提升生产商和零售商的销售业绩。但是如果这些担负重任的导购员要花费过多的时间在其他工作上，将会影响导购服务的质量，给生产商和制造商造成直接损失。

在化妆品的物流环节上，处理发货单、收货单等纸质文件也会消耗大量的时间。按照一直以来日本的商业习俗，物流中转站和百货店物流中心会对每批货物中不同的商品进行收发货单核对。

还有一点值得注意的是，由于在百货店、化妆品专营店中的导购人员多是生产商派遣来的美容部员工，并不是店铺的正式员工，所以他们基本上都不能通过自己掌握的对顾客需求情况进行订货，而在必须要得到店铺负责人的许可才能下订单。这就不但增加了订货的手续，还不能按照店铺的销售量和库存商品情况及时订货，让注重流行的化妆品错过了最佳的销售时机，严重影响了化妆品的销售额。

日本化妆品产销商认识到物流交易环节对业绩和利润的密切关系，也开始着手对物流环节进行改革。这个活动的中心之一就是EDI导入。

实际上，当前的日本化妆品业界很多就是通过EDI去实现商务电子化，尤其一些著名的百货店和化妆品生产商，都在积极地引EDI，希望借助EDI“无纸化”、“电子传输化”、“信息共享化”等优势去提高物流和交易环节的效率，降低物流成本和减少所耗费的资源。外资化妆品MAXFACTOR和日本老牌百货店三越之间的EDI的应有模式则成为日本化妆品产销商引入EDI的楷模。

从1999年5月开始，这两个企业就开展了一系列引入EDI制度的措施，以求实现下列四大目标，从而降低成本、增加利润：(1) 灵活运用EDI技术；(2) 简化点验货的手续和流程；(3) 废除收发货传票等纸质交易文书；(4) 提高订货处理的效率。

在引入EDI后，两家企业把订货、接受订货、销售额管理、交货、点验货信息、赊账等情报通过网络共享。这就大量节省了不必要的手续和工作时间，例如生产商在发货后的点验货工序。生产商会把在发货时点验货的记录通过网络和各流通部门共享，而各个部门原则上则不需要再度进行点验货。而三越百货店则会对该生产商的商品进行定期的抽检。而且电子化的信息共享还在最大程度上减少了纸质交易文书的使用，节省了处理这些文书的时间和劳动力。

在引入了EDI后，两家企业也对化妆品的订货手续进行了简化。生产商派驻的导购员无须得到百货店相关负责人的认可，就可直接凭借自己对顾客需求的把握和其他专业的判断去确认订单的内容，并通过网络向公司发订单。百货店每个月会定出下个月订货的限额，只要在这个订货额范围内，导购员都可以自主地决定订单的内容。这样导购员就无须因为每张订单都向百货店确认而浪费本应用在导购服务上的时间，并保证了使商品获得最佳的销售时机。

三越百货在1999年的10月率先在东京的银座分店引入了EDI体系，于同年的12月，在东京的全部三越百货店都引入了EDI，并且在2000年所有的三越百货店都实现了物流管理的EDI化。

引入了EDI物流管理系统后，三越百货的化妆部门取得了良好的收效。根据统计数据显示，化妆品部门的订货业务量减少了77.4%，与商品相关的工作量减少了72.9%。并且化妆品的物流流通时间也大为缩减，由原来的3～4日缩减到1～2日，最大程度确保了商品的及时供应以及把握最佳的销售时机。同时，通过这一系列的改革措施还让化妆品部的导购人员有更多的时间和精力用于导购工作上，增加了导购服务的质量。

由于EDI在MAXFCTOR和三越百货间成功运用并取得了良好的收效，日本全国化妆品生产商和百货店组成的“化妆品流通BPR委员会”决定以MAXFCTOR和三越百货共同开发的商业模式和系统作为化妆品生产商和百货店之间在线交易的基准。另外，不少的日本化妆品产销商也相应加快了引入EDI的步伐，从2000年春季开始，资生堂、佳娜宝、花王、高斯这四家位于日本化妆品生产业前列的化妆品生产商也相继在不同程度上引入EDI。目前，在日本引入EDI的化妆品产销商也在不断增加。

综上所述，EDI在日本化妆品产销商中的成功应用可以证明EDI能够在化妆品行业中广泛运用，并可以让化妆品产销商获得更大的发展空间、取得的更高利润。目前，我国的化妆品产销商在物流和交易过程中还存在着一些不合理的制度和低效率的行为，希望日本化妆品物流交易中EDI的应用实例能够为中国的化妆产销商带来新的思考空间。

案例思考

1. EDI的工作原理是什么?
2. EDI与手工传输方式相比有哪些优点?
3. EDI在化妆品物流交易中具有什么作用?

案例10.8 成都“物联网时代”强势到来①

将于8月16日在成都开幕的2012物联网、ICT技术助力智慧城市建设高峰论坛再次将成都引入物联网业界的视野。

以智能化的信息感知、广泛的信息互联互通、更加智能的信息处理和应用为特征，物联网的概念自2008年提出，就在全球掀起一场革新热潮。目前，我国20多个省市区都把物联网作为地方战略性新兴产业的重要组成部分。

2010年，成都就在全国中心城市中率先出台了物联网产业发展规划，并在智能交通、食品安全、环境保护、现代物流、城市管理和安全监管六大领域开展物联网示范应用，大胆“织”出物联网的应用轮廓。

① 朱雪黎，丁斌：《成都“物联网时代”走来》，2012年7月23日《四川日报》，第9版。

两年探索，物联网产业正与成都碰撞出怎样的火花？

一、医疗物联网：小诊所里藏着大医院

双流县温哥华花园小区的住户们没有想到，物联网这个“前卫”的名词离他们的生活如此贴近。

6月底，小区门口的一家诊所开业，这个仅仅拥有两名医生的诊所，居然号称自己“相当于一间全科医院”。

罗鸾就是这两名医生之一。她的长项是内科治疗领域，但诊所开业不久就接到一位重症高血压患者，这恰好是她不擅长的专科。罗鸾立刻打开终端电脑，联系上了位于锦江区上东锦城小区的高血压疾病诊疗专家曹成斌医生。病人测量的血压数据被实时传送上网，曹成斌在与病人充分沟通后，治疗难题迎刃而解。

这是成都市物联网研究院将物联网成功应用于医疗领域的一个特色项目：一张无形的网，将各个连锁诊所串联起来，形成一个庞大而又功能齐备的“超级医院”。

与传统的远程诊疗模式不同，物联网连锁诊所采取分布式多点诊所的模式，借助互联网，各个诊所与支援医院、疾控中心实时相连；医患交互信息、电子处方、健康档案信息与云计算中心相连，构建起一个物联网医疗体系。

在这个“超级医院”里，病人可以就近到诊所就诊，由远程医生开具检验项目和处方，在当地诊所进行检验和拿药。成都物联网技术研究院医疗总监陈朝阳说，这将大大节省病人的等候时间，提高诊疗效率和质量。目前，成都市物联网研究院已在锦江区和双流县设立了3家这样的诊所，预计明年年底，连锁诊所将达到200家。

“目前我国采用的医院集中式诊疗方式和国外分布式的诊疗方式，都面临着医疗资源供需不平衡的困境。物联网连锁医院也许能为全球的医改难题提供全新思路，成为医疗的‘第三种选择’。”陈朝阳说。

“第三种选择”正引来全球关注。7月18日，来自美国一家医疗机构的考察人员带着浓厚的兴趣参观了温哥华花园诊所，寻找合作机会。成都物市联网研究院也打算以物联网连锁医疗为基础模式，展开跨国合作，建设全球在线医疗服务中心，“成都上空，将飘起世界第一片‘医疗云’。”

二、水务物联网：永不休班的“巡水哨兵”

7月17日，成都普降中到大雨。密集的雨点中，新津西河水位监测点的设备全面启动，雨量、水位等各项数据一刻不停地输送到水务物联网会商中心。电脑的另一端，新津县水务局的工作人员目不转睛地盯着各项数据曲线，确保安然度过雨期。

这里是新津县水务物联网应用示范项目的其中一环。2009年，作为成都市的试点，新津县承担了水资源检测管理系统示范建设任务。如今，新津已建成29个监测站(点)和1个基于云技术的水务物联网会商中心，初步形成了集水源安全、供水安全、水环境安全和安全应汛为一体的智能水务管理系统。

打开物联网数据分析处理系统软件，过境新津的5条河流上，密密麻麻排列着30个监测点。点击西河监测点的图标，横断面的水位、流量、流速、压力和水质等实时数据一目了然。

“系统最大的亮点在于，网络中心计算平台采用服务器虚拟架构以及云计算技术，以‘水务云’解决方案，实现对海量数据的分析处理。”新津县水务局局长张永中说。

测量地下水位，只能扔一根皮尺到农民自家挖的水井里；收集雨量，玻璃量杯都打破了也没得到一个准确数据——过去，由于观测手段落后，水资源数据的收集显得困难重重，数据陈旧、失真乃至缺失的现象突出。

水务物联网，让水资源的“家底”变得一清二楚。“各种信息采集设备每15分钟自动进行采样分析，得到的数据传回数据库后，将在云计算中心进行永久储存。”张永中说，30个监测站(点)就像永不休班的哨兵。

对每一个普通老百姓来说，水务物联网意味着更安全的供水环境。新津地源水厂的原水入水口和出厂水出水口，分别设立了水质实时监测点，监测频率达到15分钟一次。一旦原水和管网水质出现问题，超过设置的水质标准，系统将及时启动报警装置。

水务物联网的强大功效还体现在应急响应上。2009年12月3日凌晨2时45分，水务局工作人员的电脑上，一根代表COD数值的蓝色曲线猛然上升。“南河上游有企业在排污。”收到仪器的报警后，水务局工作人员立刻行动，对相关企业进行处理，一场水污染被堵在源头。

作为一项革命性技术，模糊的未来恰恰为物联网产业带来巨大的想象空间。

三、物联网产业蓝图还差几分

从可以智能识别车牌号码的电子警察系统，到为每头生猪绑定RFID芯片的生猪产品质量安全可追溯体系；从根据交通流量自动调节路灯开关的路灯单灯控制系统，到对燃气管道的全程自动监控——在成都，物联网已经不再遥远。

“成都的物联网架构体系已经成型，基本的应用模式已经建立起来。”成都市经信委网络管理与信息化推进处处长郑军说。2011年，全市182家物联网企业主营业务收入达310亿元，提前一年实现《成都市物联网产业发展规划(2010—2012)》确定的发展目标。

然而，物联网概念毕竟还处于论证、实验阶段。炙手的热度背后，产业链建设、商业模式创新及市场培育，都是绕不开的话题。

以示范应用带动产业发展，成都在公共领域的试点已见成效。目前，在智能交通、食品安全、环境保护、现代物流、城市管理、安全监管等六个试点领域，产业聚集的态势越来越明显。

载体建设方面，成都也走在了全国前列。目前，以成都高新区物联网产业科技园为依托，基本形成支持物联网技术研发和产业孵化的载体；依托双流3.5平方公里物联网产业园，基本形成支持物联网生产制造、IT资源聚集的承载能力。

今年上半年，中国电信、中国移动和中国联通三大运营商IDC基地项目与双流县物联网产业园签约，这是双流借物联网之势引进的又一项目。“从产业链的构建来说，我们正依托物联网，引进高端精密仪器制造商和系统集成服务商。”双流县物联网产业推进办公室项目官员蔡一民说。

四、政府与企业如何做好“交接棒”

成立于2009年的成都物联网技术研究院有限公司是由当地政府全资投入1 000万元建立的国有公司。在设立物联网连锁诊所的过程中，也一直都有当地政府的身影——这让作为民营医院的物联网连锁诊所染上了浓厚的政府色彩。

“‘政府之手’一直是物联网产业发展过程中的推动性力量。”郑军说，在成都示范应用的六个领域中，除现代物流之外，其他五个都是由政府主导投资。

业内人士认为，相对于企业，政府、科研单位能承受较高成本，并且无须像资本一样追求投资回报，前期由政府来引导行业发展，也有积极作用。但这一“产业原动力”，如何由政府传导向企业，荡开产业链成型的涟漪？

在2011年中国(成都)国际物联网峰会上，工信部软件与集成电路促进中心集成电路处处长孙加兴也提出：国内当下的300多个应用示范项目，真正市场化驱动应用还是很少，“这是未来物联网产业发展的问题。”

在成都，这一难题已在破题。借助国家环保物联网示范城市建设，成都大力推进公共服务项目示范应用，与相关企业建立合作关系，进而要求企业围绕示范领域开展研发，形成产业链条。

新津水务物联网建设，就是由四川炜麒信息科技公司负责实施，“这一项目直接促使公司在水质传感设备的研发上得到提升。”公司总经理曾庆华说。

如今，越来越多的企业正参与其中。“新都北新物联港建设、四川正源中溯科技有限公司承担的国家中药材流通追溯体系建设，都在紧锣密鼓地进行。”郑军说。

五、产业与消费市场能否良性并轨

在众多产业畅想中，物联网始终与智能家居紧密相连。一项终端设备，串联起电视、冰箱、空调和洗衣机等所有电器，实现远程控制。“这样的设想，目前在技术上已不是难题。”郑军说，成都已有相关企业建立了智能家居的样板间。

然而，这一美好愿景并没有引起强烈的市场反响。“民众是否有消费需求、需求是否迫切，直接影响着企业是否愿意投入。”郑军说。

生猪追溯体系的推广也面临着这样的难题。业内人士普遍反映，由于物联网的技术性强，很多消费者不懂操作方法，降低了参与热情。消费市场的开拓程度，是衡量一个产业是否成型的要素之一。目前，物联网的行业应用层次还比较低，要想市场自愿掏钱买单，形成业态的内生性增长，就得注重研发适应消费需求的应用内容、培育市场的消费理念。此外，如何建立一个成熟的商业模式，也是众多物联网企业苦苦思索的问题。

“物联网连锁诊所全面铺开后，所需的资金数以亿计，全靠政府投入肯定不现实。是否采用加盟经营的方式，如何拓展医疗服务的领域，还是看市场的反应如何。”陈朝阳说。

而郑军则认为，物联网作为一种技术手段，不能跳出相关信息化产业来单独谈模式。在郑军的设想中，政府应该搭建物联网的共性平台，将前端传感系统传输的信息进行整合，“依托全国性的云平台，走向专业性服务外包模式。”而物联网的社会化，还需要跨过行业标准、成本降低等多项门槛。

案例思考

1. 什么是物联网？物联网有什么作用？
2. 当前我国大力发展物流网有什么意义？
3. 在国际大力发展物联网的同时各企业应如何应对？

案例简析

案例 10.1

我国一些著名的制造企业强化内部信息化管理，引入目前先进的如 MPR-II、CIMS、ERP 等信息系统技术进行企业信息流程的优化和再造，取得了成功。例如，春兰着力打造以新技术和新产品研发、内部管理体系、市场环境、客户服务体系四个方面为主体内容的信息链，有效地提升了企业竞争力；海尔在企业内部市场链基础上，以现代物流为核心内容建设和发展企业信息化系统，并成为企业发展的核心战略和新的增长点；同样是家电生产企业，华宝空调器厂在信息化建设和发展上也作了成功的探索，认真总结和分析华宝的情况，主要有四个特点。

第一，企业是从物流运作需要出发，选择物料资源计划（MPR-II）系统和技术构建企业物流信息系统的。华宝空调器厂在应用物料资源计划技术有一个前提，就是物流自动化系统的应用。一方面，物流自动化系统的启动凸显企业物流信息的重要性，没有先进的物流信息系统就没有真正的物流自动化系统的顺利运行；另一方面，物流自动化系统的建设为物流信息系统的建设提供了资源基础和建设经验。

第二，信息系统的建设是一个完整的过程，是一个系统工程，包含多个方面的内容，但更突出的是，物流信息系统建设必须完成应有的步骤。华宝空调器厂在建设中，先做好物料管理的规范工作，优化生产过程，再完善库存管理制度，转变生产系统运作机制，再进行信息系统与技术研究设计，最后推行物流信息系统，形成一个明确的建设过程。

第三，在注重企业基础数据的采集与研究分析的同时，注重对企业信息流规律和特点的研究，把数据的采集和应用纳入整个企业信息流系统进行运作，发挥积极的作用。

第四，华宝空调器厂根据企业生产经营的需要，从应用性出发对信息系统技术进行了改进，如同时为每一个仓库和每一个物料设定多个库位，库位既是物料需求的信息采集点，又是物料管理的监控点；从而引用信息分析、模拟和预测能力，实现以人为本的技术管理，逐步形成具有企业特色的物流信息系统。

因此，华宝空调器厂企业物流信息管理的经验很值得学习和借鉴：首先，企业物流信息化系统建设应从物流运作需要着手，注重应用性；其次，要重视企业运行数据的研究分析；再次，要根据企业特点建设具有本企业特色的信息系统；最后，协调好人与机器的关系，才能取得理想的运行效率。

案例 10.2

在激烈而残酷的市场竞争中，家电零售行业的经营效益大幅下降，企业的营利能力下降。面对市场竞争和经济全球化的挑战，作为家电连锁巨头的苏宁电器从物流信息系统建设入手，全面引入先进的管理理念、管理思想和管理方法，在此基础上实现业务重组、供应链重组和管理系统重组，在先进的管理手段的支持下提高企业供应链管理体系和市场运作体系的反应水平，提高企业库存管理水平、规避市场风险的能力。与此同时，苏宁电器希望借助物流信息技术，提升产品销售，提高企业的营利能力，在竞争中求得更大的发展。苏宁电器在原有物流信息系统的基础上进行改造，通过对供应商、各分公司和门店的物流信息系统建设实行统一领导、统一部署、统一规划，保证系统建设的目标一致性和系统的整体兼容性；通过信息化工程的建设实施，在苏宁电器的内部实现物资流、资金流、信息流的统一和畅通，实现企业连锁经营综合资源配置的动态优化；通过厂商之间的B2B对接、物流基地的流程优化在苏宁经营环境中建立高效的、敏捷反应的整体供应链信息系统为企业管理业务人员提供高效、方便的业务处理手段，为企业决策集团提供准确、完整的信息支持。最终通过具有苏宁电器特色的物流信息化建设和管理，有效提升运营效率，不断增强企业的核心竞争力。

案例10.3

一汽大众应用物流信息系统实现“零库存”的特点与启示如下。

努力达到“零库存”是一汽大众实施物流信息系统的目的。一汽大众在物流运作的各个环节及其流程中特别注重的一点便是竭力降低其库存，争取达到“零库存”。

一汽大众的物流信息系统极大地提高了物流运作的效率，这一点可以在其物流的流程中得到体现。

一汽大众的物流信息系统是与自身情况相结合的产物，一汽大众的物流控制系统没有采用德方系统，而是自己组织专家与技术人员根据企业固有的特点而量身打造而成，不仅所花成本低廉，更重要的是能够实实在在地满足需要，带来效益。这一点很值得我国目前一些正在打算引进与开发物流信息系统的企业借鉴。

案例10.4

信息技术把人类连接成一个虚无的圈，而UPS把世界打造成一个实体的圆。当现代物流信息技术带来的科技、创新和专有技术结合于一体，便成就了UPS的完美沟通。

UPS对物流的内涵和实质有着深刻理解。这就是为什么在这个物流无所不在的世界中，UPS能够为客户提供卓越服务并提高客户的竞争优势。百年风雨促使今日的UPS遍布全世界的脚步，百年脚步铸造UPS成为世界上最知名、最值得景仰的品牌之一，百年来UPS在技术上不断提高完善，将自身的运输优势发挥到了极致。信息技术是UPS优势的关键所在。过去20年中，UPS每年在全球范围内的科技投资约10亿美元。UPS有着自身一整套复杂精准的科技网络，为全世界提供最及时贴心的信息。《财富》杂志曾这样描述：“今天的UPS已经不再是一个有技术的卡车运输公司，而是一个有卡车的技术型公司。”

现代商业是物流、信息流、资金流的综合，把握这三者就能把握商业世界的未来。今天，不断变化的市场为企业提供了很多机遇，而UPS可以帮助企业让每一种可能变成现实。多种递送服务选择与多种运输方式——空运、陆运、海运、快件、普货完美结合，UPS伺机而动，帮助客户抓住新机遇，增加市场份额。

一直以来，物流就是精确、高效地将货物在客户指定的时间送到客户指定的地点。但是UPS能做到的远不止于此，它以战略性的方式为客户的业务增加附加值，帮助客户更加得心应手地经营公司。借助现代物流信息技术的力量，UPS可以帮助客户提高速度、增加灵活性；洞察公司和行业动态，制定最佳决策；还可以提高营利能力和经营环境。

UPS董事长兼首席执行官斯科特·戴维斯表示：“人们通常认为物流就是简单地按时把物品运送到正确的地点而已。凭借超过百年的经验积累，UPS深信物流可以成为协助企业产品率先上市、实现运营效率、节省资金、提升客户忠诚度的强大工具。尤其在当今的经济形势下，企业都需要具备某种竞争优势，而UPS凭借对物流的娴熟驾驭，可以为他们实现这一点。”

在如今，在未来，让我们相信，驾驭新物流，感受新科技，实现完美沟通，UPS更胜一筹。

案例10.5

无论在哪种企业，信息技术对于提高服务和产品差异化的竞争优势都产生了强大的影响。信息技术会影响价值活动，并促进企业改变经营模式以获得竞争优势。

1. 更好地服务客户

信息技术对差异化战略的影响同样巨大。差异化的关键因素在于企业与产品在客户价值链中的角色。例如，联邦快递提供的限时专递服务使公司的品质形象大为提升；货运追踪系统能够提供每件托运物品目前所处位置有关的重要信息；客户们通过FedEx网站完成全部托运过程，这些新的信息技术使得接受客户定制新服务的可能性大增。

2. 改变竞争范围

信息技术可以改变竞争范围与竞争优势之间的关系，并增加企业协调区域性、全国性和全球性活动的能力，使企业在更广阔的地理范围内活动，以创造竞争优势。例如，联邦快递公司使用Express Clear系统，通过EDI和成像技术的应用，进一步推动了全球战略，使跨国托运更加便捷。

随着信息技术逐渐普及，企业从新的竞争范围中发展优势的机会将只增不减。许多企业都在控制产业结构的本质变化步调方面扮演一定的角色。企业通过积极投资于信息技术，并迫使其他的企业跟进，使许多产业的竞争基础发生了永久改变。联邦快递、UPS和TNT等企业都是因使用信息技术而改变整个产业结构的例子。企业应该了解，产业的结构性变化会迫使企业必须做出反应，并找出抢先领导整个产业变革的方式，从而创造出竞争优势。

案例10.6

“物流”的概念起源于美国，美国的物流信息化水平高度发达，也最具代表性。因此，要提升我国的物流信息水平，了解并借鉴美国物流信息化发展概况就很有必要。

近年来，我国从政府到企业对物流信息化重要性的认识在不断提高，与美国的差距主要在应用上。我国目前的物流信息系统建设仍以专线为主，不便于信息网络间的连接；由于缺少实用可靠的成熟物流软件，使企业在建设物流信息系统时不敢投入，自主开发又存在起点低、周期长的问题；公共物流信息平台的缺乏，也使企业物流信息系统成为一个个信息孤岛，中小企业的物流信息化举步维艰。因此，创造物流信息化良好的应用环境，提高物流信息化的应用水平是推进我国物流信息化的关键所在。

案例10.7

EDI是英文Electronic Data Change的缩写，中文译为电子数据交换。EDI是将贸易、生产、运输、保险、金融和海关等事务文件，通过电子邮箱按各有关部门或公司企业之间的标准格式进行数据交换，并按国际统一的语法规则对报文进行处理，是一种利用计算机进行事务处理的新业务。

在国际、国内贸易活动中使用EDI业务，取消了传统的纸面贸易文件(如订单、发货单、发票等)，代之以电子资料交换，双方使用统一的国际标准格式编文件资料，利用电子方式将贸易资料由一方传递到另一方，处理迅速准确，是发达国家已经普遍采用的“无纸贸易”手段，也是WTO成员国规定使用和推广的标准贸易方式。

日本的化妆业界一直给人充满华丽和时尚的印象，但其内在实情却与这个光鲜的外表相距甚远。日本化妆品行业中多数企业长期存在着过时的商业习惯和低效率的交易形态。日本化妆品产销商虽然在市场保持增长的东风中获得了良好的发展和理想的利润，但是近年来日本化妆品市场陷入增长放缓，行业中竞争也日趋激烈。

为此，日本的化妆品产销商也在不断寻求让企业获得更大发展空间、取得更高利润的方法，其中，EDI的应用成为各企业重点关注的对象。这些企业希望借助EDI尽可能减少企业不必要的开支，实现物流和交易的效率化和资源配置合理化。

案例10.8

物联网技术是新一代信息技术的重要组成部分，其英文名称是“The Internet of things”，即“物联网就是物物相连的互联网”。这有两层意思：第一，物联网的核心和基础仍然是互联网，是在互联网基础上的延伸和扩展的网络；第二，其用户端延伸和扩展到了任何物品与物品之间，进行信息交换和通信。物联网的定义是：通过射频识别、红外感应器、全球定位系统、激光扫描器等信息传感设备，按约定的协议将任何物品与互联网相连接，进行信息交换和通信，以实现智能化识别、定位、追踪、监控和管理的一种网络。

物联网技术用于物流领域，成为面向企业物流管理的“电子眼”，将为用户提供实时准确的货况信息、车辆跟踪定位、运输路径选择、远程监控与指挥、物流网络设计与优化等服务，大大提升物流企业的综合竞争能力。

一般来讲，物联网的开展步骤主要如下。

(1) 对物体属性进行标识，属性包括静态和动态的属性，静态属性可以直接储存在标签中，动态属性需要先由传感器实时探测。

(2) 需要识别设备完成对物体属性的读取，并将信息转换为适合网络传输的数据格式。

(3) 将物体的信息通过网络传输到信息处理中心，由信息处理中心完成物体通信的相关计算。

物联网结构如图10-1所示。

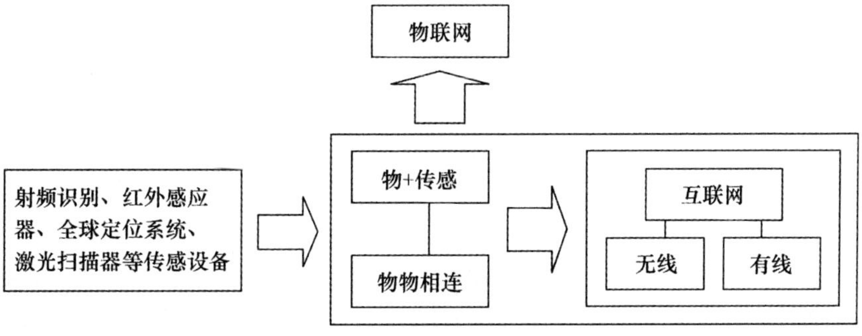

图10-1　物联网结构图

物联网是继计算机、互联网和移动通信之后的又一次信息产业的革命性发展。我国已将物联网正式列为国家重点发展的战略性新兴产业之一。毫无疑问，如果“物联网”时代来临，人们的日常生活将发生翻天覆地的变化。然而，鉴于物联网技术中的许多技术难点及人们担忧的隐私泄露问题，真正走向“物联网”时代的过程可能还需很长的时间。

第11章

电子商务物流管理案例

案例 11.1 e商道助企业度金融危机①

世界经济一体化进程不断加速和深入，资金流动和市场变化也随之越来越快，各国间经济依存也越来越紧密，传统的商务模式早已不能满足经济全球化的发展需求，依托先进网络技术的电子商务便伴随着互联网浪潮，在全球经济发展中发挥越来越重要的作用。各国政府也都非常重视电子商务，为其更快更好地发展创造便利，各主要国家和地区的电子商务市场都保持着高速增长态势。

近年来，中国的电子商务市场也持续加速发展。根据中国电子商务协会数字服务中心的统计分析，2008—2012年中国电子商务整体交易规模之所以能够快速发展，首先是因为政府的大力扶持以及监管的逐渐规范，为电子商务市场创造了良好的发展环境，另一个非常重要的原因则是电子商务在这几年持续的全球金融危机波澜中"因祸得福"。

统计资料显示，在金融危机中，未运用电子商务的企业陷入困顿的比例达84.2%，而运用电子商务的企业这一比例只有16.8%，两者相差近5倍。在全球金融危机的严寒笼罩之下，电子商务俨然成为了全球中小企业的"过冬棉衣"，与传统商务模式相比，电子商务模式的优势非常突出。原因何在呢？与传统交易模式相比，电子商务模式没有时间、地域限制，不受渠道制约，渠道成本可降低47%，营销成本可降低55%，能降低16%的总成本。在金融危机中，买家更需要高效率的采购途径，电子商务自然深得青睐。

虽然我国电子商务市场整体进入了一个高速增长期，但目前大宗商品贸易行业电子商务的发展仍然非常滞后，传统交易模式依然占据市场主流，行业面临整体转型和升级。那么对于不熟悉全程电子商务的大宗商品贸易企业来说，该如何借助电子商务进行网上营销、扩大供销渠道？如何提高企业间交易效率、降低企业间交易成本？如何协同企业信息化管理和全程电子商务，不断升级企业的运营管理模式和整体竞争力，打造和谐共赢的电子商务生态圈？这些无疑都是那些急于借助电子商务摆脱困境、实现升级转型的大宗商品贸易企业关注的焦点问题，也是他们对全程电子商务心存疑虑之处。

创立于2009年5月的e商道科技有限公司(以下简称e商道)是全程电子商务、企业信息化管理、物流金融服务、移动互联网开发领域的高科技企业，主要为大宗商品及流通企业提供全程电子商务服务。e商道定位为企业的电子商务、进销存、仓储、物流、大额支付等提供一整套的SaaS(Software-as-a-service，软件运营)解决方案，行业覆盖石油石化、化工、钢

① http://www.xd56b.com:8080/zgwlcyw/mainnews/szyw_zw.jsp? NewsID=127247& Classid=2302。

铁、农产品、煤炭和有色金属等众多大宗商品领域。

e 商道针对大宗商品行业特征推出的多套 e 商道解决方案，已在众多用户的使用中得到检验和完善，帮助钢铁、煤炭、有色金属等大宗行业用户轻松实现了全程电子商务。其中，e 商道推出的贸易企业解决方案，专为解决国内大宗贸易领域全程电子商务发展滞后的难题。大宗贸易行业电子商务发展普遍滞后的状况，不但已经严重阻碍了贸易企业效益的提升，甚至已经危及其持续的发展。

以钢铁贸易行业为例，受到当前宏观经济形势低迷和季节性因素的影响，钢铁市场整体需求持续萎靡不振，导致钢价上行乏力。钢铁贸易行业陷足此等困境，市场形势的恶化自然难辞其咎，但行业本身的弊病才是根本所在。

我国钢铁贸易流通企业有 20 多万家，但年销售能力达到千万吨的企业微乎其微，百万吨以上的也少之又少，绝大多数企业的钢材销售量都在 10 万吨以下，行业集中度非常低。很多贸易商没有稳定的采购渠道和下游客户，业务单一，只是单纯的钢材倒卖，并普遍存在加工配送、仓储物流、电子商务、金融支持等服务不完善、不成规模的问题。

现在的钢材市场对于贸易商来说，早已过了“资源为王”的时代，单纯想在资源方面实现差异化已经很难占得市场先机。若要走技术革新、做大产业链的差异化生存之道，必然需要大笔的资金投入和强大的技术支持，而广大中小型钢铁贸易企业对此却普遍有心无力，尤其是对单纯做贸易的商家而言更是难上加难。

因此，无论是对于广大中小型钢材贸易商还是其他的大宗商品贸易商而言，这个寒冷的冬天都有些漫长。若想安然挺过严冬，迎接春暖花开，除了需要努力提升自身竞争力外，还需要大家抱团取暖，在提高行业集中度的同时，还要突破行业界限，整合上下游渠道，并将物流服务和金融支持整合到一起，走产业链和谐共生之路，这是大宗商品行业发展的必然趋势。而要达成这些目标，那么实现全程电子商务、打造合作共赢的电子商务生态圈，则是必由之路。

e 商道贸易商解决方案从传统的软件产品模式转换到了在线应用服务(SaaS)的平台化模式。在这种模式下，贸易商不需要购买服务器、建立自己的网络与专业 IT 团队，这将极大地减少它们实现信息化的投入，降低信息化投入风险。这种模式特别适用于资金投入有限、缺乏 IT 专业队伍的中小企业。

帮助企业获得更多商机是促进它们增长的最有效方式。通过 e 商道的商品共享购销网络，贸易商可以把自己的商品共享给商友，只需给出对方一个供应价，对方便可进行销售，相当于发展了大批的线上代理，而且会越来越多，这样自然就能极大地扩大销售渠道，增加现金流，提升利润。同时，贸易商还可以将具有产品差异化优势的同行引入电子交易平台，这一服务功能极大地丰富了贸易商的供货来源和商品种类，并极大地减少了因增加产品线而带来的资金投入。另外，上述过程无形中打通了贸易商与上下游之间的业务流程，为企业搭建属于自己的商业生态圈。

e 商道贸易商解决方案呈现给客户的是一个统一的在线服务平台，贸易商在交易过程中产生的数据，可以在 ERP、仓储管理以及在线交易平台等系统中实时共享，轻松实现企业信息化管理和电子商务的无缝对接。另外，贸易企业与客户(如供应商、分销商)之间还可以通过共享网络进行即时的业务沟通，共享相关行业、业务信息，能够实现整个供应链管理、业务流程上的协同以及电子商务，这将大大降低企业间的外部交易成本，提升产业集群对市场需求的响应速度，缩短产品供应周期，从而极大地提升产业集群在市场上的竞争力。

河北顺邦物流集团是一家以钢铁物流、钢铁贸易、项目投资等为主营业务的综合服务性企业。在采用e商道贸易商解决方案之前，顺邦物流集团钢材贸易业务的供销渠道零散，上下游渠道之间经常会出现沟通不畅、交易效率低的问题，并且企业在内部管理上还存在各部门责任不清晰、工作重复、操作流程不规范等问题，企业难以集中统一管理。e商道在保持e商道贸易商解决方案核心特点和优势的基础上，将顺邦物流集团自身的管理运营理念融入其中，帮助该集团在钢铁贸易领域打造了一个个性化的全程电子商务生态圈，在运营管理和整体竞争力上都有了质的飞跃。

像顺邦物流集团这样运用了e商道贸易商解决方案后得以升级转型的用户还有很多，它们的成功运用和积极反馈促进了e商道贸易商解决方案在实践中不断完善。

案例思考

1. 在金融危机中，电子商务为何受到全球中小企业的青睐？
2. 大宗商品贸易行业电子商务发展滞后的原因是什么？电子商务能为该行业带来什么改变？
3. e商道为什么将服务定位于大宗商品行业？
4. e商道贸易商解决方案具有什么特点？其贸易商解决方案是如何实施的？

案例11.2 电商企业自建物流①

一、案例一：好乐买——培训没有经验的人送快递

好乐买自建物流的时间并不长，而且起了个看上去并不像物流公司的名字“尚橙”。虽然这家公司完全独立于好乐买，但运作模式却是按照电商企业服务问题单来设计的。

“两个月以来，退换货率降低了50%。”这一数据让好乐买CEO李树斌感到惊喜。物流费用在电商企业成本结构中占比很高，退货实际是逆向物流，对于电商企业来说，逆向物流也是收费的。从降低的退换货数据来看，说明许多退货并不是由用户对货品本身不满意造成的。

“当用户对快递员的服务不满意或者货品送达但用户不方便签收时，快递员又不愿意等候或者再次配送，往往会发生退货。这部分费用是由企业承担的。”李树斌表示，自建物流后，退货率降低了50%，直接节约了企业的成本。从这一点上看，物流端好的服务是可以产生收益的。

而要想让底层的物流人员提供好的服务，将物流变成电商企业的生产力，从搭建物流队伍到考核方式都必须与传统第三方物流企业有所不同。

---

① 姜蓉：《电商纷纷物流“独立”：自建仓储搭配落地配送》，2012年1月1日《中国经营报》，第59版。

首先是选人和培训。由于传统物流公司迅速增长的业绩和快递员日益增加的配送单量，基层快递员已经习惯了快速标准化的配送，没有品牌服务的意识。“一个在传统快递公司干了三四年的人，完全没有配送热情。”李树斌认为，要想打造服务型快递，好乐买的快递公司招收的都是完全没有快递行业经验的人，这类型的快递员反而更容易按照服务的标准要求培训出来。从培训角度来看，培训没有经验的人远远好过培训那些有经验的人。

其次是考核方式。传统物流公司考核的一个重要指标是“妥投率”，其标准就是用户签收。在这样的指标下，“妥投率”和配送数量决定了基层快递员的收入。这时，基层快递员基本没有耐心和时间等待用户试穿，谁签收的，用户是否满意都不是基层快递员考虑的问题，他们只希望在单位时间内配送更多的货。

好乐买的考核方式不仅仅是“妥投率”，还包括服务态度、投诉率等指标，其中的一个重要方式就是让快递员每天送货量不饱和，降低送货数量，留出一定的时间做服务。比如，一个快递员一天能送60单货，但好乐买的考核要求是40单，可以少送一点，但得让用户满意。再如，快递员都会建议用户试穿鞋子，并等待用户试穿满意。如果用户在开会，不方便签收，快递员会选择等待。

当然，最初自建物流的投入都会很高，而且不赚钱。因此，原则上并不存在某个城市订单量达到什么样的量级才自建物流的标准。李树斌表示，选择自建物流的城市，不仅要有订单量支撑，还要看其区位优势和未来的潜力。从实践看，自建物流提供的快速配送和好的服务会提升该地区订单量的增长。因此，自建物流最重要的是选择有潜力的城市。

而促使独立电商企业下定决心自建物流的原因，还在于由电商企业脱胎而来的物流企业是可以赚钱的，也会有越来越多的B2C企业或者品牌企业愿意为物流服务付费。在李树斌的计划里，好乐买的物流公司可以先拿自己的配送订单进行练兵，把所有的服务流程打通，形成自己的服务标准和服务系统，在这个过程中，不断地进行系统改造。未来可以开放给其他的电商企业，甚至可以开放接口并提供个性化的服务，由服务产生价值。

二、案例二：库巴网——系统自动定义送货方式

库巴网是做大家电起家的。大家电的物流配送复杂，有的需要安装，这类需要一般由厂家服务；也有的不需要安装或者只需要简单安装，可以由第三方快递送货上门。但实际上，大家电指望第三方快递公司的成本极高，一旦发生货损，损失比较大。

由于库巴网有区域采购的需求，最初自建物流时就在全国各地建立了十几家分公司，承担采购和配送的功能。在库巴网的自建物流体系中，由厂家负责干线运输，将货品送到库巴网的仓库，再由库巴网自己的物流队伍送出。

虽然传统的大家电完全可以由厂家配送，但是电商企业要满足用户体验，还要求产品入仓，以保证用户在页面上看到的商品库存里有货。但是在物流配送上，并不一定都自建车队。大家电市内配送，自有车辆合理的范围半径在50～100公里，超出这个范围，成本很难支撑。因此，库巴网会大量建设二级仓库，就地满足商品配送，而二级仓多采取“落地配”，即区域性配送公司。

随着库巴网的品类增加，由大家电扩充到3C又扩充到家纺类产品，自建物流已经满足不了不同品类的配送需求。于是，在库巴网的配送体系中就综合了自建物流、厂家配送、第三方快递、落地配公司等多种配送模式。在库巴网的ERP系统里，货品设置了大小、体积、用户配送地址等不同的参数，系统会根据不同的订单自动定义匹配不同的送货方式，以达到用户体验最优和成本最低。

在库巴网未来的物流计划中会提升自建物流的比例。自建物流并不一定是仓库，物流队伍全部都自己搭建，关键要看对于仓储物流的把控力度，如果把控力度足够大，能够完全满足于自己的服务需求，合作模式的自建物流也是可以的。

三、案例三：红孩子——自建与第三方配合

红孩子是由目录销售起家的。当时目录销售的模式是一个城市一个城市地拓展，因此在拓展一个新城市时，红孩子会将营销、物流服务一同带进这个城市。这是当时市场环境决定的。

2005年，红孩子当时自建物流的一个重要原因是电子商务市场很不成熟，销售最多的商品是光盘和图书。而红孩子当年主体的业务是母婴商品销售，用户对配送服务的要求比较高，如配送的及时性、货物的完好性等。最重要的是，母婴产品的用户群体大多数希望采取COD(Collect on Delivery，货到付款)模式进行购买。当时，市场上找不到一家能够承诺限时配送与结算的物流公司，所以红孩子选择了在扩张各地分公司的同时，即向用户提供配套的自有配送服务。

但当红孩子从目录销售逐渐变身为电商企业后，销售半径明显加大，自建物流已经不能覆盖到各个地区，这时开始与第三方物流企业合作。当时第三方配送的业务仅占红孩子配送业务的20%，因此选择的都是实力比较强的落地配公司。这样的选择还有另一个原因，即红孩子订单中有70%是COD业务。出于对回款安全的考虑，红孩子也需要选择一线物流公司合作。

采取自建物流和第三方物流配合的方式的同时，红孩子也将仓储进行了优化整合，比如早期红孩子每进入一个城市就会建仓库，这是适应当时的目录销售的需求。而现在仓储以区域半径为标准进行了集中，比如以前南京、杭州、无锡、上海四个城市都有仓库，现在四个城市的仓都集中到上海。将货品集中在一个仓库，降低了仓储运营成本，却并不会降低用户体验。

案例思考

1. 根据案例，好乐买、库巴网和红孩子各自基于什么目的自建物流？
2. 根据案例一，好乐买退换货率降低的原因是什么？
3. 根据案例二，库巴网的自建物流系统是怎样应对品类增加的情况？
4. 根据案例三，好孩子选择与第三方物流企业合作是基于解决什么问题？
5. 你认为好乐买、库巴网和红孩子的物流模式各自都有何特点？

案例 11.3 乐蜂网揭化妆品电商背后的物流管理之谜[①]

通常消费者网购化妆品往往只是接触其中的"电子"部分,即呈现在消费者眼前的网站页面,但这些其实只占全部工作的 30%,从采购货品入库到产品送达消费者手中的整个过程,包含仓储、配货、物流在内消费者看不见的环节才是电商企业工作的重心,也代表了化妆品电商企业在正品保障、产品品质管理和投送满意的关键。

一般大型的正规化妆品电商企业都会建立一套比较完整规范的操作流程和管理制度,以期提升用户体验和满意度。但消费者在购买产品商品时很少考虑到,甚至也没有机会了解到化妆品电商企业后台的运营。

2012 年 6 月 11 日,国内知名化妆品电商企业乐蜂网发布了《化妆品电商行业白皮书》,对行业内物流系统的普遍操作形式作了解读,为消费者解开了化妆品电商企业的物流管理之谜。

首先,入库检查是保障产品质量的最后一道环节。在这一环节,规范的电商企业会对供货商送达的产品进行品名、包装、附加物等的检查,核对无误后方可入库。像乐蜂网不仅在入库环节严格检验,之后还会定期将抽检商品送质监局进行检测。这是一个比较立体的管理手段,可确保不给不合格产品留下任何进入机会。

此外,仓库管理是影响电商企业发货速度、保障产品外观整洁以及保障部分产品品质的关键。规范化的化妆品仓库管理起码应该达到几个方面的要求。一是在订单处理、配货、打包等流水操作方面的规范性,一个货仓每日可以处理的订单越多,意味着有更多的消费者可以更快地收到产品;二是一些特殊的产品需要配备专门的仓储空间,比如精油等易挥发产品和其他需防冻的产品要放置在恒温库,贵重产品放置在高值库;三是仓库的卫生管理也很重要,比如产品货架附加盖子可以解决防尘问题,消费者收到的产品,外观就很干净;四是仓库也要定期进行专门保洁等,以确保有良好的卫生条件。

接下来,做好配货管理的主要目的是减少错单率,避免货不对单,给消费者发错货。一般大型的电商企业的货仓都会进行条码校验程序,增加这套程序会将配货的速度降低约 1%,但能够大幅降低错单率。乐蜂网在实行条码校码程序后,使错单率从以往的千分之三,大幅缩减至行业平均水平的万分之五以下,有效提高了配货的准确率及顾客满意度。

最后一环,发货速度是网购人群最关注的问题之一。由于中国的干线流比较落后,跨区域的投送时间不确定性比较大。但中国的支线物流却是全世界速度最快的。一般化妆品电商企业的发货派送为一天两次,早晚各一次。早班一般在上午 10:00—12:00 发货,同城和周边有一半可当天送达,一半多数隔天送到;下午 14:00—16:00,同城和周边可在晚上 21:00—22:00 或在第二天送到,以保证能够在最短时间内将商品交付消费者手上。

纵观整个电商行业,激烈的价格战硝烟未散,各平台又进一步将战火蔓延到了物流领域。2012 年 6 月刚开始,京东商城、天猫、苏宁易购、当当网等电商企业就纷纷斥巨资向消费者抛出让利促销的橄榄枝,与此同时,让利促销带来的高额订单也对物流速度提出了更高的

① http://life.qianlong.com/36311/2012/06/18/4302@8047467.htm。

要求，乐蜂网此时发布"白皮书"正给行业打了一剂预防针：要充分重视物流对行业发展的影响，不要让其成为阻碍化妆品电商企业前行的掣肘。

案例思考

1. 乐蜂网发布《化妆品电商行业白皮书》是为了说明什么？
2. 物流对化妆品电商行业的发展具体有何影响？
3. 《化妆品电商行业白皮书》对化妆品电商行业有何启示？

案例11.4　互联网与实体零售结合的苏宁电器新十年战略①

"未来十年，苏宁电器的战略非常明确，要重点发展科技苏宁的能力，沿着智慧苏宁的道路，向世界级企业的目标迈进。"苏宁电器集团董事长张近东认为，电子商务是零售业发展迅猛的新型业态，苏宁电器将立志成为互联网与实体零售"虚实结合"的电商企业典范。

2012年，苏宁电器搭建起"苏宁连锁、乐购仕连锁、苏宁易购"三个战略业务单元，彼此间形成实体与线上"虚实互动"的模式，从而实现商业模式的升级和营利模式的优化。

一、转型

2012年是苏宁电器新十年战略的全面落实之年，明确了苏宁电器线上线下双渠道、双品牌领跑行业的战略目标，并制定了各体系创新变革的发展方向和具体举措。苏宁电器正加快二三级市场连锁网络布局，依托新组建的运营体系，推动营销转型。此外，线上业务也迅速成长，苏宁易购跻身行业前三。

按计划，苏宁电器仍将坚持"租、建、购、并"并行的连锁发展策略，加快核心区域自建店布局和优质连锁店资源的储备。乐购仕生活广场全年计划在北京、上海、广州和杭州等城市新开十多家新店。海外发展方面，苏宁电器将在香港地区新开店面8家、日本地区新开店面2家，全年苏宁电器计划新进入39个地级城市。

此外，苏宁电器将进一步构建大采购平台，优化自身采购职能，同时强化商品研究和供应链高效协同管理，提升服务消费者和服务供应商的能力。

"将为新增的百货和图书、虚拟和金融、行政和售后、新品类拓展等多个事业群制定统一的采购流程和标准；通过系统直连、SCS平台等系统对接，强化数据信息开放共享，提升货源供应的精准度和供应链协同效率。"苏宁电器方面表示。

苏宁电器2011年全年实现营业总收入938.89亿元，较2010年增长24.35%；营业利润64.44亿元，较上年同期增长18.63%，销售规模和经营效益持续领跑行业。

截至2011年年末，苏宁电器在中国大陆、香港地区、日本市场共拥有连锁店1 724家。苏宁电器的"虚实互动"主要体现在产品线方面，苏宁电器借助苏宁易购实现经营品类从家

① 肖筱：《苏宁新十年战略：互联网与实体零售结合》，2012年5月26日《经济观察报》，第41版。

电向全品类的拓展，在条件成熟时向实体连锁经营推广。区域线方面，苏宁易购可以打破时间和空间的局限，形成与实体店经营区域的互补。

苏宁电器认为，单一的店面体验或单一的互联网体验都不能满足未来消费者的体验需求，“虚实互动”的苏宁电器可以提供贯穿线上线下，包含售前、售中、售后的完整用户体验；服务转型方面，苏宁电器将借助“云服务”模式实现从店面、物流、安装、维修等基础型服务向增值服务、解决方案、技术服务、物流服务等全面服务转型。此外，在供应链上，苏宁电器将依托苏宁易购打造一个消费者需求、零供交易体系、供应商产品研发等都极为透明、高效的展示和运行的平台，大幅提升供应链效率。

苏宁电器新十年的发展战略，将遵循“科技转型、智慧服务”的目标，在实体连锁发展不减速的同时，迅猛发展线上电子商务平台。苏宁电器认为，“虚实互动”的发展模式是中国零售业转型升级的趋势，也是中国乃至全球的所有行业都必须思考的问题。

2012 年，苏宁易购经营团队规模已扩展至 3 000 人，并在北京、上海、广州和成都等全国 12 大城市率先成立地区管理公司，加强属地化运营。同时，苏宁易购还将大力整合供应商资源，发展 B2B、B2C 业务，引导供应商进行网上推广。此外，苏宁电器还将加强仓储配送、客户服务等后台能力建设，提升用户购物体验。

二、改变行业规则

2011 年 2 月 26 日，中国连锁经营协会发出《商业连锁经营企业规范价格行为倡议书》，倡议书内容针对合理定价、规范标价、明码实价、完善价格管理制度、杜绝价格违法行为等方面提出行业自律要求，苏宁电器率先签署了倡议书，承诺实行明码标价，这也标志着苏宁电器在全国门店正式全面推广“明码实价”。

作为中国 3C 家电连锁龙头企业，苏宁电器希望以此举实现店面销售简单化、透明化、合理化，推动行业价格秩序的良性变革，这理念和举措逐步得到了供应商的理解和认同。苏宁电器总裁金明表示，“苏宁联合上游供应商共同推动‘明码实价’，对消费者而言，实现公平实惠的放心消费，进一步刺激内需，也将有助于整个行业将工作重心更加关注产品本身。”

为了更好地为消费者提供服务，苏宁电器将建立售后服务各服务产品的全套标准工艺，服务区域细化到街道/乡镇级，并推进 2 小时准时送货延时赔付、7 天维修完成、投诉 24 小时百分百达成处理方案等服务承诺实践。苏宁电器计划在 2012 年年底前将基本完成全国 60 个大型物流基地项目的选址。

苏宁电器方面认为，渠道的能量在于放大销售的规模，渠道的能力在于创造销售的价值。苏宁电器不仅要做有能量的渠道，更要做有能力的渠道，为供应商和行业创造有价值的渠道。2011 年 11 月，苏宁电器在南京总部举行全球供应商大会，美的集团董事长何享健、海信集团董事长周厚健、索尼集团执行副总裁久保田阳、联想集团董事长 CEO 杨元庆等重量级嘉宾与会。苏宁电器与 500 多位知名家电供应商及其他领域的合作伙伴达成共识，以提高供应链效率和效益为核心共同建立战略型厂商合作新模式。

未来，苏宁电器将携手供应商积极打造智慧型供应链平台。智慧型供应链体现在挖掘营销数据，辅助产品设计；推式订单与引导计划生产；出样管理驱动与自动补货等多方面。同时，苏宁电器将与供应伙伴建立战略型长期合作关系，规划 3～5 年时间双方合作的销售增长的目标、地区发展的目标、各自利润效益增长的目标。

对线上线下融合发展商业模式的创新，对零售业专业化分工的推动，对消费者服务方式的升级是苏宁电器作为行业领导者对行业未来发展方向探索与实践，一个科技化、智慧化的苏宁电器将能带领中国零售业迎来一个新纪元。

三、目标

电子商务作为零售行业发展迅猛的新型业态，苏宁易购执行副总裁李斌表示，立志将苏宁易购打造成为互联网与零售完美结合的电商企业典范。

苏宁易购计划至2020年，保持年复合增长率50%，销售规模位居行业第一；SKU总量200万以上；注册会员数1亿人；整体团队2.5万人；云计算、云服务能力位居世界领先行列，转型网络生活平台，成为智慧苏宁的重要组成部分。产品线涵盖家电、家居、百货、图书、音像、运动及户外、在线法律、教育咨询与服务等。

为实现目标，苏宁电器在人力、物力、财力多方面给予苏宁易购支持。2011年与IBM公司联合建立电子商务创新共同体全球战略联盟，双发将共同在中国南京、美国硅谷等地建立实验室，计划打造一个支撑万亿级规模的电子商务平台。4月23日，投资10亿元，建筑面积20万平方米，可容纳2万人办公的苏宁易购总部正式奠基。该总部未来将承载苏宁易购全球智能管理、全球综合采购、开放平台运营、全国云数据运维、用户体验优化、物流控制、在线客服、电子商务人才孵化等八大运营职能，预计将于2014年建成投入使用，成为世界级的电子商务总部。

此外，实体连锁发展是过去十年拉动苏宁电器高速增长的重要动力，不论是开店速度还是开店规模，苏宁电器均有不凡表现。

苏宁电器连锁发展总部执行总裁蒋勇表示，2020年，保持每年200家店以上的开店速度，实现全国一二级市场所有空白区域布局，并覆盖中国1 785个“人口10万以上，且家电零售1亿元以上”的县级市场，进驻至少能辐射周边3个乡镇市场的中心城镇和江苏、浙江、广东、山东和福建等地区发达乡镇市场500个。

按计划，苏宁电器将在2014—2015年，依托香港市场进军越南、泰国、印尼、马来西亚和菲律宾等东南亚市场。从2016年开始，通过行业并购、行业合作、行业战略联盟等作为苏宁电器主要手段进军欧美市场。2020年，苏宁电器将最终实现海外市场15%的总营业收入占比。

案例思考

1. 苏宁电器的新十年战略是在什么背景下提出的？有什么意义？
2. 为什么苏宁电器认为“虚实互动”的发展模式是中国零售业转型升级的趋势？
3. 你认为苏宁电器要想实现其新十年战略目标还应考虑哪些因素的影响？

案例 11.5 天猫“搅局”电商图书市场①

2012 年 1 月 11 日，阿里巴巴集团旗下的 B2C 平台淘宝商城宣布更名为“天猫”，由此，网购世界诞生了一个全新的品牌。在天猫总裁张勇看来，名字是因消费者而变，将淘宝商城更名天猫，就是为了让消费者更加清晰这个平台的定位，帮助消费者在网购时更有针对性地选择和决策。

从 2011 年下半年开始，有关电子商务正在进入冬天的说法就不绝于耳，大量垂直的 B2C 网站依靠“融资、烧钱、再融资”实现业绩循环的非常规模式已经饱受质疑，而天猫所代表的平台化模式已经成为公认的运营主流。

2012 年又是传统企业密集进军电子商务的一年，而如何像张勇所说，将天猫打造成为全球最大的 B2C 平台，2012 年上半年天猫承受着不小的压力。

一、电商图书价格战实为内耗，腾讯借势回归撼天猫老大地位

就在京东商城、卓越、当当、苏宁易购之间的价格战打得“不亦乐乎”之时，天猫宣布正式进军图书业，携国内外 50 多家主流出版社、20 多家独立 B2C 购书网站在内的 1 000 多家图书网店推出“天猫书城”。

此举一出便引发了新一轮图书价格战，天猫书城上线前一天，京东商城就宣布图书全场满 300 元减 100 元，亚马逊中国也旋即叫板满 300 减 100；此外，苏宁易购满 100 折上再 7 折，满 200 折上 6.5 折，当当网也借年中庆第三波推出畅销书每 6 小时 5 折。

此次大战被业内认为是天猫为争夺用户引发的电商企业的又一次“内耗”。一旦有商家通过降价拓展市场，其他的商家必然要予以回应以维持既有用户。也有人认为，天猫进军图书业挑起价格战不过是针对京东商城周年庆的联手阻击，更多的是为了阻挠京东上市。

天猫的来势汹汹显然也激发了其他电商网站开始“求变”，此后不久，当当网与腾讯展开合作，当当网在库销售的 79 万种图书全部可以通过 QQ 网购平台直接购买。腾讯的强势亮相，引起了一些电商大佬们的紧张。这是因为，腾讯的 QQ 流量很大，现在把它变成整个购物的流量不知道会有多大的效果。如果腾讯的聊天流量能有 1/10 转化成购物的流量，那肯定要改变电子商务购物格局，将撼动天猫的行业老大地位。

二、天猫豪掷巨资角逐京东商城，物流短板或是最大障碍

事实上，从 2012 年年初开始，天猫就与京东商城在图书、医药，甚至是技术领域打得不可开交。4 月底，天猫电器城组织了 800 多商家开会，宣布天猫电器城将投巨资打价格战，将双方竞争引向白热化阶段。天猫电器城投入 2 亿元，在近千个平台商家让利销售的基础上，直接拿现金为商家提供补贴。

京东商城方面也不甘示弱，此后宣布拿出 5 亿元对家电产品进行促销，分别在 2012 年 5 月和 6 月投入，以拉动大家电的销售，电商行业价格战再次升级。

---

① 刘熠，张天赦：《天猫“搅局”图书业　电商业态或分化》，2012 年 6 月 22 日《南方日报》，第 A11 版。

2011 年，天猫电器城是仅次于京东商城的第二大 3C 家电平台，而且 3C 是天猫继服装服饰后的另一个增长点，围剿京东商城是成就天猫的必由之路。京东商城在资金链吃紧的情况下，大手笔投入 5 亿元迎战，必将导致上市受阻，如短期内无法上市，可能还会影响到企业正常运营。

但另一方面，由于天猫只是电商平台，并不参与电器品牌产品的经营。天猫肯定会先要求品牌商降价，以低于或不高于同类竞争对手的价格出售。天猫已经放弃了赚钱的目的，自身投入加大，回收额却在减少。

此外，业内人士分析称，对于每一个打价格战的电商企业来说，商品补贴成本还在其次，物流、配送、售后都是烧钱的大头，如果只顾头不顾尾就会影响到企业日后的信誉和品牌。电商价格战有自己的仓储物流系统是非常必要的，而天猫没有物流很难干得过京东商城。

三、天猫搭建云快递平台，快递业“触电”反向渗透

与 2012 年上半年众多电商积极热衷于自建物流不同，坚持第三方配送的天猫在该领域也不是没有行动和布局。2012 年 5 月底，天猫宣布与国内 9 家快递公司达成战略合作，共同打造电商社会化物流新标准，并承诺在 2012 年年底前，将给合作快递公司带来超过 50 亿元的交易额。

在经历了投资星晨急便快递的失利后，阿里巴巴在物流策略上做出了搭建云快递平台的战略布局。业内人士表示，电商企业向物流的渗透是目前商业环境不成熟造成的，第三方物流的成长速度远落后于电商的发展速度，短期内能力、运力、服务质量无法达到电商企业的需求。

尽管天猫总裁张勇一再表示，“阿里巴巴没有意愿自己做一家物流公司，这不是我们擅长的事情。”但天猫高调进军快递物流领域还是难以阻挡快递业向电商企业的反向渗透。

此后的一段时间里，先是顺丰速运宣布电子商务网站顺丰优选正式上线，其定位于中高端食品网购网站，目前拥有 9 个品类 5 000 余款商品，以进口食品为主。随后，申通快递也对外透露，其投资的电商平台“爱买网超”将在 7 月上线，定位于大众消费百货类商品的电商平台。

而在业内人士看来，天猫实际上是将服务标准定出来，通过最初的时效性产品到后期的增值服务产品，来推动第三方物流企业给天猫提供更好的服务，然后再通过开放接口，让物流企业共享天猫数据，并进一步绑定快递企业。因此，从这一思路来判断，虽然天猫没有自建物流，但同样更深地完成了对物流行业的渗透。

案例思考

1. 天猫进军图书业在业内产生了哪些动荡？为什么？
2. 天猫采用的是什么样的物流方式？这种方式有何特点？
3. 你认为天猫、当当网、腾讯和京东商城在图书经营上各自拥有什么优势和劣势？

案例 11.6 物流业将加速电商行业洗牌[①]

电商企业自建物流已屡见不鲜，有业内人士预计，未来国内众多自建物流的电商企业可能“顺路”申请快递牌照，以备不时之需。

本已竞争激烈的快递市场如今硝烟四起。除了电商企业纷纷积极申请快递牌照，目前联邦快递和 UPS 两家外资快递不出意外也将获得快递牌照。近日数位快递业内人士也对记者表示，更多的竞争对手进入不仅能做大快递行业，客观上加速行业洗牌，最终也令消费者受益。

一、在物流投入上依旧谨慎

“公司申请快递牌照并不是跟快递企业‘争食’，而是为核心业务服务”，近日唯品会副总裁唐倚智向记者透露，公司在物流投入上依旧很谨慎，最近一年内也不会在物流上有大的投入，申请牌照是为“进可攻，退可守”。在他看来，进可攻是指公司目前只是在上海进行试点积累经验，有了牌照可以在未来的扩张中占到先机，而退一步讲，也可以针对重点地区优化配送服务。

事实上，对于尚在亏损中的唯品会来讲，目前公司绝大多数订单仍是通过第三方物流配送，自建物流配送也只是针对重点市场地区。公司方面也表示，目前并未讨论过增加第三方商户和个人快递业务。数据显示，唯品会 2012 年第一季度净亏损为 860 万美元，2011 年同期净亏损为 670 万美元。唯品会第一季度净亏损率为 8.5%，比去年同期大幅收窄。

在京东商城、卓越等网站斥巨资自建物流以来，电商网站则是纷纷跟进，一时间自建物流也被业内称为“电商标配”。唐倚智则认为，以公司目前的情况看自建物流并不划算，在规模成本达不到一定程度的情况下，自建物流的成本肯定比社会成本要高，但看重的是服务质量和用户数据收集优于第三方物流。

但另一方面，虽然目前电商企业自建物流的声势浩大，但不少电商企业的跨界战略仍是出现多种问题。京东商城因前期巨额的物流投入也导致目前物流成本居高不下，而凡客旗下的如风达快递因业务量难以跟上物流发展速度，也是裁撤了部分站点。

二、有望摆脱价格战泥潭

此前在京东商城等点电商企业跨界申请快递牌照后，也引发部分快递行业人士的不满，甚至建言要求行业协会和监管部门进行管理。但记者采访的数位业内人士则普遍认为，无论电商快递、外资快递，更多的竞争对手进入不仅能做大快递行业，客观上加速行业洗牌，最终也令消费者受益。

对此，顺丰速运一位区域负责人也对记者表示，虽然不方便评价京东商城、凡客等申请快递牌照，但目前市场对快递服务需求增长很快，完全超过快递企业的增长速度，更多的企业进入也可以做大这个市场，最终获益的还是消费者。

近日圆通快递市场部杨经理也表示，快递行业还有很多细分需求没有满足，如奢侈品等

① 索冬冬：《电商纷纷申请快递牌照》，2012 年 6 月 15 日《广州日报》，第 AIII4(12)版。

贵重物品，现在很多依靠网购订单的快递价格是“没有最低只有更低”，价格战让整个行业几乎无利润可言，更多行业的竞争对手进入反而能够加速行业洗牌。

在电商跨界快递的同时，不少的电商企业也是向上扩张进军，但从目前公布的快递电商网站来看，绝大多数集中在冷鲜、农产品等商品，而这些产品更多的是考验快递企业的物流配送能力。

案例思考

1. 为什么当前众多的电商企业纷纷积极地申请快递牌照?
2. 根据案例 11.6，唯品会在 2012 年第一季度的净亏损说明了什么问题?
3. 你认为电商企业自建物流应该遵循什么原则?

案例简析

案例 11.1

电子商务不仅大大降低了传统商务流程的人力成本和物力成本，突破了时空限制，令交易活动更加便捷、效率更高，同时因其开放性和全球性，也为企业创造了更多的贸易机会，电子商务现在已是世界各国增强经济竞争实力，赢得全球资源配置优势的有效手段。

大宗商品行业集中了我国众多的基础产业和支柱产业，并且属于传统的行业领域，我国大宗商品行业尤其是中小企业的电子商务发展总体上还属于起步阶段，积极推进大宗商品行业的电子商务，具有极其深远的意义。

大宗商品行业适合发展电子商务，这主要是由它们的行业特点决定的。大宗商品行业与其他行业相比，具有适合发展电子商务的以下特点：一是产业链短，产品种类少，产业之间产品的关联性大；二是产业都比较成熟，产品类别清晰，标准化程度高，容易描述；三是大宗商品交易往往集中于企业之间，中间的过程简单。这些特点决定了大宗商品行业非常适合发展电子商务。

基于多年全面深入的市场调研，e 商道非常准确地将服务对象定位于大宗商品行业，为企业量身打造属于自己的电子商务生态圈。通过整合供应链和提供金融服务支持，在大宗商品行业的各企业间搭建出一个合作共赢的虚拟生态圈，创造性解决了大宗商品行业经营管理过程中的一系列瓶颈问题，帮助企业建立属于自己的全程电子商务生态网络，全面升级企业的经营管理模式和整体创新能力。e 商道在贸易流通领域，为钢铁贸易、化工、煤炭等众多大宗商品行业的企业提供独特的一站式整体技术解决方案，其端到端的服务能力已成为该企业获取竞争优势和市场成功的最为关键的因素。

案例 11.2

文中的三个案例已经显示出，电商企业的发展战略正在调整，开始将物流环节从成本中心向利润中心转变。

随着国内电商市场的日渐成熟，物流成为电商企业成长的最大瓶颈。但换个角度而言，最大的瓶颈又何尝不是最大的竞争力所在。案例中，好乐买、库巴网和红孩子三家电商企业在业务扩展的同时暴露出了许多问题，如好乐买的退换货率高，库巴网的家电配送复杂、品类多，好孩子的客户对配送要求高等一系列问题，这些问题都跟物流密切相关。对于几乎所有的电商企业而言，物流是与消费者直接接触的环节，因此服务质量的好坏、配送速度的快慢，甚至配送后的终端服务都直接影响消费者的体验和感觉，从而间接决定了电商企业的口碑及消费者的回头率。所以，在国内第三方物流很难完全满足电商企业需求的背景下，电商企业在自建物流之路上迈出步伐已成为现实。

目前，国内电商市场仍在迅猛增长，这也促进了物流需求的暴增。在物流细分市场上，大部分业务量已是由电商企业贡献。伴随着经济的增长及网上零售占社会零售总额的攀升，正在起步的电商物流市场将会有巨大的空间。同时，值得注意的是，随着电商市场的日益成熟，在未来的格局中，电商企业自建物流和第三方物流之间的关系将不再仅仅是如今的合作关系，竞争亦是不可避免。

自建物流在客户最重视的速度和服务两方面的优势都是显而易见的。那么是不是所有的电商企业都适合自建物流？

电商企业一般都有一种矛盾心理，既希望服务质量好，又担心成本过高，于是就将眼光投向了自建物流，肥水不流外人田，与其把生意交给外人，还不如自己来做，形成企业内部资金流，尽量压低成本。据业内人士测算，若一个城市的日送货量小于 600 单，自建送货团队每件派件的成本为 13～15 元，显然无法盈利；若日送货量能到达 1 万单，那么每件派件成本可降至 2 元以下，这就达到了自建物流的基本盈利要求。不难看出，自建物流还是更适合资金雄厚、订单量大、物流成本比重大的大型电商企业。

对于中小型电商企业来说，且不论自建物流之后盈利与否，在仓库建设时期动辄几千万的土地购置资金就能令人望而却步。再加上人员、车辆、设备的建设投资，中小型电商企业不得不求助银行贷款，而接踵而来的高风险和高压力必将使其在今后的发展道路上如履薄冰。

因此，选择最适合自己的物流模式对许多电商企业而言也许是相对更为理性的。虽然如今的电商企业都对能够大幅提高客户体验的自建物流跃跃欲试，但这条看似开阔的河面，却暗藏礁石。

所谓术业有专攻，除了前面提到的成本问题，企业基因也是电商企业必须要考虑的重点问题。虽然电商企业的人力素质毋庸置疑，但毕竟企业基因决定了其业务重点是平台建设、供应链和销售，而物流需要大量的人力、基础投资和业务经验，对于电子商务企业而言，并没有经验，也没有实际的优势。而要想达到提升客户体验这一终极目标，企业需要一套完整的物流系统管理方案，并与真正的客户市场相配合、相融合，长期的经验累积并不是所有的电商企业都坚持的了的，半途而废在所难免。

从长远角度来看，企业自建物流与第三方物流并存也许是相对更健康的一种关系。在案例二中，对于做家电起家的库巴网来说，自建物流与第三方物流配合的更为巧妙。在库巴网的物流体系中，干线运输由厂家负责，自有车辆的送货范围半径在 50～100 公里之内，再远的话，商品直接从二级仓库发出，进行传统的“落地配”。红孩子也采取了类似的思路，按区域选择不同的配送方案，力求在保证商品质量和客户体验的同时，合理降低物流成本。

这种自建物流与第三方物流共同发展的模式，除了电商企业本身心态的开放，更重要的是物流公司本需要不断提升自己的服务水平和专业素养，提升客户满意度。而显然，对于仍在成本、人力、投诉等问题中挣扎的物流配送企业而言，这种质的飞跃还需要一些时间，也需要一些助力。

案例 11.3

乐蜂网本着“为消费者着想”的目的，透过发布《化妆品电商行业白皮书》曝光化妆品B2C行业的物流管理，此可谓一石激起千层浪！

化妆品电商竞争的白热化使电商市场恶性竞争的现象此起彼伏。不少化妆品电商企业为抢夺消费群体，盲目跟风，不惜以牺牲产品质量为代价，推出愈演愈烈的“价格战”，让消费者一不小心便跌进了“低阶陷阱”，使消费者信心尽失；又或者通过对竞争对手的抹黑和指责，让化妆品电商发展之路蒙上重重迷雾。如此惨烈、不健康的竞争现象透支着电商行业的信誉度，违背电商市场发展规律，势必对化妆品电商的发展产生严重阻碍。

如此看来，在市场层面，电商企业在玩命地拼价格，殊不知，背后支撑其核心竞争力的是物流水平和配送能力。业内人士把这种能力总结为一句话：“订单不过夜”——当天的订单当天处理。相对传统日化产业而言，化妆品电商企业确实为消费者消除时空障碍，可物流管理和货品配送又是电商企业不得不额外增加的环节，从下单到货品送达消费者手中，就经历了接货、验货、入库、理货、分单、核单、打包、称重和配送多个流程，而发货速度是网购人群最关注的问题之一。因此，如何做好质量把关，提高发货速度，减少错单率，让消费者感受到网购与传统购物的无差别，显得如此关键。事实证明，没有一流的物流管理和配送水平，将很难维持和保障“价格战”所带来的庞大产品消费。立足消费者利益是正规电商企业的根本，完善的物流管理和配送水平是电商企业运营的核心。为了抢时间，现在电商企业往往是“订单不过夜”，基本上晚上22点之前的订单，都要在当夜处理结束。

此外，物流配送成本早已成为电商运营成本的不可缺少的组成部分。从《化妆品电商行业白皮书》曝光的履约成本(主要包括采购人员人力成本、仓储与物流配送成本以及客服人员人力成本)得知，其占电商企业总成本的12%～20%。这意味着，在其他成本支出固定不变时，物流费用越高，电商企业支出越高，利润则愈低。如果商家降低物流费用支出却提供不了同样或者更优质的配送服务，那么顾客满意度将大打折扣，如此看来这笔账并不划算。据统计，2011年中国电商交易规模或超7 500亿元，较2010年增幅达50%，网购人数近2亿，网民网购渗透率接近50%。面对巨大的网购市场，乐蜂网、聚美各大商家必定不会错过千载难逢的机会，化妆品电商混战在所难免。因此，在各大商家大打“价格战”时，如何透过不断提高物流水平和配货能力，持续支撑和提高电商企业的核心竞争力，赢得消费者的满意，这才是未来化妆品电商企业混战中的制胜之宝。

网购其实是一种信用经济，如果不能改变乱花迷人眼的气候，让消费者掌握清晰的消费决策尺度，让社会各界了解电商企业的运营，就会使一些违法的、不负责任的行为将这个行业的潜力毁灭。对于像乐蜂网这类立足长远、正道经营的电商，这显然是不利的。一个害怕阳光和透明的行业，是承载不了大前景的。实际上，对于一个企业而言，商业道德是企业永续经营的准则，是一个企业能够展现出足够的韧性、弹性、生命力的基础，是一切商业行为开展和发展的基石。在市场活动中，企业间不免存在竞争和博弈，而在重复的博弈中，违背规则的后果是，在下次博弈中，违规者将遭受普遍的怀疑，不仅伤害到消费者利益，甚者更会给企业乃至行业带来不可估量的损失。

因此，我们更愿意看到的是企业家将眼光放长远，同行间能够取长补短，资源整合，把消费者的利益放在首位，以经营“百年老店”的标准来经营自己的企业，最终实现共赢。

案例 11.4

自 2011 年以来，随着国内家电零售市场销售出现下滑，也给包括苏宁电器在内的家电连锁巨头未来继续保持稳定、快速增长和可持续盈利提出新的考验。打破传统家电零售企业的线下“大规模跑马圈地”等商业模式已是迫在眉睫，但电子商务是不是未来的唯一出路？

作为苏宁电器董事长的张近东，很早就提出苏宁电器未来就是要成为“沃尔玛+亚马逊”的复合体。这意味着，苏宁电器首先必须要去电器化，其次，一定要实现在线上与线下融合过程中的新商业模式和新服务模式的探索。如果从整个苏宁电器的战略发展来看，电子商务只是其中一环，虽然重要但目标不局限于此。因此，张近东的眼中根本没有对手，苏宁电器就是在探索一条新的发展路径。苏宁电器的新十年战略很好地诠释了这一点。当前，对于苏宁电器来说，不是能不能在与京东商城为代表的电商巨头的市场份额争夺中打赢这一仗，而是必须要赢得自身变革的这场转型大战。因为，“看不到未来的企业，就不会有未来”。

苏宁电器的新十年战略概括起来，即“四网合一”的模式：高效高速的物流网络；贴心舒适的店面体验网络；便捷发达的多媒体交易网络；智慧共享的管理网络。苏宁电器新十年战略的发布，标志着苏宁电器的全新起航，苏宁电器通过实体连锁经营规模的进一步扩大和提升，以及以网购为契机的现代化仓储配送能力进一步加强，未来将把企业打造成实体店和虚拟店等量齐观的巨型连锁企业。

针对巨大的市场空间、客户需求变化、产业变革趋势，苏宁电器的“虚实互动”发展模式将在国内外两个市场、线上线下两个网络大举推进营销攻略。按照苏宁电器的认为，零售业与生俱来就与信息技术结伴而随，零售业对信息技术发展的前瞻性、深层次理解将是企业战略制定的前提，准确地把握往往能够有力推动企业的变革创新转型。从这个意义上讲，零售业本质上也是技术导向的公司，而零售业电子商务的发展则对这种特性增强了注释。围绕互联网应用的技术高速发展也为苏宁电器未来信息化战略提出了新的命题，包括网络技术能力的不断突破、硬件运行效率的不断飞跃、应用集成程度的不断提升……一切都为苏宁智慧转型提供了良好的技术支撑。

案例 11.5

天猫进军图书业，对于其他的图书电商网站而言无疑是一次重大挑战，因为天猫必然会引起它们的强烈反击。然而，不同于当当网、京东商城等 B2C 网站，天猫并没有采用自营模式运营图书，而是引入在图书领域具有渠道优势的商家进行运营，自己只是作为一个平台来运作和管理。天猫进军图书业，对消费者来说最为受益，这是因为：第一，能够为消费者提供各种各样品类的商品，包括书籍；其二，能够让他们在购买过程中有更好的体验；第三，会有更多的书商、出版社包括一些 B2C 的图书网站提供更好的通路。

既然谁都可以进军图书电商，但天猫会有何不同？根据案例的介绍，可以发现天猫有以下四点不同处。

第一，打造的是图书 B2C 平台模式。从阿里巴巴开始，到淘宝，再到当初淘宝商城的建立，最后到淘宝商城改名为“天猫”，一路走来，不难发现，阿里巴巴就是要搞各类电商平台。与当当网、亚马逊及京东商城等不同，天猫自己不直接卖书，而只提供平台，吸引更多的图书销售商来开店卖书。

第二，声称建立的是店多书多规模大。由于上述原因，就导致天猫商城刚上来规模就不小，天猫“50家国内外出版社、20多家独立B2C购书网站在内的1 000多家图书网店将推出130万种在线图书与消费者见面，在售图书将超过6 000万本”的说法已经明白地告诉我们，其聚集的出版社最多，图书网店最多，图书量也许也是最多，并放话说“不少在二手书网站可能买不到的书，在天猫都有销售”。

第三，声称提供的是相对更快的服务。天猫声称的“24小时内就可发货的商家更是超过80%”是一种“快”，同时由于是出版社等直营天猫店，新书的上架、管理、录入效率也空前提高。但是有两点声明令人怀疑：一是“几乎不会出现无货空挂、缺货或者在承诺的时间内未发货的情况”；二是“一般来说，5年内出版的图书，消费者基本无须担心没货”，这两条是否能实现还得看天猫的兑现能力了。

第四，声称图书配送范围更广。据悉，天猫图书在三四线城市的成交占比将高达44.5%，这和垂直B2C购书网站主要成交都集中在京、广、沪有很大的不同。这也许是阿里巴巴的先见之明，已经意识到电商企业的下一个争夺的重点即是三四线城市。

在天猫进军图书电商的同时，我们不得不思考一下接下去国内图书电商的整体格局的变化趋势。

第一，有的人的奶酪要被天猫动了。其实，最初京东商城就动了当当网图书的蛋糕（当然当当网也动了京东商城等家电电商的蛋糕），现在天猫也来动当当网、亚马逊及京东商城的图书销售奶酪。这样一说，天猫之举让所有的图书销售网站感受到了压力。

第二，天猫市场份额会变第几？这个显然比较难以推测，但就天猫声称即将打造的图书数量看，天猫很可能在图书在线销售市场中高歌猛进，有可能在今年超京东商城及亚马逊的同时追赶当当网。进而猜测天猫会在一两年时间里跻身国内网络图书销售前三甲。

第三，图书发行销售产业链一锅端。别人都是自己直接卖书，天猫是提供平台。别人多数与图书销售环节打交道，天猫则将图书发行及图书销售机构与书店都拉起来，这对于那些过去独立运作的中小图书销售商而言是件不错的买卖。这就是“一锅端”，只要各环节都获得相应的利益，这种“一锅端”就是有意义的。

总之，阿里巴巴以极快的速度切入到图书电商领域，只是其不直接卖书，而是打造的一个图书B2C平台。听起来其规模不小，看相关各方信息，则感觉到阿里巴巴有团结众多力量（如出版社及中小型图书销售企业等）与其他大的图书电商企业抗衡的意图。接下来，图书电商领域将会有无数场激烈的销售大战。

案例11.6

对电商企业而言，自建物流体系本身就是一个相对独立的运营系统，实行市场化运作，还可以对外承接其他企业的业务，其本身完全能够成为一个独立的盈利企业。

然而，电商企业与快递企业跨界发展，可能会造成一种恶性竞争的局面。电商企业与快递分属行业的上下游。电商企业的迅速发展，快递企业难以跟上电商企业的发展速度，为了提升服务质量，电商企业不得已自建物流以确保服务。快递企业开设电商网店，除了谋求新的发展途径外也不乏存在和电商企业“赌气”的成分。

从本案例中可以感受到，快递和电商领域的“混战”已经开始。此次“争食”究竟是完善产业链的整合行动，还是无谓的消耗与重复建设，都应该交给市场来做决断。

参 考 文 献

[1] 申纲领.物流案例与实训[M].北京：北京大学出版社，2010.
[2] 柳健.现代物流基础[M].北京：电子工业出版社，2012.
[3] 姚国章.新编电子商务案例[M].北京：北京大学出版社，2010.
[4] 郭汝惠，柳健.电子商务实用教程[M].北京：电子工业出版社，2010.
[5] 彭于寿.市场营销案例分析教程[M].武汉：武汉理工大学出版社，2010.
[6] 刘秋华.企业管理[M].沈阳：东北财经大学出版社，2009.
[7] 利丰研究中心.供应链管理：香港利丰集团的实践[M].北京：中国人民大学出版社，2009.
[8] 蒋长兵.供应链理论技术与建模[M].北京：中国财富出版社，2009.
[9] 尹立新.物流与配送实务[M].北京：人民邮电出版社，2007.
[10] 牛鱼龙.中国物流百强案例[M].重庆：重庆大学出版社，2007.
[11] 牛鱼龙.亚洲物流经典案例[M].重庆：重庆大学出版社，2007.
[12] 宋华.现代物流与供应链管理案例[M].北京：经济管理出版社，2003.
[13] 杨平安.现代物流国际通用管理与成功案例典范[M].北京：新华出版社，2002.